Joachim Griese · Pascal Sieber

Betriebliche Geschäftsprozesse

Haupt

Prof. Dr. Joachim Griese
Dr. Pascal Sieber

Betriebliche Geschäftsprozesse

Grundlagen, Beispiele, Konzepte

2., überarbeitete Auflage

Verlag Paul Haupt
Bern · Stuttgart · Wien

Joachim Griese, Prof. Dr., ist als Direktor an der Abteilung Informationsmanagement des Instituts für Wirtschaftsinformatik der Universität Bern in Forschung und Lehre tätig.

Pascal Sieber, Dr., hat am Institut für Wirtschaftsinformatik der Universität Bern dissertiert und ist heute unternehmerisch tätig.

1. Auflage: 1999

Die Deutsche Bibliothek – CIP-Einheitsaufnahme

Betriebliche Geschäftsprozesse:
Grundlagen, Beispiele, Konzepte /
Joachim Griese ; Pascal Sieber. –
2. Aufl. –
Bern ; Stuttgart ; Wien : Haupt, 2001
ISBN 3-258-06289-7

Umschlaggestaltung: Dominik Bachmann, Bern
Dieses Papier ist umweltverträglich, weil chlorfrei hergestellt
Printed in Switzerland

www.haupt.ch

Vorwort zur 1. Auflage

Das vorliegende Buch ist als Begleitlektüre zur Lehrveranstaltung „operative Geschäftsprozesse“ entstanden, die seit dem WS 1997/98 als Teil der Einführung in die Betriebswirtschaftslehre an der Universität Bern angeboten wird.

Hierbei wird das Organisieren und Reorganisieren von betrieblichen Geschäftsprozessen in den Vordergrund gestellt; bei der Zuordnung von Geschäftsprozessen zu unternehmerischen Einheiten wird insbesondere auf Unternehmensnetzwerke eingegangen.

Studienanfänger haben häufig wenig Kenntnis über die betriebliche Praxis. Deshalb haben wir uns bemüht, viele Sachverhalte an aktuellen Unternehmenssituationen zu illustrieren. Darüber hinaus sollen die Fallbeispiele in den Kapiteln 3 und 4 auch das jeweilige unternehmerische Umfeld, in das Beispielssituationen eingelagert sind, deutlich machen.

Der Lerninhalt des Buches wird durch Vortragsfolien, häufig gestellte Fragen und ihre Antworten sowie durch ein offenes Diskussionsforum im Internet unterstützt. Alle notwendigen Angaben sind unter der folgenden Adresse verfügbar: http://www.iwi.unibe.ch/~sieber/bwl-ogp/.

Für die Mitarbeit an den Beispielen und Fallstudien möchten wir den Herren stud. rer. pol. Thomas Fux und Marcel Luginbühl (Beispiele in Kapitel 2), Herrn lic. rer. pol. Eric Roeleven (Fallstudie SWISSAIR) und Herrn Dr. rer. pol. Sam Bracher (Fallstudie SBG) danken. Besonderer Dank gilt den Mitarbeiterinnen und Mitarbeitern der Unternehmen, die uns Angaben für die Beispiele und Fallstudien zur Verfügung gestellt haben. Bei der Erfassung des Manuskripts hat uns Frau Myriam Hess geholfen. Dem Verlag Paul Haupt AG danken wir für die speditive Drucklegung unseres Manuskripts.

Bern, Januar 1999 — Joachim Griese und Pascal Sieber

Vorwort zur 2. Auflage

Die bisherige Auflage wurde nur geringfügig überarbeitet (Korrigieren von Fehlern, Aktualisierung einiger Beispiele); hierbei hat uns Frau stud. rer. pol. Alexandra Zaugg geholfen. Die Erfassung der Änderungen erfolgte durch Frau Brigitte Moser. Dem Verlag Paul Haupt AG danken wir für die speditive Drucklegung.

Bern, Oktober 2000 Joachim Griese und Pascal Sieber

Inhalt

Abkürzungen

Anon.	Anonym
bspw.	beispielsweise
bzgl.	bezüglich
EDI	Electronic Data Interchange
Email	Electronic Mail
engl.	Englisch
evtl.	eventuell
ggü.	gegenüber
IGE	Institut für Geistiges Eigentum
IS	Informationssystem
ISO	International Standardization Organization
KMU	Kleine und mittelgrosse Unternehmen
o.ä.	oder ähnlich(es)
OHB	Organisationshandbuch
QHB	Qualitätshandbuch
QMS	Qualitätsmanagementsystem
QS	Qualitätssicherung
resp.	respektive
sog.	sogenannt
TQM	Total Quality Management
u.E.	unseres Erachtens
u.s.w.	und so weiter
u.U.	unter Umständen
u.v.m.	und viele(s) mehr
v.a.	vor allem
Website	Auftritt auf dem World Wide Web
z.B.	zum Beispiel

1 Einführung

Seit einigen Jahren sind neben dem Bild der Unternehmung[1] die betrieblichen Abläufe in Unternehmungen stärker in den Vordergrund getreten, wobei sich der Begriff des betrieblichen Geschäftsprozesses gebildet hat: „We define a business process as a collection of activities that takes one or more inputs and creates an output that is of value to the customer.“[2]

Regula Zürcher kommt mit einem konkreten Buchwunsch in eine Berner Buchhandlung: Sie möchte das Buch „Organisation – eine ökonomische Perspektive“ von Picot, Dietl und Frank kaufen. Da sie das Buch in den Regalen mit den Sachgebietsbezeichnungen „Betriebswirtschaftslehre“ nicht findet, fragt sie an der Kasse. Die Dame an der Kasse schaut in ihrem PC nach, stellt fest, dass das Buch im Laden vorhanden sein muss, und hilft Regula Zürcher, das Buch in den Regalen zu finden. Regula Zürcher bezahlt das Buch an der Kasse, erhält Buch und Kassenzettel und kann nun mit ihrer Semesterlektüre beginnen.

Dies ist ein einfaches Beispiel für einen betrieblichen Geschäftsprozess: Die Kundin[3] stösst in der Buchhandlung einen Ablauf an, der dazu führt, dass sie etwas erhält, was Wert für sie hat (und sie ist bereit, dafür den Gegenwert in CHF zu zahlen). Am betrieblichen Geschäftsprozess sind als Ressourcen (input) Menschen (Kundin, Mitarbeiterin der Buchhandlung) und Betriebsmittel (PC, Ladenlokal mit Einrichtung) beteiligt. Die Leistung (output) des betrieblichen Geschäftsprozesses ist das Buch; aber auch die Information über das Buch, die über einen Scanner an der Kasse gelesen wird und zahlreiche Koordinationsmechanismen in Gang setzt: Regula Zürcher erhält als Kundin den Kassenzettel und kann diese Information zur Koordination ihrer Monatsausgaben verwenden; in der

---

1 Die Begriffe Unternehmung und Unternehmen werden synonym verwendet.

2 Hammer/Champy (1993), S. 35.

3 Sämtliche geschlechtsspezifischen Bezeichnungen in diesem Buch meinen jeweils beide Geschlechter, es sei denn, sie beziehen sich auf eine Person, deren Geschlecht bekannt ist. Um der Tatsache Rechnung zu tragen, dass im wirtschaftlichen Leben sowohl männliche wie auch weibliche Akteure auftreten, werden beide Formen abwechselnd verwendet.

Lagerdisposition der Buchhandlung wird anhand dieser Information sichtbar, dass soeben das letzte im Laden vorhandene Exemplar dieses Buches verkauft worden ist. Ein weiterer betrieblicher Geschäftsprozess, die Nachbestellung dieses Titels beim Buchgrosshandel, wird angestossen; die monatliche Umsatzanalyse der Buchhandlung, in die alle verkauften Bücher einbezogen werden, weist aus, dass Bücher aus dem Sachgebiet „Betriebswirtschaftslehre“ einen stark steigenden Umsatzanteil haben.

Aus der Sicht der Kundin Regula Zürcher ist der betriebliche Geschäftsprozess „Buchkauf“ der wichtigste Prozess der Buchhandlung. Aus der Sicht der Buchhandlung gibt es noch eine Reihe weiterer betrieblicher Geschäftsprozesse, die für den Wettbewerbserfolg der Buchhandlung eine Rolle spielen: etwa das Bewerben der Zielgruppe „Studenten“, um sie von den Leistungen der Buchhandlung zu überzeugen, oder das Aus- und Weiterbilden der Mitarbeiter, um die Kunden qualifiziert beraten zu können. Regula Zürcher hat nämlich für ihren Buchkauf gerade diese Buchhandlung ausgewählt, weil sie das umfassende Sortiment (die meisten Bücher sind am Lager verfügbar), die qualifizierte und rasche Bedienung (mit Hilfe des PC ist sofort eine Aussage über das Vorhandensein eines Buches möglich), aber auch den Studentenrabatt von 10 % auf alle Bücher schätzt.

In der herkömmlichen Betrachtung, die übrigens auch für dieses Beispiel greift, steht die Unternehmung, in unserem Beispiel also die Buchhandlung, im Vordergrund. Wir wollen in diesem Buch den betrieblichen Geschäftsprozessen eine höhere Priorität in der Betrachtung geben. Damit öffnen wir einen Freiheitsgrad für die Zuordnung von betrieblichen Geschäftsprozessen zu Unternehmungen. Wir tragen auf diese Weise einer Entwicklung Rechnung, die in der Praxis bereits seit einigen Jahren zu beobachten ist: Unternehmungen verkleinern sich („downsizing“), indem sie Geschäftsprozesse an Partner abgeben („outsourcing“); Unternehmungszusammenschlüsse, z.B. im Bankenbereich, erfolgen, weil die Partner gleiche oder ähnliche betriebliche Geschäftsprozesse betreiben und in der Zusammenlegung economies of scale[4] gesehen werden; betriebliche Geschäftsprozesse, die über Internet abgewickelt werden, etwa der Kauf eines englischsprachigen Buches bei Amazon.com, sind in ihrer Zuordnung zu Unternehmungen für den Aussenstehenden nicht mehr erkennbar.

Regula Zürcher benötigt als Semesterliteratur auch ein englischsprachiges Buch, und zwar „Business Process Reengineering" von Hammer und Champy. Von Studienkollegen hat sie die Webadresse der Internet-Buchhandlung Amazon.com erfahren. Sie stellt beim Besuch der Website von Amazon.com fest, dass dieses Buch mit 40 % Rabatt angeboten wird und auf Wunsch mit Federal Express in vier Tagen nach Bern ausgeliefert werden kann. Da auch noch fünf Studienkollegen dieses Buch benötigen, bestellt sie sechs Exemplare des Buches und lässt sie per Federal Express liefern; auf diese Weise ist das Buch auch unter Berücksichtigung der Versandkosten noch wesentlich billiger als in einer Berner Buchhandlung. Gleichzeitig stellt Regula Zürcher fest, dass sie bei Amazon.com ihr Interessenprofil angeben kann; in den folgenden Wochen erhält sie von Amazon.com mehrere Emails mit nützlichen Hinweisen zu Literatur, die sie interessieren dürfte.

Hier wird eine Alternative zur Durchführung des betrieblichen Geschäftsprozesses „Buchkauf" sichtbar. Aus der Perspektive der Kundin beeindruckt die Zeitstruktur (Lieferzeit nur vier Tage), der Preis (40 % Rabatt) und die Dienstleistung (Information über neue Literatur gemäss Interessenprofil). Welche Unternehmung oder welche Unternehmungen hinter Amazon.com stehen, ist Regula Zürcher nicht bekannt. Sie kennt nur die Website, wo sie ihre Bestellung aufgegeben hat, und das pünktliche Eintreffen der Bücher. Ferner erhält sie die Emails mit weiteren Literaturhinweisen. Der hinter Amazon.com stehende Unternehmer, Jeff Bezos, hat tatsächlich in erster Linie den betrieblichen Geschäftsprozess „Buchkauf" gegenüber einer herkömmlichen Buchhandlung revolutionär umgestaltet, um bezüglich Auswahl, Lieferzeitstruktur, Preis und Service

---

4 Unter „economies of scale" versteht man, dass die Kosten von Geschäftsprozessen unterproportional zur Zahl der durchgeführten Geschäftsprozesse steigen.

im Wettbewerb überlegen zu sein; die Zuordnung des betrieblichen Geschäftsprozesses „Buchkauf" und weiterer betrieblicher Geschäftsprozesse (z.B. Werbung, Mitarbeiteraus- und -weiterbildung) zu Unternehmungen folgt anderen Zielsetzungen, z.B. wer ist besonders kompetent, diese Geschäftsprozesse auszuführen.

Betriebliche Geschäftsprozesse können – wie das Beispiel „Buchkauf" zeigt – bezüglich Leistung und Ressourceneinsatz unterschiedlich ausgelegt sein. Diese Gestaltungsfreiheit wird ein Unternehmer so nutzen, dass sich der Geschäftsprozess im Wettbewerb möglichst erfolgreich darstellt: Jeff Bezos ist mit Amazon.com auf dem besten Weg, zum grössten Buchhändler der Welt zu werden. Wir werden in diesem Buch den Freiheitsgraden bei der Gestaltung betrieblicher Geschäftsprozesse nachgehen.

Nun mag manchem Leser der betriebliche Geschäftsprozess „Buchkauf" zu einfach erscheinen. Das Beispiel „PC-Kauf" soll zeigen, dass auch bei einem umfangreichen betrieblichen Geschäftsprozess die gleichen Überlegungen gelten.

Regula Zürcher möchte ihren PC erneuern. Weder eine Analyse der Angebote in den Tageszeitungen noch ein Rundgang durch die Berner Geschäfte stellen sie zufrieden. Beim Surfen im Internet stösst sie auf die Website von Dell Computer. Hier kann sie ihren Wünschen entsprechend einen PC konfigurieren, der nach sieben Tagen geliefert wird. Nach ihren positiven Erfahrungen mit Amazon.com und dem beeindruckenden Preis/Leistungsverhältnis des PC von Dell Computer bestellt sie das Gerät per Internet und erhält es tatsächlich nach sieben Tagen per Post geliefert.

Dell Computer Corporation ist am Weltmarkt inzwischen nach Compaq der zweitgrösste PC-Hersteller.[5] Eine Besonderheit von Dell ist der direkte Verkauf an Kunden im Gegensatz zu den meisten Wettbewerbern, die den Verkauf über Händlerorganisationen wählen. Eine weitere Besonderheit ist, dass PCs erst zusammengebaut werden, wenn der Kun-

---

[5] Vgl. Magretta (1998).

denauftrag vorliegt („build-to-order“). Um dies erfolgreich zu leisten, müssen die betrieblichen Geschäftsprozesse „Beschaffung“, „Herstellung“ und „Verkauf“ sehr intensiv miteinander verbunden werden („virtual integration“): Die an der virtual integration beteiligten Unternehmer erhalten zeitverzugslos Informationen über die Auftragssituation und können die erforderlichen Geschäftsprozesse zeitlich überlappt so ausführen, dass die Lieferzeit von sieben Tagen eingehalten wird. Weitere Effekte sind z.B. minimale Lagerbestände. Der Unternehmer Michael Dell hat mit dieser Geschäftsprozessgestaltung „a $12 billion company in 13 years“ geschaffen.

2 Das Organisieren von Geschäftsprozessen

Das erste Kapitel hat gezeigt, dass Geschäftsprozesse komplexe Formen annehmen können. Es lohnt sich deshalb, über Methoden zur Beschreibung, Problementdeckung und Verbesserung von Geschäftsprozessen nachzudenken. In diesem Kapitel werden dazu vorerst einige Grundbegriffe der Organisationslehre beschrieben (Abschnitte 2.1 und 2.2), um danach die spezielle Sichtweise der Geschäftsprozessorganisation zu erläutern. Der Abschnitt 2.3 befasst sich mit Methoden der Beschreibung. Vorerst werden also nicht Probleme gesucht und Lösungen präsentiert, sondern es wird anhand einiger Beispiele beschrieben, wie Geschäftsprozesse aussehen können. Darauf folgt eine Darlegung von Methoden zur Bewertung von Geschäftsprozessen, denn es ist wichtig, nicht nur zu zeigen, was mögliche Geschäftsprozesse sind, sondern auch, welche Ziele sie erreichen wollen und wie man eine Erfolgskontrolle durchführen kann. Der Abschnitt 2.5 zeigt schliesslich, dass nicht alle Geschäftsprozesse dieselbe Bedeutung haben müssen und es deshalb sinnvoll ist, verschiedene Typen zu bilden. Der Abschnitt 2.6 befasst sich mit den Erwartungen an die Menschen, die in Geschäftsprozessen tätig sind. Im letzten Abschnitt 2.7 sind weitere Beispiele zusammengefasst. Sie werden alle mit einer kurzen Diskussion abgeschlossen, die eine Frage zur Lernkontrolle enthält.

2.1 Organisationsbegriff

2.1.1 Institutionale und instrumentale Sichtweise

Bei der folgenden Beschreibung der Grundbegriffe der Organisation gehen wir davon aus, dass jemand (der Unternehmer) eine Idee hat und sich fragt, wie er diese am besten umsetzen kann. Dabei muss es dem Unternehmer nicht unbedingt darum gehen, möglichst viel Geld zu verdienen. Es können auch andere Ziele im Vordergrund stehen. Die Einführung einer Ökosteuer in der Schweiz ist ebenso ein Ziel, dessen Verfolgung mit der Betrachtung von Geschäftsprozessen analysiert werden kann, wie der Handel mit Büchern oder PCs.

Der Begriff Organisation kann in verschiedener Weise auf die Betrachtung von Geschäftsprozessen angewendet werden.[6]

Der institutionale Organisationsbegriff

Einer oder mehrere Geschäftsprozesse **sind** eine Organisation. Mit diesem Begriff werden Institutionen bezeichnet. Beispiele dafür sind die Universität, eine politische Partei, der Handel mit Fahrrädern im Quartier, die Entwicklung von Software, die medizinische Versorgung in einem Spital. Allgemein ausgedrückt sind dies Formen, die durch die Zusammenarbeit von mehreren Personen mit einem explizit formulierten oder implizit abgemachten Ziel entstehen. Sind die Geschäftsprozesse in einer Rechtsform zusammengefasst, spricht man von Unternehmungen, sofern den Prozessen die Gewinnorientierung zu Grunde liegt, und von Non-Profit-Organisationen, wenn sie nicht gewinnorientiert sind. An den meisten Geschäftsprozessen, die wir in der Praxis beobachten können, sind allerdings Personen aus mehreren Unternehmungen beteiligt.

Der instrumentale Organisationsbegriff

Etwas **hat** eine Organisation. Wiederum kann von der Organisation der Universität, der politischen Partei, des Handels mit Fahrrädern, der Softwareentwicklung, des Spitals gesprochen werden. Wir sprechen im folgenden vom **Organisieren**, wenn der instrumentale Begriff gemeint ist. Das Organisieren ist ein Prozess. Daraus entsteht eine Struktur: die Organisationsstruktur oder eben die Organisation im instrumentalen Sinn.

In diesem zweiten Sinne des Organisationsbegriffs wird zudem zwischen der Aufbau- und der Ablauforganisation unterschieden. Während sich die Aufbauorganisation mit der Bildung von Organisationseinheiten (z.B.

---

[6] Es gibt eine grosse Zahl von Lehrbüchern, die sich mit den Grundbegriffen befassen. Viele von diesen sind zudem bereits mehrmals überarbeitet worden (vgl. z.B. Frese (1993), Gomez/Zimmermann (1993), Hill et al. (1994), Kieser/Kubicek (1992), Picot et al. (1997)). Deshalb ist es nicht notwendig, an dieser Stelle alle Begriffe erneut zu beschreiben und zu definieren. Die Ausführungen in diesem Kapitel greifen die Begriffe, die für die spätere Argumentation gebraucht werden, heraus und beschreiben damit Organisation aus der Sicht von Geschäftsprozessen.

Stellen und Abteilungen) und der Zuteilung von Weisungsbefugnissen, Entscheidungsbefugnissen und Informationsbefugnissen befasst, kümmert sich die Ablauforganisation um den Ablauf der Aufgabenerfüllung. Sie fragt nach der Reihenfolge, dem zeitlichen Verlauf, den Prioritäten von Teilaufgaben sowie nach dem Transport von Menschen, Informationen und Sachgütern und kommt damit der Geschäftsprozessbetrachtung sehr nahe.

Während der Entwicklung der Organisationslehre wurden diese beiden Elemente des Organisierens unterschiedlich stark behandelt. Als Nordsieck[7] und Henning[8] erstmals eine solche Trennung vornahmen, haben sie beiden Elementen dieselbe Bedeutung beigemessen. In den 60er Jahren hat Kosiol[9] die ablauforganisatorischen Fragen eher zweitrangig behandelt. Sein analytisches Vorgehen sieht vor, dass eine Organisation zuerst die Aufbauorganisation festlegt und sich anschliessend Gedanken über die Ablauforganisation macht. Seit den frühen 80er Jahren gibt es in der Organisationslehre eine Rückbesinnung auf die dynamischen Aspekte des Organisierens. Gaitanides[10] kehrt die Sichtweise von Kosiol gar um. Seine Logik sieht vor, dass vorerst die Abläufe beschrieben werden und man sich anschliessend Gedanken macht, wie die Aufgabenträger (Mitarbeiter) geeigneten Einheiten zugeordnet werden können. Es ist weder die eine noch die andere Sichtweise richtig oder falsch.

Die unterschiedlichen Vorgehensweisen zeigen, dass es sich bei der Trennung in Aufbau- und Ablauforganisation um eine gedankliche Trennung handelt, die zwar bei der Beschreibung, der Problementdeckung und der Verbesserung von Geschäftsprozessen helfen kann, in der Realität aber nicht immer nachvollziehbar ist.[11]

---

7 Vgl. Nordsieck (1934).

8 Vgl. Henning (1934).

9 Vgl. Kosiol (1962).

10 Vgl. Gaitanides (1983).

11 Die Trennung in Aufbau- und Ablauforganisation ist nur sinnvoll, wenn man davon ausgeht, dass Organisationen „(...) zweckrationale, wohl geordnete und strikt an öknomischen Effizienzkritieren orientierte Gebilde (...)“ (Ortmann et al. (1990), S. 8) sind. Neuere Ansätze plädieren gar dafür, dass man die Trennung nicht vollziehen sollte.

Für die weitere Lektüre ist wichtig festzuhalten, dass in diesem Buch das Organisieren als Instrument verstanden wird, das den Beteiligten an einem Geschäftsprozess hilft, ihre Ziele besser zu erreichen resp. ihre Aufgaben besser erfüllen zu können. Wir sind uns bewusst, dass die Praxis auch durch andere, insbesondere mikropolitische, also im engeren Sinne soziologische Betrachtungen beschrieben werden kann, verzichten hier aber zu Gunsten der Vermittlung von Grundbegriffen auf eine solche Differenzierung. Wir gehen davon aus, dass jeder Geschäftsprozess durch systematisches Nachdenken besser, d.h. schneller, kostengünstiger, und mit besserer Qualität, durchgeführt werden kann als ohne systematische Betrachtung und dass dieses Nachdenken planbar und die Schlussfolgerungen daraus erfolgreich umsetzbar sind.

2.1.2 Drei Fragestellungen

Gehen wir von einem Unternehmer aus, dessen Aufgabe es ist, die Ausführung eines oder mehrerer Geschäftsprozesse zu gestalten, so stellt sich die Frage, welchen Problemen er dabei begegnet. In Wissenschaft und Praxis hat sich für diese Fragestellung ein Fachgebiet etabliert, das mit Organisationslehre bezeichnet wird.

Sie befasst sich in erster Priorität mit den Fragen der optimalen **Koordination** von Aufgaben. Damit ist die Abstimmung gemeint, die notwendig wird, wenn mehrere Personen gemeinsam eine Aufgabe lösen. Es handelt sich um die Aufteilung der Aufgabe in verschiedene Teile, die Zuordnung der Teile auf Akteure (z.B. auf ganze Organisationen, auf einzelne Personen oder Gruppen von Personen), die zeitliche Planung und Kontrolle der Ausführungsschritte und die Zuordnung von Hilfsmitteln auf die ausführenden Akteure. Die Hilfsmittel spielen dabei eine besondere Rolle. Die Verteilung von Maschinen, Verbrauchsmaterial, Information u.v.m. schafft die Grundlage dafür, dass die Aufgabe ausgeführt werden kann. Mit der Festlegung der Art und Weise, wie eine Aufgabe an verschiedene Akteure verteilt werden soll und damit die Bestimmung der Koordinationsformen ist immer auch eine bestimmte Sichtweise auf die Wirklichkeit verbunden. Eine solche Sichtweise ist die Geschäftsprozessorganisation.

Die Organisation als Fachgebiet in Wissenschaft und Praxis befasst sich mit mindestens zwei weiteren Fragestellungen: Erstens müssen die Akteure, denen Teilaufgaben zugeordnet wurden, diese nicht nur ausführen können, sondern auch ausführen wollen. Diese Problematik wird mit dem **Motivationsproblem** der Organisation umschrieben. Es geht der Frage nach, ob die Anreize (dazu gehört die Bezahlung der Arbeit, die Aufstiegsmöglichkeiten der Mitarbeiterinnen, die Möglichkeit, seinen persönlichen Neigungen nachzugehen) dazu führen, dass die Akteure ihre Aufgaben sachgerecht erfüllen. Man spricht von anreizkompatiblen Koordinationsmechanismen, wenn die Ziele eines Geschäftsprozesses und die Ziele der beteiligten Akteure gleichzeitig erreicht werden können. Stören sich die beiden Ziele, so spricht man von Anreizinkompatibilität.

Ein Versicherungsvertreter ist beim Verkauf von Versicherungen die Person, die im direkten Kontakt zum Kunden steht. Er soll möglichst viele Versicherungen verkaufen. Damit er dies tut, wird er nicht im Monatslohn, sondern nach der Anzahl der abgeschlossenen Verträge mit Kunden bezahlt. Dieses Vorgehen scheint anreizkompatibel zu sein. Der Vertreter will möglichst viel verdienen, also bemüht er sich, möglichst viele Verträge abzuschliessen. Allerdings kann es dazu kommen, dass der Vertreter bei den Verkaufsgesprächen die Kunden zum Kauf überredet. Diese sagen zwar zu, nach ruhigem Nachdenken kündigen sie die Versicherung aber wieder. Anreizkompatibel wäre also ein Vorgehen, das diesem Effekt ebenfalls Rechnung trägt und den Vertreter z.B. erst bezahlt, wenn ein Vertrag über eine Zeitdauer von einem Jahr nicht gekündigt wird.

Der dritte Aufgabenbereich der Organisation befasst sich mit der Problematik der **Orientierung**. Es handelt sich dabei um die politische und gesellschaftliche (auch ethische) Legitimation. Je nachdem, was mit einem Geschäftsprozess erledigt werden soll, ist dieses Problem einfach zu lösen oder bleibt eine ständige Aufgabe. Ist eine im Geschäftsprozess verwendete Technologie die Biotechnik, so braucht es derzeit öffentliche Stellungnahmen zur ethischen Auffassung, damit die Kunden Vertrauen gewinnen können. Die Lösung des Orientierungsproblems ist eine strategische Aufgabe der Organisation. Sie steht nicht im Vordergrund der weiteren Betrachtungen.

Für jeden Geschäftsprozess (für jede Aufgabe) haben sich die Beteiligten also zu fragen:

- Was können sie machen → Koordinationsproblem
- Was wollen sie machen → Motivationsproblem
- Was sollen sie machen → Orientierungsproblem

Die drei Fragen werden nicht in einer Reihenfolge hintereinander gestellt, sondern sind abwechslungsweise Gegenstand von Diskussionen.

2.1.3 Analyse-Ebenen

Geschäftsprozesse können aus unterschiedlichen Perspektiven betrachtet werden. Zwar ist dies entlang der Dimensionen „intern" und „extern" möglich. Die Frage würde lauten: Welche Teilaufgaben erfüllen wir intern (z.B. im Unternehmen) und welche extern (z.B. durch Zukauf von Leistungen). Bei genauerer Betrachtung fällt aber auf, dass die Unterscheidung zwischen intern und extern nicht sehr klar ist. In Abschnitt 2.2 wird noch genauer argumentiert, dass es nicht nur die Grenzen juristischer Einheiten (z.B. Unternehmen, Vereine) sind, die diesen Unterschied ausmachen, sondern auch (und möglicherweise vor allem) die Charakteristiken der Beziehungen, die zwischen verschiedenen Akteuren existieren. Diese Beziehungen sind in Form von Verträgen (mit Mitarbeitern, Kunden, Lieferanten etc.), von formellen und informellen Regeln u.v.m. wichtige Strukturmerkmale von Geschäftsprozessen. Es gibt mindestens zwei Arten von Beziehungen, die betrachtet werden können: **geschäftliche** und **personale**.[12]

2.1.3.1 Geschäftliche Beziehungen

Geschäftliche Beziehungen kommen durch ökonomische Transaktionen zustande. Zwei Akteure (wirtschaftlich handelnde Personen oder Personengruppen in der Form von z.B. ganzen Unternehmungen, Einzelpersonen oder Abteilungen) tauschen Leistungen und Gegenleistungen aus. In

---

[12] Die Ausführungen zu den Beziehungstypen folgen weitgehend der Darstellung von Sydow et al. (1995), S. 63ff.

einem Extremfall ist dies ein einmaliger Kauf eines Produkts (Markttransaktion), im anderen extremen Fall ist es ein wiederholter und über einen längeren Zeitraum bestehender Austausch von Leistungen z.B. zwischen zwei Mitarbeiterinnen einer Unternehmung (vgl. Abbildung 2-1).

reiner Markt (spot contracting)	Mischformen	reine Hierarchie (employment relationship)
Markttransaktion	Kooperation zwischen MitarbeiterInnen mehrerer Organisationen	Kooperation zwischen MitarbeiterInnen einer Organisation
Kaufvertrag, Tauschgeschäft	langfristige Lieferverträge, Sub-Unternehmerschaft, Lizenzverträge	Firma, Holding

Abbildung 2-1: Typen von Transaktionen zwischen Markt und Hierarchie.[13]

Im zweiten Fall, der rein hierarchischen Koordination, ist die Beziehung durch die intakte Organisation bereits stark reguliert. Im ersten Fall, der rein marktlichen Koordination, ist das Szenario der Transaktion zwar durch die Gesetzgebung und allgemeine Handelspraktiken vorgeprägt, die beiden Akteure unterhalten aber vor und nach der Transaktion keine Beziehung. Wenn diese Transaktion allerdings wiederholt abgewickelt wird, so entsteht zwischen den beiden Akteuren eine Organisationsstruktur: Sie vertrauen einander, was in diesem Zusammenhang heisst, dass sie z.B. beginnen, die Entscheidungen des anderen vorherzusehen und in ihre Entscheidungen einzubeziehen. Es entstehen Gewohnheiten, die den Ablauf der Transaktion vereinfachen, und es entwickelt sich eine zunehmend klare Aufteilung der Arbeit auf die beteiligten Akteure.

Beispiel aus dem täglichen Leben: Wenn sie in ihrer Dorf- oder Quartierkneipe genügend oft verkehren und dort genügend oft dasselbe konsumieren, wird ihnen nach dem gewohnten Begrüssungsritual, bei dem sie vielleicht nur mit einer Geste bestätigen, dass der heutige Besuch keine Ausnahme ist, das Gewünschte möglicherweise ohne nachzufragen serviert. Zwischen ihnen und dem Gastwirt ist ein Stück Organisation

[13] In Anlehnung an Sydow (1992), S. 104.

entstanden, das die Zusammenarbeit erleichtert. Allerdings nur so lange sich ihre Gewohnheiten nicht ändern und der Gastwirt nicht wechselt.

Wie das Beispiel zeigt, bilden die bereits vollzogenen Transaktionen und die sich daraus entwickelnde Praxis wesentliche strukturelle Bedingungen für zukünftige Praktiken.

Geschäftliche Beziehungen zeichnen sich dadurch aus, dass die Akteure mit ökonomischem Kalkül handeln. Sie hegen bei ihren Handlungen die Absicht, Kosten, Zeit und/oder Qualität der Geschäftsprozesse zu verbessern. Allerdings müssen die Handlungen nicht immer rational sein, und oftmals sind die Folgen der Handlungen andere als beabsichtigt.

Im Unterschied zu den personalen wird die Entwicklung geschäftlicher Beziehungen den Personen als Vertreter einer unternehmerischen Idee zugeschrieben und nicht den Personen selbst. Man spricht von sogenannten „Corporate Actors". Diese Analyseebene entpersonifiziert also die Beziehungen absichtlich, um dem Phänomen gerecht zu werden, dass geschäftliche Beziehungen immer auf ein kollektives, nicht (nur) persönliches Ziel ausgerichtet sind. Verkauft bspw. Jeff Bezos Amazon.com, so bleiben die geschäftsprozessinternen und -externen geschäftlichen Beziehungen vorerst bestehen.

Die Entpersonifizierung wird notwendig, weil die Einzelperson (der corporate actor) im Namen z.B. der Unternehmung handelt und deshalb sein Verhalten auch dem Image des Unternehmens angelastet wird.

2.1.3.2 Personale Beziehungen

Die geschäftlichen Beziehungen sind in personale eingebettet. Sie können nicht, auch wenn dies die oben angesprochene Analyse-Ebene suggeriert, frei von Beziehungen zwischen Menschen existieren. Eine personale Beziehung entsteht grundsätzlich bei jeder Transaktion. Es erscheint aber als sinnvoll, nur solche in die Analyse von Geschäftsprozessen aufzunehmen, bei denen mindestens zwei Akteure eine Beziehung zueinander unterhalten, die ein bestimmtes Mass an Organisiertheit und Permanenz aufweist. Ob die Beziehung eher beabsichtigt, mit nachvollziehbarem Kalkül und formal, oder eher emergent (selbst entstehend, unreflektiert) und informal zustande kommt, steht dabei aber nicht im Vordergrund. Vielmehr ist wichtig, dass personale Beziehungen ausnahmslos personalen Akteuren zugewiesen werden können, die sie mittels „facework" (direkten Kontakten) entwickeln.

Interessant ist die gedankliche Trennung in zwei Typen von Beziehungen auch deshalb, weil damit der Raum für Gründe organisationalen Handelns *erweitert* wird, die nicht ökonomischer Natur sind. In personalen Beziehungen spielen Emotionen eine ungleich viel wichtigere Rolle als in geschäftlichen.

Die zwei Typen von Beziehungen überlappen selbstverständlich. Es ist in der Praxis schwierig, sie zu trennen. Dies nicht zuletzt, weil das Verhalten der Menschen, die eingesetzten Sachmittel (Maschinen, Rohstoffe, Informationssysteme) und die vereinbarten Regeln der Zusammenarbeit beider Beziehungstypen voneinander abhängen. Personale Beziehungen können für geschäftliche genutzt werden (u.U.). Das soziale Ansehen einer Person bspw. schlägt sich auch in geschäftlichen Beziehungen nieder, und die Bewertung geschäftlicher Beziehungen folgt teilweise gleichen Kriterien wie die Bewertung personaler. Werte wie Zuverlässigkeit und Berechenbarkeit sind in beiden Typen wichtig; Erfahrungen aus der einen Welt werden in die andere übertragen.

2.2 Prozess des Organisierens

Halten wir also fest, dass das Organisieren eines oder mehrerer Geschäftsprozesse als integrative Lösung der drei Grundprobleme (Koordination, Motivation, Orientierung) verstanden werden kann. Organisieren heisst in diesem Sinne 1) Ziele setzen, 2) Handeln (Verfolgen der Ziele), 3) Strukturieren und 4) Beobachten. Wobei die Schritte ständig wiederholt werden. Das Resultat des Strukturierens, die Struktur, ist dabei derart gestaltet, dass sie den Beteiligten am Geschäftsprozess das möglichst problemlose Lösen ihrer Aufgabe ermöglichen. Es entsteht auch, wenn sich die Beteiligten keine Gedanken über ihre Handlungen machen. Wird im vierten Schritt festgestellt, dass die Aufgabe nur ungenügend gelöst werden konnte, so ist eine veränderte Zielsetzung gefordert. Sie fordert immer auch eine veränderte Strukturierung, die veränderte Handlungen ermöglicht. Auf dem Weg von der alten zur neuen wirkt die „gewohnte" Struktur allerdings als Hemmnis (interne Bedingungen). Die Beteiligten sind in ihren Handlungen durch die ursprünglich selbst gewählte Struktur eingeschränkt (vgl. Abbildung 2-2).

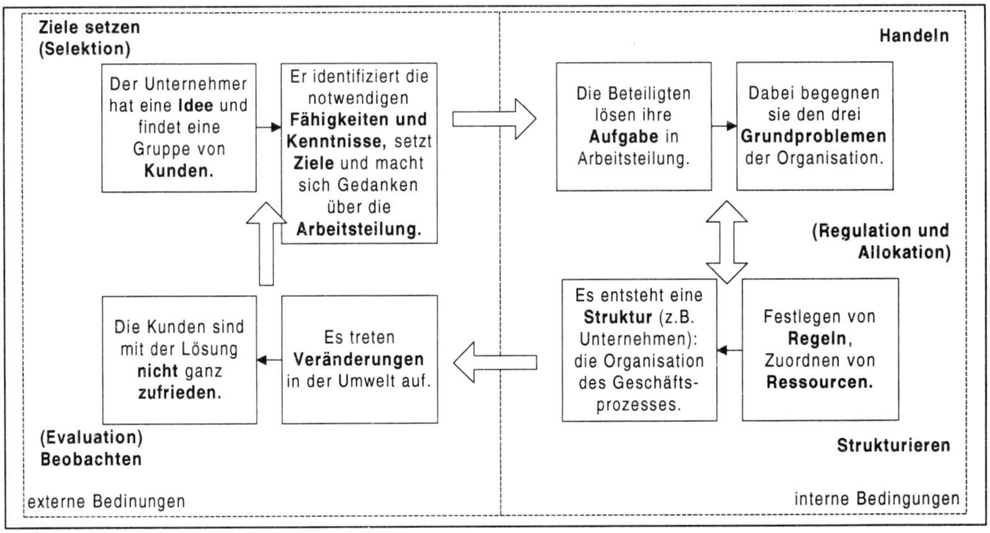

Abbildung 2-2: Der Prozess des Organisierens.[14]

Wie bereits betont, gehen wir davon aus, dass der Unternehmer und alle übrigen Beteiligten am Geschäftsprozess die Möglichkeit haben, den Prozess des Organisierens zu steuern. Dies geschieht nicht unabhängig von externen Einflüssen. Jede Idee ist bspw. nur so gut wie deren Akzeptanz bei den Kunden; seien es Staatsbürger, die von einer politischen Idee überzeugt werden sollen, oder seien es Konsumenten, die mit einem Produkt oder einer Dienstleistung einen Nutzen verbinden.

[14] Diese Aneinanderreihung von Aufgaben der Organisation ist der Sichtweise von Cummings/Huse (1989), S. 408 (zitiert bei Sydow (1992), S. 279) entlehnt. Cummings/Huse (1989) gehen bei ihrer Betrachtung von Formen der zwischenbetrieblichen Zusammenarbeit aus. Genau diese Sichtweise erscheint uns für die Betrachtung von Geschäftsprozessen sinnvoll, denn, wie das Kapitel 4 zeigen wird, sind in Geschäftsprozessen immer mindestens zwei Organisationen (z.B. die betrachtete und ihr Kunde) beteiligt.

Zudem ist die Gestaltung jedes Geschäftsprozesses vom Verhalten anderer Unternehmer abhängig. Versucht man Unternehmer in Gruppen einzuteilen, so fällt auf, dass es solche gibt, die dieselbe oder eine ähnliche Idee verfolgen (Konkurrenten), und solche, die zur Unterstützung der eigenen Idee hilfreich sein können (Lieferanten). Zu den Konkurrenten können bei weitsichtigen Analysen zusätzlich auch die in der Zukunft zu vermutenden, potentiellen Konkurrenten sowie Anbieter von Produkten und Dienstleistungen mit gleichem Nutzen bei den Kunden (z.B. Butterhersteller berücksichtigen auch Margarinehersteller) in die Betrachtung eingeschlossen werden (vgl. Abbildung 2-3).[15]

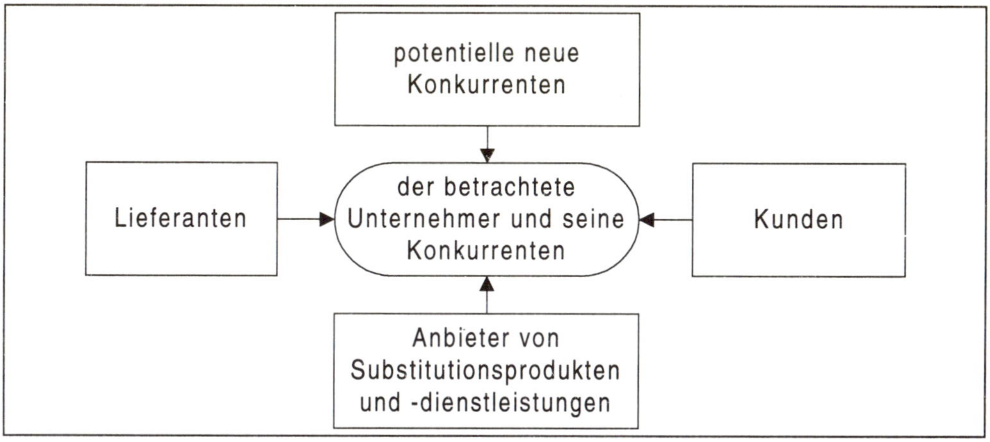

Abbildung 2-3: Die Wettbewerbskräfte (nach Porter).

Die Unterscheidung in interne Bedingungen sowie Einflussgruppen und externe ist wichtig: Interne können vom Unternehmer unmittelbar beeinflusst werden, externe nur sehr langfristig oder gar nicht.

Als **interne Einflussgruppen** gelten bei der Betrachtung von Geschäftsprozessen alle Akteure, die an der Leistungserstellung (innerhalb) des Geschäftsprozesses direkt beteiligt sind.

Ein Detailhändler will Frischprodukte über Internet verkaufen und den Kunden die Lieferung nach Hause anbieten. Vereinfacht dargestellt fal-

---

[15] Vgl. dazu insbesondere Porter (1979), S. 7.

len dazu drei Aufgaben an: „Bestellungen entgegennehmen“, „Verpacken“ und „Ausliefern“. Es ist dabei unter anderem die Fähigkeit gefordert, Güter gekühlt zu transportieren. Genau diese Fähigkeit bieten mehrere Unternehmer bereits an. Der Detailhändler nutzt diese Angebote, um daraus das für ihn beste auszuwählen. Durch Verhandlungen mit den Anbietern kann er den Ablauf, die Qualität und die Zeitstruktur in Abhängigkeit der Kosten direkt (mit-)gestalten. Für die Aufgabe „Bestellungen entgegennehmen“ beschäftigt er einige Mitarbeiter. Sein Einfluss auf deren tägliche Arbeit ist dadurch ebenfalls sehr gross.

In Verhandlungen zwischen den internen Einflussgruppen entsteht eine Arbeitsteilung, und es werden Regeln der Zusammenarbeit definiert. Interne Bedingungen können als Gesamtheit dieser Elemente der Organisation definiert werden.

Als **externe Einflussgruppen** gelten solche Akteure, die nicht unmittelbar am Geschäftsprozess beteiligt sind. Sie beeinflussen die Handlungen der internen aber dennoch.

Das Wachstum des Marktes für Softwareprodukte betrug zwischen 1996 und 1997 in Westeuropa 9.4% pro Jahr.[16] *Der Detailhandel, als Vergleich, verzeichnete in diesem Zeitraum lediglich ein Wachstum von ca. 1.4%.*[17] *Zwar trägt ein Unternehmer, der heute in Westeuropa Software produziert, zu diesem Wachstum bei, indem er die Nützlichkeit seiner Produkte gegenüber den Kunden verständlich macht. Sein Einfluss auf das Wachstum ist aber gering; er profitiert von der allgemeinen Verhaltensänderung der Kunden und auch von den Angeboten seiner Konkurrenten. Das Marktwachstum beeinflusst seine Ziele und seine Organisation aber wesentlich. Im extremen Fall heisst dies, dass er die Idee, Software zu produzieren, erst hatte, nachdem ihm der Boom in diesem Markt bekannt war.*

Externe Einflussgruppen definieren ebenfalls eine Arbeitsteilung, indem sie ihrerseits Produkte und Dienstleistungen anbieten, indem sie gewisse Produkte und Dienstleistungen nachfragen und indem sie rechtliche

---

16 Vgl. EITO (1998), S. 350.
17 Vgl. Anon. (1997).

Rahmenbedingungen (Staat) formulieren. Es entstehen dadurch ebenfalls Regeln der Zusammenarbeit und der Konkurrenzierung. Diese wollen wir als **externe Bedingungen** definieren (vgl. Abbildung 2-4).

Beipiele von internen Einflussgruppen	**Beipiele von externen Einflussgruppen**
- Mitarbeiter und Mitarbeiterinnen - Lieferanten, zu denen eine enge Beziehung besteht - Kunden, zu denen eine enge Beziehung besteht - Konkurrenten, zu denen eine enge Beziehung besteht	- Die Gesellschaft (der Staat) - Kunden - Lieferanten und potentielle Lieferanten - Tatsächliche und potentielle Konkurrenten - Anbieter von Substituten
Beipiele von internen Bedingungen	**Beipiele von externen Bedingungen**
- Definierte Regeln für den Geschäftsprozess - Arbeitsteilung im Geschäftsprozess - Fähigkeiten und Fertigkeiten der Beteiligten - Motivation der Beteiligten	- Regeln des Wirtschaftens (Gesetzgebung) - Anzahl und Stärke der Konkurrenten - Anzahl und Stärke der Kunden (z.B. gemessen am Marktwachstum) - Technologische Entwicklung

Abbildung 2-4: Externe und interne Einflüsse und Bedingungen.

Externe Bedingungen können auch zu internen werden. Im folgenden wird die Aufgabe des Unternehmers als externe Bedingungen definiert, weil sie, ist sie einmal festgelegt, nicht in kurzer Zeit neu definiert werden kann. Löst die Unternehmerin ihr Organisationsproblem aber das erste Mal oder im Zuge einer Reorganisation wieder einmal grundsätzlich, so ist die Aufgabe eine **interne Bedingung**. Dasselbe gilt z.B. für die Beziehungen zu Lieferanten. Existiert keine dauerhafte Beziehung, sondern werden zwischen zwei Unternehmern nur sporadisch Aufgaben aufgeteilt, so ist das Verhalten des einen Unternehmers aus der Sicht des anderen als externe Bedingung zu betrachten. Viele Unternehmerinnen unterhalten aber mit den wichtigsten Lieferanten sehr enge Beziehungen. In diesem Fall würden wir in unserem Sinn von einer internen Bedingung sprechen.

Die Buchhändler der Schweiz haben erkannt, dass es für sie sehr aufwendig ist, Bücher bei den vielen Verlagen einzeln zu bestellen, um diese über den Verkauf im Laden oder per Post an ihre Kunden weiterzugeben. Sie haben deshalb beschlossen, diesen Teilprozess gemeinsam durchzuführen. Heute bestellt ein grosser Teil der Buchhändler der Schweiz seine Bücher nicht direkt bei den Verlagen, sondern beim Schweizerischen Buchzentrum (SBZ), das auf den Teilprozess spezialisiert ist. Die Buch-

händler sind Teilhaber des SBZ und teilen sich dadurch die Kosten, aber auch die Erträge, die daraus entstehen. In diesem Beispiel wurde eine neue Arbeitsteilung festgelegt. Dadurch wurde eine ehemals interne Bedingung zu einer externen. Durch die enge Beziehung (durch Kapitalbeteiligung) ist aber eine neue Form der internen Bedingung entstanden. Jeder Buchhändler kann nun nicht mehr alleine über die Bestellungen bei den Verlagen entscheiden, sondern stimmt seine Änderungen in der Arbeitsteilung sowie in der Gestaltung der Geschäftsprozesse mit allen anderen Buchhändlern ab (in diesem Fall geschieht dies demokratisch).

Interne und externe Einflussgruppen verhalten sich nicht immer gleich. Es kann durchaus sein, dass zwischen z.B. zwei Unternehmungen eine Beziehung besteht, die wir als intern und eine andere, die wir als extern bezeichnen würden. So ist bspw. Amazon.com Partner von vielen Buchhandlungen in der ganzen Welt, gleichzeitig aber auch Konkurrent.

Sind interne Einflussgruppen solche, auf die der Unternehmer grossen Einfluss hat, so ist zu vermuten, dass zwischen dem Unternehmer und der Einflussgruppe ein Abhängigkeitsverhältnis existiert. Entweder kann der Unternehmer Macht ausüben, um die Entscheidungen der Einflussgruppe zu steuern, oder er muss die Einflussgruppe bei seinen Entscheidungen einbeziehen. In diesem, realitätsnahen Fall findet eine gemeinsame Entscheidungsfindung statt, in der unterschiedliche Akteure mehr oder weniger Einfluss ausüben können. Wer von wem wie stark abhängig ist, kann dabei nicht von vornherein gesagt werden. Durch die gegenseitige Beeinflussung ändern sich die Abhängigkeitsverhältnisse dauernd.

In Bezug auf externe Einflussgruppen ist diese Abhängigkeit viel klarer definiert. Alle Unternehmer müssen sich bspw. an das geltende Recht halten. Ihr Einfluss auf die Formulierung der Gesetze ist sehr gering oder gar nicht vorhanden. Sie beziehen externe Einflussgruppen als Rahmenbedingungen in ihre Entscheidungen mit ein. Es findet aber, anders wie bei den internen Einflussgruppen, keine Diskussion und gemeinsame Entscheidungsfindung statt.

Eigenschaften der Aufgabe

Weil die sinnvolle Lösung der Organisationsprobleme wesentlich davon abhängt, was mit einem Geschäftsprozess erreicht werden soll, werden im folgenden die Charakteristiken von Aufgaben beschrieben. Die Aufgabe ist direkt von der Idee abgeleitet. Man spricht auch vom Sachziel für den Geschäftsprozess.

Die Aufgabe kann zum Beispiel heissen: „Unsere Kunden sind nationale und internationale Firmen, welche erkannt haben, dass Internet für die Zukunft entscheidende Vorteile bringen kann, und die uns ihr Vertrauen schenken. Ihnen bieten wir folgende Dienstleistungen an: Beratung, Planung, Design, Umsetzung, Software-Entwicklung, Datenbank-Anbindung, Promotion, Betrieb (Hosting), Schulung und Support." (Ein Schweizer Internet-Service-Provider, 1998). Diese Aufgabe fordert andere Fähigkeiten und Kenntnisse als z.B. die folgende: „Wir sind eine Selbsthilfeorganisation der Bauern, die sich mit der Vermittlung von Hilfsstoffen und Dienstleistungen an die Landwirtschaft und der Förderung des Absatzes landwirtschaftlicher Produkte befasst." (Ein Landwirtschaftlicher Genossenschaftsverband, 1911).

Die Aufgabe kann durch die Eigenschaften Strukturiertheit, Veränderlichkeit, Häufigkeit, Ähnlichkeit und Spezifität beschrieben werden.[18] Zusammengefasst wird durch diese 5 Eigenschaften die **Komplexität der Aufgabe** beschrieben:

- Je weniger strukturiert,
- je veränderlicher eine Aufgabe ist,
- je weniger häufig sie vorkommt,
- je niedriger ihre Ähnlichkeit zu anderen Aufgaben ist und
- je höher ihre Spezifität ist,

desto komplexer ist die Aufgabe.

Die **Strukturiertheit** einer Aufgabe beschreibt, in welchem Ausmass eine Problemstellung in exakte, einander eindeutig zuzuordnende Lö-

[18] Die folgenden Ausführungen zu den Eigenschaften der Aufgabe (ohne die Beispiele) folgen der Darstellung bei Picot et al. (1997), S. 161ff.

sungsschritte zerlegbar ist. Betrachtet man die Aufgabenerfüllung als Prozess, so kann für jede Teilaufgabe ein Input, eine Vorgehensweise zur Bearbeitung des Inputs und ein Output beschrieben werden. Man kennt im Falle der hohen Strukturiertheit die Zusammenhänge zwischen diesen drei Elementen sehr genau.

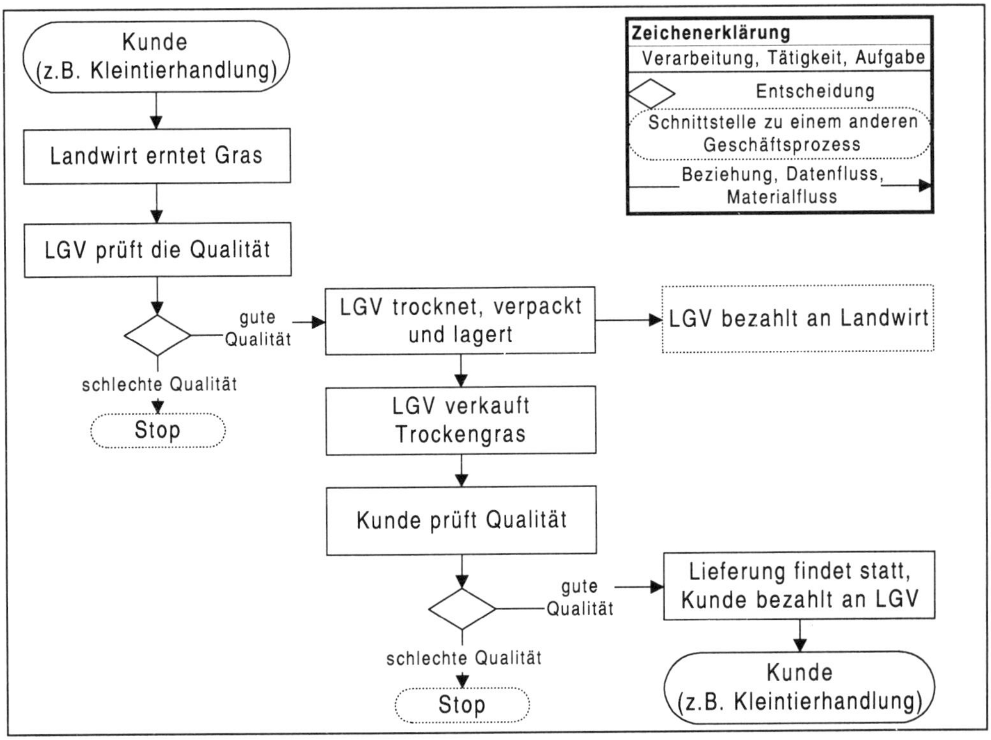

Abbildung 2-5: Die Aufgabe eines Genossenschaftsverbands (1911).

Der genannte Landwirtschaftliche Genossenschaftsverband kauft z.B. geschnittenes Gras von den Landwirten, trocknet es, lagert es und verkauft es schliesslich wieder an Landwirte und an Grossverteiler, die es für die Pflege von Kleintieren an Konsumenten verkaufen. Der Input ist „geschnittenes Gras“. Er ist mit der Angabe der Menge z.B. in Tonnen und der Mischung der gesäten Gräser und Blumen (die Masszahl für die Qualität ist in der Praxis der Anteil an Rohprotein) vollständig beschrieben. Die Bearbeitungsschritte sind „Trocknen“, dazu wird eine Maschi-

ne eingesetzt und „Lagern". Der Output, Trockengras, ist ebenfalls durch die Angabe von Gewicht und Rohproteinanteil vollständig beschrieben (vgl. Abbildung 2-5*). Beim Internet-Service-Provider besteht der Input aus oftmals vagen Vorstellungen des Kunden, wie seine Website dereinst einmal aussehen sollte. Bei der Verarbeitung kann zwischen individueller HTML-Programmierung und einer grossen Anzahl von Hilfsprogrammen gewählt werden. Der Ouptut ist eine Website, die in ihrer Funktionalität erheblich variieren kann. Als Hinweis auf die niedrige Strukturiertheit dieser Aufgabe kann die Aussage dienen, dass Unternehmungen der Schweiz zwischen 100 und mehr als 50'000 CHF (in einzelnen Fällen mehrere Millionen) aufwenden, um ihre Website erstmals zu erstellen.*[19] *Die Herstellung von Trockengras kostet im Gegensatz dazu 400 CHF/Tonne und ist in den letzten 20 Jahren stetig (also vorhersehbar) um nominal 38% gefallen (vgl.* Abbildung 2-6*).*[20]

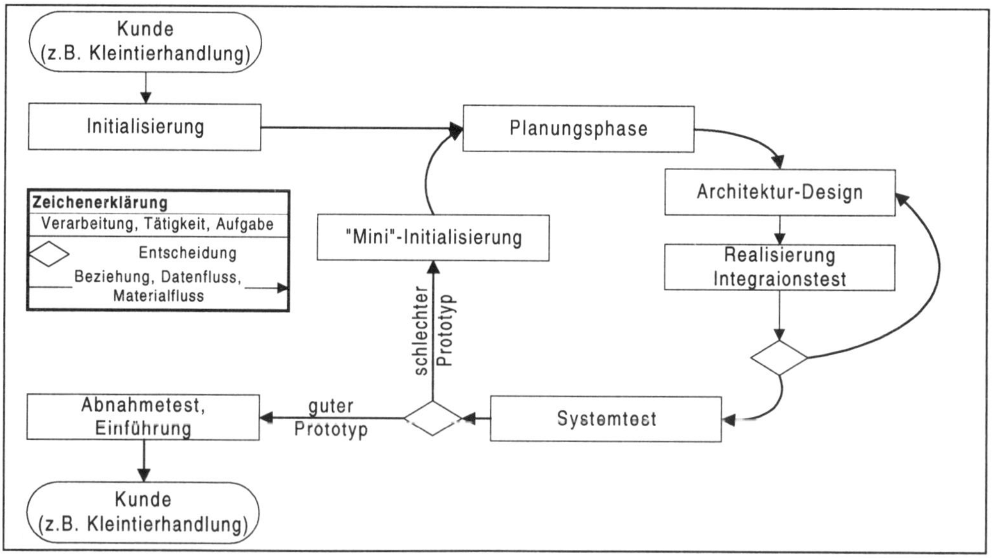

Abbildung 2-6: Die Aufgabe eines Internet-Service-Providers (1998).[21]

[19] Vgl. Strausak/Hofstetter (1997), S. 28.

[20] Vgl. VSG (1993), S. 29f.

[21] Die Beschreibung der Aufgabe folgt der generellen Betrachtung von Jenny (1997), S. 484.

Die **Veränderlichkeit** der Aufgabe beschreibt zusätzlich, wie vorhersehbar Änderungen bei den Qualitäten, Terminen, Mengen und Preisen von Inputs, Outputs und den verwendeten Hilfsmitteln sind.

Seit dem Sommer 1998 bietet IBM (International Business Machines Corporation)[22] *jeder Unternehmung eine anpassbare Standardsoftware an, die alle Funktionen für den Verkauf von Gütern und Dienstleistungen über das Internet enthält. Diese Standardsoftware kostet 24.95 US$ pro Monat.*[23] *Die individuelle HTML-Programmierung derselben Funktionalität würde den oben erwähnten Internet-Service-Provider das 10'000-fache kosten. Durch das Verhalten einer externen Einflussgruppe wird die Aufgabe des einen Unternehmers in diesem Beispiel stark beeinflusst. Er muss sie neu definieren.*

Das letzte Beispiel zeigt, dass die Frage der Veränderlichkeit mit der Frage der **Häufigkeit** der Aufgabe zusammenhängt. Letztere bezieht sich auf das erwartete Volumen der in einem Zeitabschnitt zu bewältigenden Einheiten einer Aufgabenart. Müsste die IBM damit rechnen, dass in den nächsten 5 Jahren nur z.B. 5 Kunden nach einer Lösung der beschriebenen Art nachfragen, so wäre es kaum effizient, dafür eine Standardsoftware zu produzieren.

Das Beschreibungsmerkmal **Ähnlichkeit** bezieht sich immer auf ein Bündel von Aufgaben und fragt, inwiefern die Prozesse zur Aufgabenerfüllung technologische und marktliche Verwandtschaft aufweisen. Eine Organisation, die mit vielen ähnlichen Inputs durch ähnliche Prozesse für verschiedene Märkte ähnliche Outputs erarbeiten kann, hat die Möglichkeit, ihre Aufgabe sehr breit zu definieren.

Der international tätige Buchhändler Amazon.com[24] *verkauft nicht nur Bücher, sondern auch Musik-CDs und bald auch Softwarepakete*[25] *über Internet. So unterschiedlich sich die drei Produktgruppen aus der Sicht*

---

[22] http://www.ch.ibm.com/

[23] http://mypage-products.ihost.com/ (3.9.1998).

[24] http://www.amazon.com

[25] Gemäss einer Meldung in UPSIDE Today vom 9.11.1998 soll dies „sehr bald" geschehen (vgl. http://www.upside.com/).

des Kunden beschreiben lassen, für den Händler ist der Input für alle drei jeweils ein Paket, das relativ einfach beschreibbar ist. Es muss gekauft, evtl. gelagert, versendet und verrechnet werden, unabhängig davon, ob sich im Paket ein Buch, eine CD oder CD-ROMs und Handbücher befinden. Amazon.com profitiert davon, dass es mit demselben Geschäftsprozess drei Märkte bedienen kann. Diesen Effekt nennt man auch „economies of scope" (die Ähnlichkeit von Aufgaben führt zu Synergieeffekten mit kostensenkender Wirkung).

Das Merkmal **Spezifität** vergleicht schliesslich den Nutzen, den der eine Kunde aus einem Produkt oder einer Dienstleistung ziehen kann, mit dem entsprechenden Nutzen eines zweiten Kunden. Je höher die Spezifität, desto grösser ist die Abhängigkeit zwischen dem Anbieter und dem Kunden.

Der Kanton Bern möchte die Verarbeitung von Steuererklärungen durch geeignete Software unterstützen, um dadurch schneller, zu tieferen Kosten und mit weniger Fehlern arbeiten zu können. Die Anforderungen an diese Software sind in erheblichem Masse vom Steuergesetz des Kantons abhängig. Mit einigen Änderungen könnten andere Kantone dieselbe Software einsetzen. Allen anderen möglichen Kunden der Welt nützt die Software aber nichts. Ein Softwarehersteller, der diesen Auftrag annimmt, ist also davon abhängig, dass der Kanton Bern und ggf. andere Kantone das Produkt auch tatsächlich kaufen. Eine viel niedrigere Spezifität weist dagegen ein Internet-Browser auf, der z.B. unter Microsoft Windows und anderen weit verbreiteten Betriebssystemen benutzt werden kann. Allein in Westeuropa gibt es dafür 31.5 Mio. (1998) potentielle Kunden, die daraus einen ähnlichen Nutzen ziehen können. Weltweit sind es gar gegen 116 Mio.[26]

Schritte

Ist der Charakter der Aufgabe bekannt, kann der Prozess des Organisierens ausgelöst werden. Im folgenden werden vier Schritte beschrieben, die diesen Prozess charakterisieren. Vorerst formuliert die Unternehme-

[26] Vgl. EITO (1998), S. 380.

rin ihre Idee. Dabei hat sie Kenntnis vom derzeitigen wirtschaftlichen System und kann deshalb, ohne dass sie mit allen zukünftigen Lieferanten, Kunden, Konkurrenten und dem Staat eine Beziehung anbahnt, entscheiden, welche Fähigkeiten und Kenntnisse sie selbst mitbringen muss und welche sie von aussen zukaufen kann. Sie wählt ihre Aufgabe so aus, dass alles, was andere besser können, nicht von ihr ausgeführt wird und sie sich somit auf jene Teilaufgaben konzentrieren kann, die sie besonders auszeichnen (**Selektion**). Danach definiert sie, in Zusammenarbeit mit den ausgewählten Akteuren, Regeln der Zusammenarbeit und beschreibt den Ablauf der Durchführung in zeitlicher (wann wird welche Teilaufgabe durchgeführt) und räumlicher (wo wird welche Teilaufgabe durchgeführt) Hinsicht (**Regulation**). Um schliesslich die Aufgaben erfolgreich ausführen zu können, benötigen die Akteure Ressourcen. Diese werden von der Unternehmerin so verteilt, dass der Geschäftsprozess entsprechend den gesetzten Zielen durchgeführt werden kann (**Allokation**). Als letzte Aufgabe bleibt die Erfolgskontrolle. Die Unternehmerin beobachtet ständig, wie gut die Ziele erreicht werden (**Evaluation**).[27]

Ist der Geschäftsprozess auf diese Weise organisiert, so bleibt es allen Beteiligten überlassen, ihre Teilaufgabe so zu organisieren, dass die abgemachten Regeln nicht verletzt werden. Beteiligte können Einzelpersonen, Teile von Organisationen oder ganze Organisationen sein. Dieser zweite Schritt, das Organisieren auf der Mikroebene, und der erste Schritt, das Organisieren auf der Makroebene, sind selbstverständlich voneinander abhängig.

Die folgenden Ausführungen beschreiben die vier Schritte des Organisierens unabhängig davon, ob es jeweils sinnvoll ist, eine Teilaufgabe auf der Makroebene oder auf der Mikroebene zu organisieren. Das Kapitel 4 geht der Frage nach, welches im heutigen Wirtschaftssystem sinnvolle

[27] Sydow/Windeler (1997) prägen die vier Begriffe Selektion, Regulation, Allokation und Evaluation, um jene Aufgaben zu beschreiben, die bei zwischenbetrieblicher Zusammenarbeit zusätzlich anfallen. Weil wir in der vorliegenden Beschreibung von Geschäftsprozessen davon ausgehen, dass immer mehr als ein Unternehmen zu betrachten ist, wollen wir diese Begriffe übernehmen.

Formen der Zuordnung von Teilaufgaben auf beteiligte Organisationen sein können (vgl. Abbildung 2-7).

Makroebene		**Mikroebene**[28]	
Selektion	Auswahl von Organisationen in einem Netzwerk von Organisationen (z.B. Analyse von potentiellen Lieferanten)	Peronalauswahl, Aufbauorganisation	Auswahl von Mitarbeitern, Bilden von Stellen und Abteilungen, Festlegen der Arbeitsteilung
Regulation	Bestimmen von Regeln der Zusammenarbeit zwischen Organisationen (z.B. Vertragsgestaltung)	Regeln	Bestimmen von Regeln der Zusammenarbeit zwischen Stellen und Abteilungen
Allokation	Verteilen von Ressourcen zwischen Organisationen (z.B. Zuordnung von Aufgaben auf Organisationen)	Hierarchien festlegen	Verteilen von Ressourcen zwischen Abteilungen
Evaluation	Bewerten von Organisationen, um die Selektion bei einer Reorganisation zielorientiert durchführen zu können (z.B. Lieferantenbewertung)	Controlling	Bewerten von Mitarbeitern und von Abteilungen

Abbildung 2-7: Mikro- und Makroebene des Organisierens.

In allen Beispielen erfolgt selbstverständlich dennoch eine Zuordnung auf Organisationen und Netzwerke von Organisationen (Unternehmensnetzwerke), denn in der Praxis werden Geschäftsprozesse immer von solchen durchgeführt.

2.2.1 Selektion

Betrachten wir das Organisieren als Prozess, in dem mehr oder weniger rationale Entscheidungen in der in Abbildung 2-2 gezeigten Reihenfolge

[28] Die Mikroebene wird durch Begriffe der Organisationslehre beschrieben, die in diesem Buch nur in Ausnahmefällen definiert werden. Die Liste ist nicht vollständig.

nacheinander getroffen werden, so gilt es vorerst, die Idee genau zu beschreiben, um dadurch die benötigten Fähigkeiten und Kenntnisse zu bestimmen (Selektion).[29] Die Selektion kann nicht unabhängig von der möglichen und sinnvollen **Arbeitsteilung** geschehen. Der genannte Detailhändler bspw. kann die Teilaufgabe des Transportes nur mit einem anderen Unternehmer teilen, wenn mindestens ein unabhängiger Transportunternehmer existiert. Ob z.B. die Teilaufgabe „Bestellungen entgegennehmen“ und die Teilaufgabe „Auslieferung“ an unterschiedliche Personengruppen abgegeben werden sollen, ist dagegen nicht eine Frage der möglichen, sondern der sinnvollen Arbeitsteilung.

Die Ausgangsfrage lautet deshalb: Welche Fähigkeiten und damit welche Personen, Gruppen von Personen, Organisationen etc. sind auszuwählen, damit der Geschäftsprozess mit hohem Zielerreichungsgrad ausgeführt werden kann.[30]

Eine sinnvolle Selektion ist immer nur vor dem Hintergrund der aktuellen, in einem Wirtschaftsraum verfügbaren Organisationen und Personen möglich. Zu den vielleicht wichtigsten langfristigen Trends gehört die immer stärkere Spezialisierung und dadurch vielfältigere Arbeitsteilung. Bereits 1776 stellte Adam Smith fest: „Die Arbeitsteilung dürfte die produktiven Kräfte der Arbeit mehr als alles andere fördern und verbessern.“[31] Diese Hypothese hat sich bis heute gehalten.[32]

Er stellte fest, dass auf der Mikroebene im Wesentlichen drei Effekte zur **Produktivitätssteigerung** beitragen:[33]

---

[29] Chandler (1962) hat diese Auffassung mit der These „structure follows strategy“ umschrieben. Z.B. Rumelt (1974), S. 74, entwickelt die gegenteilige Sichtweise. Nach ihm kann ein Unternehmer immer nur jene Aufgaben wahrnehmen, für die er die notwendigen Ressourcen selektiert hat: „strategy follows structure“.

[30] Die Begriffsbildung ist von Sydow/Windeler (1997) für das Anwendungsgebiet „Geschäftsprozessorganisation“ abgeleitet.

[31] Vgl. Smith (1996), S. 9.

[32] Vgl. bspw. Picot et al. (1997), S. 1f.

[33] Vgl. Smith (1996), S. 12f.

1. Personen, die sich auf wenige Aufgaben konzentrieren, entwickeln eine bessere Geschicklichkeit bei der Ausführung. Die Produktionskosten sinken.
2. Durch die Konzentration müssen die Personen nicht zwischen verschiedenen Tätigkeiten hin und her wechseln. Sie sparen damit Zeit.
3. Die Konzentration führt auch dazu, dass Personen auf natürliche Weise versuchen, die immer gleichen Abläufe zu verbessern und schliesslich zu automatisieren. Innovation (der Geschäftsprozesse) wird initiiert.

Diese drei Effekte wirken sich auf die Makroebene derart aus, dass wir heute in allen Branchen eine Vielzahl von hoch spezialisierten Unternehmungen finden. Der Unternehmer stützt seine Ideen auf deren Fähigkeiten und Kenntnisse.

Es gibt allerdings auch Nachteile der zu starken Spezialisierung. Der bei der Betrachtung von Geschäftsprozessen wichtigste ist der damit verbundene Aufwand, der für die Koordination (vgl. Definition 1) geleistet werden muss (sog. **Koordinationskosten**[34]).

Koordination ist die Abstimmung von Einzelaktivitäten im Hinblick auf ein übergeordnetes Ziel. Notwendig ist Koordination, wenn Interdependenzen zwischen den Aktivitäten mehrerer Einheiten (z.B. Organisationen auf der Makroebene und Einzelpersonen sowie Maschinen auf der Mikroebene) bestehen. Koordination ist eine Folge von Arbeitsteilung (vgl. Frese (1993), S. 39f.).

Definition 1: Koordination.

Weil die Spezialisierung also zwei Effekte hat, die entgegengesetzte Einflüsse auf die Wirtschaftlichkeit haben, ist das Koordinationsproblem

[34] Es gibt neben den Koordinationskosten andere Nachteile der zu starken Spezialisierung: Die Arbeit wird langweiliger, und die Mitglieder verlassen die Organisation, die psychische Belastung nimmt zu, was zu vermehrtem Krankenstand führen kann. Monotone Arbeit verringert die Konzentration, damit sinkt die Qualität (vgl. dazu auch Kieser/Kubicek (1992), S. 78f.).

nicht einfach zu lösen, sondern bedarf der ständigen Abwägung und Optimierung.

Die Firma Datrac AG in Laupen[35] *installiert unter anderem Computernetze für ihre Kunden. Sie hat eine Gruppe von Mitarbeitern beschäftigt, die in Zusammenarbeit mit den Kunden Pläne erarbeitet, in denen das gewünschte Computernetz beschrieben ist. Eine andere Gruppe von Mitarbeitern nimmt die Pläne zur Hand und installiert die Computernetze bei den Kunden. Weil für das Erarbeiten und Zeichnen von Plänen andere Fähigkeiten gefordert sind als für das Installieren, lohnt sich die Spezialsierung von zwei Gruppen auf jeweils eine Teilaufgabe. Es entstehen aber auch Kosten:*

1) Die Pläne müssen genau gezeichnet werden, weil bei der Installation niemand dabei ist, der über die Wünsche der Kunden Bescheid weiss.
2) Während den Verhandlungen mit den Kunden müssen die einen Mitarbeiter wissen, wann die anderen Zeit haben, um die Installation durchzuführen. Dazu müssen sie miteinander über ihre Terminpläne sprechen.
3) Wenn während der Installation ein Fehler passiert, muss sich jemand die Zeit nehmen und herausfinden, ob der Plan falsch war, ob der Kunde falsche Informationen weitergegeben hat oder nur während der Installation ein Fehler passiert ist. Es gibt niemanden, der den ganzen Ablauf überblickt und deshalb sofort sagen kann, wo das Problem liegt.

Die Frage nach der sinnvollen Arbeitsteilung kann also immer nur in bezug auf die gesetzten Ziele beantwortet werden. Obwohl diese Ziele für jeden Geschäftsprozess einzigartig sind, so ist allen gemeinsam, dass sie mit den Ressourcen sorgfältig umgehen müssen, um sich die Ausführung des Geschäftsprozesses leisten zu können. Es stehen einander, vereinfacht ausgedrückt, Aufwendungen und Erträge gegenüber. Jeder Unternehmer setzt zur Lösung des Koordinationsproblems einen Teil seiner Erträge ein. Diese stehen niemals unbegrenzt zur Verfügung.

---

[35] http://www.datrac.ch/.

Üblicherweise wird die Aufgabe vorerst in Teilaufgaben unterteilt, um schliesslich die Arbeitsteilung festzulegen. Erst mit dieser Wahl wird klar, welche Kompetenzen (in Form von Organisationen und einzelnen Personen) für den Geschäftsprozess selektiert werden müssen. Dabei gilt zu beachten, dass eine sinnvolle Aufteilung den drei folgenden Leitsätzen genügt:[36]

1. Teilaufgaben sind so zu bilden, dass zwischen den Trägern der Teile möglichst wenig Abstimmungsaufwand anfällt.
2. Je mehr Wissen für die Erledigung einer Teilaufgabe benötigt wird, desto teuerer ist die Ausführung. Deshalb ist es sinnvoll, dass sich Spezialisten jeweils möglichst nur mit ihrem Wissensgebiet befassen.
3. Zudem soll es so sein, dass das geforderte Wissen zur Lösung einer Teilaufgabe möglichst während der täglichen Arbeit erlernt werden kann. Die Beteiligten sollen also nur in Ausnahmefällen Teilaufgaben übernehmen, die sie nur sehr selten erledigen müssen.

Die Leitsätze können nicht alle gleichzeitig erfüllt werden. Ist Wissen über die Bedürfnisse der Kunden und Wissen über z.B. rechtliche Probleme wichtig, um die Aufgabe gut erfüllen zu können, so kann sich ein Akteur nicht auf das Wissensgebiet „Recht“ beschränken (Einhaltung von Prinzip 2), ohne dadurch einen Teil des notwendigen Wissens nicht während der täglichen Arbeit zu erlernen (Verletzung des Prinzips 3). Die Frage, wie die Arbeitsteilung vollzogen werden soll, ist deshalb nicht generell zu beantworten, sondern nur im Einzelfall. Im folgenden werden mögliche Kriterien zur Arbeitsteilung aufgezeigt.[37]

Arbeitsteilung nach Funktionen: Eines der weit verbreiteten, traditionellen Kriterien ist die Funktion.[38] Funktionen sind Bündel von Aufgaben, die einem Wissensgebiet entsprechen. In der Praxis trifft man „Forschung & Entwicklung“, „Produktion“, „Vertrieb“, „Finanzierung“, „Informatik“ u.ä. als Funktionen an. Wird die Arbeitsteilung entlang der Funktionen gestaltet, so ist zwar mit einer Effizienzsteigerung innerhalb

36 Vgl. Picot et al. (1997), S. 167.
37 Vgl. z.B. Osterloh/Frost (1996), S. 50ff., die dafür den Begriff „Triage“ prägen.
38 Auch Zweckbereich oder Verrichtungsprinzip genannt.

der einzelnen Funktionen zu rechnen, weil sich die Beteiligten am Geschäftsprozess lediglich mit ihrem Wissensgebiet befassen müssen, sich also sehr stark spezialisieren können. Allerdings geht dabei die Gesamtsicht verloren. Beobachtet man derart gestaltete Prozesse, so fällt auf, dass - etwas übertrieben formuliert - in der „Forschung & Entwicklung" ein Output generiert wird, der in der „Produktion" nicht verwendet werden kann. Es wird deshalb ein etwas verändertes Produkt hergestellt, das aber wiederum im „Vertrieb" keine Kunden findet.

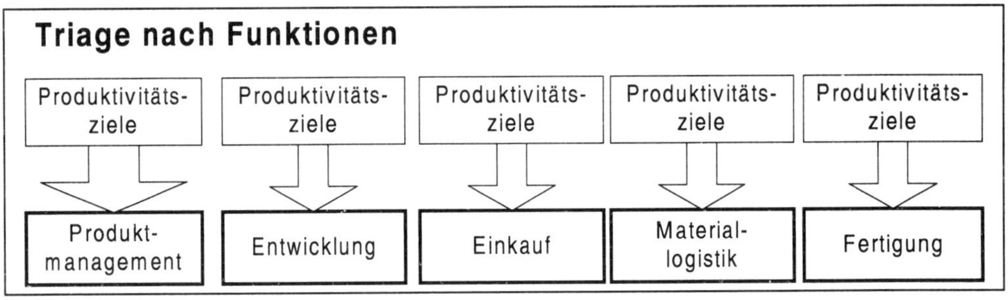

Abbildung 2-8: Arbeitsteilung nach Funktionen.[39]

Durch die Arbeitsteilung entlang der Funktionen ist die Kommunikation zwischen den Funktionen nur erschwert möglich resp. durch die Strukturierung nicht als notwendig in die Geschäftprozesse eingebaut. Bis die „Forschung & Entwicklung" vom „Vertrieb" erfährt, dass eigentlich ein ganz anderes Produkt gefragt ist, haben sich die Kunden möglicherweise bereits an Konkurrenten gewendet. Das Kriterium erfüllt zwei der drei Leitsätze zur Bildung von Teilaufgaben (vgl. Abbildung 2-8). Typischerweise aber gerade das erste nicht, das auf die Minimierung der Koordinationskosten abzielt (vgl. die Ausführungen auf Seite 31).

Le-shop SA,[40] ein Nahrungsmittel-Detailhändler der Schweiz, bietet seit einiger Zeit den Verkauf über Internet an. Sein Ziel ist es, allen Schweizern tagesfrisch und in kürzester Zeit Güter des täglichen Bedarfs nach Hause oder z.B. an ihren Arbeitsplatz zu liefern. Le-shop übernimmt das Produktmanagement, den Einkauf und die Entwicklung (in diesem Fall

39 Diese Abbildung ist Gaitanides et al. (1994), S. 12 nachempfunden.

40 http://www.le-shop.ch/

des virtuellen Verkaufsladens). Die gesamte Materiallogistik führt Die Post durch. Die Unternehmer haben erkannt, dass diese aufwendige Teilaufgabe besser von einem bereits erfahrenen Unternehmen durchgeführt werden kann.

Arbeitsteilung nach der Komplexität der Aufgabe: Ebenso wie nach Funktionen kann die Arbeitsteilung auch nach der Komplexität der Aufgabe erfolgen (vgl. Tabelle 2-1).

	„Einzelfall“	„Projektfall“	„Regelfall“	„Routinefall“
Strukturiertheit	sehr niedrig	niedrig	hoch	sehr hoch
Veränderlichkeit	sehr hoch	hoch	niedrig	sehr niedrig
Häufigkeit	sehr niedrig	niedrig	hoch	sehr hoch
Ähnlichkeit	sehr niedrig	niedrig	hoch	sehr hoch
Spezifität	sehr hoch	hoch	niedrig	sehr niedrig

Tabelle 2-1: Arbeitsteilung nach Eigenschaften der Teilaufgaben.[41]

Der „Einzelfall“ wird nicht geplant, sondern ad hoc von Akteuren behandelt, die das notwendige Fachwissen vorhalten können und zeitlich beim Auftreten des Falles verfügbar sind. Davon ist der „Projektfall“ zu unterscheiden. Stellt der Unternehmer fest, dass sich der „Einzelfall“ nicht ad hoc behandeln lässt, wird eine zeitlich befristete Organisation aufgebaut. Die Aufgabe dieser Organisation ist es, den „Einzelfall“ derart zu strukturieren, dass er später als „Regelfall“ behandelt werden kann. Der „Regelfall“ ist eine bereits strukturierte Geschäftsprozessvariante, die aber vom „Routinefall“ abgegrenzt wird, weil dazu nicht nur die vorgesehenen Sachmittel und Akteure eingesetzt werden, eine andere Vorgehensweise bei der Durchführung praktiziert und zusätzliches Fachwissen benötigt wird. Der „Routinefall“ ist schliesslich jene Variante, die am häu-

[41] Die Tabelle verwendet Eigenschaften der Aufgabe von Picot et al. (1997), S. 161ff. und die analytische Betrachtung von Nippa (1996), S. 54.

figsten vorkommt. Er ist genaustens beschrieben (ein Beispiel dazu bietet der Abschnitt 2.3.4.1).

Arbeitsteilung nach Kundengruppen: Ein drittes Kriterium zur Arbeitsteilung, bei Dienstleistungsprozessen nicht selten in Anwendung, sind Kundengruppen. Der Vorteil dieser Strukturierungshilfe ist, dass jeweils spezialisierte Akteure genauer auf die speziellen Bedürfnisse einer Kundengruppe angepasst werden können und dass immer dieselben Akteure auch dieselben Kunden betreuen. Da die Beteiligten dadurch nicht nur ihr Wissensgebiet (wie dies beim Kriterium „Funktion" der Fall ist), sondern auch ihre Kunden sehr gut kennen lernen, gewinnt der Geschäftsprozess vor allem an Effektivität. Zudem entsteht ein gewisser Flexibilitätsvorteil dadurch, dass der Geschäftsprozess auch schneller auf veränderte Bedürfnisse der Kunden reagieren kann. Der Nachteil ist allerdings, dass Spezialisierungsvorteile verloren gehen. Es gibt bei dieser Art der Arbeitsteilung jeweils mehrere Gruppen von Beteiligten, die sich z.B. um die Forschung & Entwicklung kümmern. Dass bei dieser Lösung des Koordinationsproblems Doppelspurigkeiten entstehen, ist unvermeidlich (vgl. Abbildung 2-9; als Beispiel dient die Beschreibung der BEKB in Abschnitt 2.3.4.1).

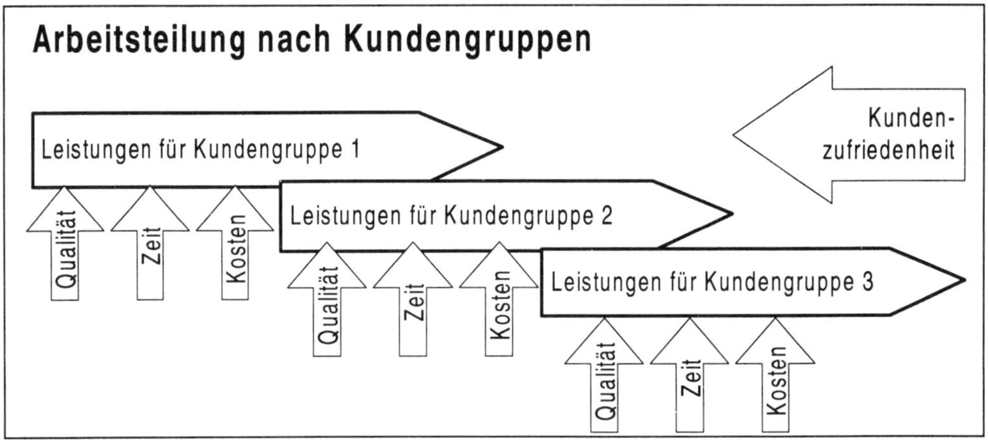

Abbildung 2-9: Arbeitsteilung nach Kundengruppen.

Neben den drei genannten Kriterien zur Arbeitsteilung sind beliebig weitere denkbar. Ein weit verbreitetes, hier aber nicht weiter diskutiertes, ist die Geographie. Sehr grosse Unternehmen ordnen ihren Geschäftsprozessen meistens auch Regionen zu. Am Beispiel der Versicherungsvertreter illustriert heisst dies, dass sich einige Akteure um den Verkauf von Versicherungen in der Schweiz kümmern, andere dagegen dasselbe in Österreich tun.

2.2.2 Regulation

Es ist niemals so, dass allein durch die Selektion (Bestimmung der Ziele, Auswahl der Akteure und die Bestimmung der Aufgabenteilung) eine reibungslose Zusammenarbeit garantiert werden kann. Zusätzlich braucht es Regeln, die das Verhalten der am Geschäftsprozess beteiligten Akteure aufeinander abstimmen und ggf. Gremien zur Steuerung und Überwachung sowie zur Konfliktlösung. Diese Aktivität im Rahmen des Organisierens wollen wir als Regulation bezeichnen.[42]

Regeln sind in die Kategorien „formelle“ und „informelle“ unterteilbar. Die formellen Regeln sind schriftlich festgehalten oder durch andere Kommunikationsmittel allen Beteiligten in gleicher Weise zugänglich. Im Gegensatz dazu sind die informellen Regeln nicht schriftlich festgehalten. Oftmals ist es sogar so, dass diese auf Anfrage nicht spontan wiedergegeben werden können. Es sind Regeln, die sich mit der Zeit eingespielt haben. Die informellen Regeln sind ebenso wichtig wie die formellen. Würde sich nicht durch die Zusammenarbeit eine Reihe von informellen Regeln „automatisch“ bilden, so wäre die Aufgabe des Organisierens nicht lösbar.

Regeln vereinfachen die Koordination, weil Entscheidungen ohne Rücksprache, aufgrund der Regel, autonom getroffen werden können. Sie bringen im Gegenzug aber eine gewisse Starrheit mit sich. Man unterscheidet deshalb zwischen generellen Regeln, die immer einzuhalten sind, und fallweisen Regeln, die abhängig von der Situation verändert werden können.

---

[42] Die Begriffsbildung ist von Sydow/Windeler (1997) für das Anwendungsgebiet „Geschäftsprozessorganisation“ abgeleitet.

Auf der Makroebene manifestieren sich formelle Regeln in Verträgen, die zwischen Organisationen abgeschlossen werden. Auf der Mikroebene setzen die Unternehmer dazu z.B. Organisationshandbücher, Stellenbeschreibungen und andere Arten von Planungsdokumenten ein.

Die Regeln sind Ansatzpunkte für die Programmierung. Darunter versteht die Organisationslehre im Unterschied zum generellen Sprachgebrauch nicht unbedingt die Codierung eines Ablaufs in einem Computersystem, in Analogie dazu aber die Codierung sozialer Systeme. Es geht vorerst darum, möglichst alle generellen Regeln formell zu erfassen und zu vereinheitlichen (dies wird auch mit Standardisierung bezeichnet), um schliesslich die Form der Automation (oder Teilautomation) zu eruieren.

Der Schweizer Buchhändler lesen.ch[43] *hat folgende Regel formuliert: „Jeder Kunde, der eine Bestellung abgesendet hat, soll innerhalb von kürzester Zeit eine Bestätigung der bestellten Produkte, des Rechnungsbetrages sowie der erwarteten Lieferfrist erhalten." In einer herkömmlichen Buchhandlung würde an alle Verkäufer ein Formular verteilt, das sie nach Bestellungseingang ausfüllen und dem Kunden z.B. per Post zustellen würden. lesen.ch hat diesen Ablauf automatisiert. Da die Bestellungen elektronisch eingehen, ist es möglich, mit Hilfe eines Computerprogramms eine Email mit den genannten Angaben zu generieren und diese dem Kunden zu schicken.*

Procter & Gamble (ein Nahrungsmittelhersteller und Grosshändler)[44] *hat zusammen mit Wal-Mart (einer Detailhandelskette)*[45] *den Ablauf der Bestellungen von Wal-Mart bei Procter & Gamble programmiert und teilweise automatisiert. Vorerst wurde für jedes Produkt festgelegt, wie gross die Lagermenge in den Verteilzentren von Wal-Mart sein soll (generelle Regel). Danach wurde ein Computerprogramm installiert, das Procter & Gamble erlaubt, die aktuelle Lagermenge von Wal-Mart abzufragen. Ein weiteres Programm sendet dem Verkäufer von Procter &*

[43] http://www.lesen.ch/
[44] http://www.pg.com/
[45] http://www.wal-mart.com/

Gamble automatisch eine Nachricht, wenn die Lagermenge eines bestimmten Produkts bei Wal-Mart unterschritten wird. Der Verkäufer ordnet sofort an, dass das entsprechende Produkt in einer mit Wal-Mart generell definierten Menge geliefert wird. Durch diese Programmierung muss sich Wal-Mart nicht mehr um die Bestellungen kümmern. Die Beschaffungsabteilung kann sich auf Aufgaben wie die Überprüfung der Qualität konzentrieren.[46]

2.2.3 Allokation

Nachdem der Unternehmer die Aufgabe charakterisiert, über mögliche Formen der Arbeitsteilung nachgedacht und Regeln der Zusammenarbeit definiert hat, gilt es, Sachmittel, Information und Maschinen sowie Weisungsrechte und Entscheidungsrechte an die Akteure zu verteilen, so dass sie in der Lage sind, ihre Teilaufgaben wahrzunehmen. Als Oberbegriff hierfür wird die Bezeichnung „Ressource“ verwendet. Den Akt der sachgerechten Verteilung der Ressourcen auf die Akteure bezeichnet man (auf der Makroebene) als Allokation.[47] Alle Fragen der Arbeitsteilung, die im Rahmen der Selektion dafür sorgten, dass die Möglichkeiten des jeweiligen Wirtschaftssystems ausgeschöpft werden, stellt sich die Unternehmerin nun etwas detaillierter im Rahmen der Allokation. Es geht dabei aber vielmehr um die Frage der sinnvollen als um die Frage der möglichen Arbeitsteilung.

Ganz allgemein können zwei Typen von Ressourcen unterschieden werden: Bei der ersten Gruppe geht es um Sachgüter wie finanzielle Mittel, Maschinen, Rohstoffe, Verbrauchsmaterial; für diese Güter werden Zugriffsrechte vergeben (**allokative Ressourcen**). Etwa das Eigentum an einer Grastrocknungsmaschine gibt dem Unternehmer die Möglichkeit, über den zeitlichen Einsatz dieses Gerätes zu verfügen. Der zweite Typ, die **autoritativen Ressourcen**, ermöglichen dem Inhaber, über Personen (immer nur teilweise) zu verfügen.

---

46 Vgl. Clark/Stoddard (1994).

47 Die Begriffsbildung ist von Sydow/Windeler (1997) für das Anwendungsgebiet „Geschäftsprozessorganisation“ abgeleitet.

Die Verantwortliche für den Teilprozess „Bestellungen entgegennehmen“ des erwähnten Detailhändlers hat die Möglichkeit, den Personen, die für den Teilprozess „Verpacken“ zuständig sind, zu sagen, in welcher Reihenfolge die Bestellungen verpackt werden sollen.

Im geschäftlichen Sinn bezeichnet man etwas erst als Ressource, wenn es zur Aufgabenerfüllung genutzt wird (vgl. Definition 2).[48] Nimmt der Unternehmer bspw. Information aus einer Tageszeitung, um damit eine geschäftliche Entscheidung besser fällen zu können, so ist die Information aus seiner Sicht eine Ressource. Ähnliches gilt z.B. für das Angebot des erwähnten Transportunternehmers. Sobald der Detailhändler das Angebot zur Abwicklung seines Geschäftsprozesses nutzt, ist die Transportleistung aus seiner Sicht eine Ressource. Deshalb können Ressourcen auch als Verfügungsrechte über Personen und Sachen verstanden werden.

Eine Ressource ist alles (Vermögenswerte, Fähigkeiten, Pläne, Rechte, Information etc.), was vom Unternehmer kontrolliert werden kann und im weitesten Sinn der Verbesserung der Zielerreichung dient.

Definition 2: Ressource.

Gewisse Ressourcen (Wissen, Fertigkeiten und Fähigkeiten etc.) werden von den Beteiligten am Geschäftsprozess mitgebracht. Andere werden im Zuge der Strukturierung erst verteilt. Die Tabelle 2-2 zeigt Beispiele von Ressourcen, die verteilt werden müssen.

Mit dem Entscheidungsrecht ist die **Delegation** verbunden. Entscheidungsrechte werden bei der Strukturierung der Geschäftsprozesse vom Unternehmer an andere Akteure delegiert. Der Delegierende verschafft sich dadurch einen gewissen Freiraum. Er muss nicht mehr selbst entscheiden, sondern diese Aufgabe wird vom Delegierten erledigt. Allerdings kann mit dem Entscheidungsrecht immer nur ein Teil der Verantwortung übertragen werden. Der Delegierende behält also einen Teil der Aufgabe zurück (z.B. die Kontrolle der Qualität).

---

48 Vgl. Sydow et al. (1995), S. 26; Barney (1991), S. 101.

Allokative Ressourcen	
Zugriffsrecht auf Information (Informationsrecht)	Jemand hat das Recht, sich bestimmte Informationen zu besorgen.
Zugriffsrecht auf Materialen	Jemand hat das Recht, bestimmte Hilfsgüter (z.B. Papier, Beton) zu verwenden.
Zugriffsrecht auf Werkzeuge und Maschinen	Jemand hat das Recht, bestimmte Maschinen (z.B. Computerprogramme) zu verwenden.
Autoritative Ressourcen	
Ausführungsrecht	Jemand hat das Recht, eine Aufgabe auszuführen.
Antragsrecht	Jemand hat das Recht, Anträge auf Veränderung der Struktur zu beantragen und auf anstehende Entscheidungen aufmerksam zu machen.
Mitspracherecht	Jemand hat das Recht, bei Entscheidungen seinen Standpunkt zu vertreten.
Entscheidungsrecht (oder Entscheidungsbefugnis)	Jemand hat das Recht, bei Entscheidungen mitzubestimmen. Die Mitbestimmung kann eine Stimme (im demokratischen Sinn), das Veto-Recht oder gar das alleinige Entscheidungsrecht umfassen.
Anordnungsrecht (oder Weisungsbefugnis)	Jemand hat das Recht, einer anderen Person zu sagen, was sie zu tun hat und/oder wie sie es tun soll.

Tabelle 2-2: Allokative und autoritative Ressourcen.

Bei der Allokation von Ressourcen gilt es, das **Kongruenzprinzip** zu beachten. Es besagt, dass die Rechte (autoritative und allokative Ressourcen) und die Pflichten (Erwartungen an den Delegierten) ausgewogen sein müssen.[49] Damit wird einerseits die Motivation gefördert, andererseits aber auch die Koordination erleichtert. Es ist bspw. nicht sinnvoll, wenn jemand die Teilaufgabe „Transport“ ausführen darf, ihm aber keine Entscheidungsrechte in Bezug auf die Strecken- und die Fahrzeug-

[49] Vgl. Hill et al. (1989), S. 122: „Grundsätzlich sollen Aufgaben, Kompetenzen und Verantwortung eines jeden Mitarbeiters einander im Umfang immer genau entsprechen (...)“. Damit spricht Hill die Mikroebene an. Analoges gilt aber für die Makroebene.

wahl zugeteilt werden. Ebenso hemmend wirkt die Verteilung von Entscheidungsrechten ohne genügende Weisungsrechte.

Wenn Personen eng zusammenarbeiten, entwickeln sie ein gewisses Zusammengehörigkeitsgefühl und ein gegenseitiges Verständnis für die täglichen Probleme. Beides erleichtert die Koordination wesentlich. Alle Beteiligten kennen sich, sie wissen, wer über was Bescheid weiss u.v.m. In losen geschäftlichen Beziehungen ist diese Komponente der Struktur schwächer ausgeprägt. Deshalb ist dort die Koordination aufwendiger.

Wer mit wem wie intensiv zusammenarbeitet und wer sich an welchen Standorten wie oft mit wem treffen soll, ist also eine wichtige Überlegung, wenn es um die Allokation von Ressourcen geht.

Die Firma Datrac AG könnte an der Stelle einer Gruppe für die Planung und einer für die Installation auch Gruppen bilden, in denen sich jeweils einige „Planer" und einige „Installateure" auf die Bedürfnisse bestimmter Kundengruppen spezialisieren. Eine Gruppe wäre z.B. für grosse Aufträge (mit einem Umsatz von mehr als 1 Mio. CHF) und eine für kleine Aufträge zuständig. Dies ist sinnvoll, wenn die Koordinationsbedürfnisse zwischen „Planern" und „Installateuren" gross sind, es aber wenig Zusammenarbeit zwischen „Installateuren" braucht, die auf kleine, und solchen, die auf grosse Aufträge spezialisiert sind.

2.2.4 Evaluation

Weil, wie angesprochen, der Unternehmer nicht autark, sondern mehr oder weniger von externen und internen Einflüssen und Bedingungen abhängig ist, ist es niemals möglich, einen Geschäftsprozess am „Reissbrett" zu gestalten und anschliessend umzusetzen. Das Ziel, die Aufgabe, die Art der Arbeitsteilung, die Allokation der Ressourcen, die Regeln etc. müssen ständig beobachtet und auf ihre Zielkonformität überprüft werden. Dasselbe gilt für die selektierten Ressourcen. Den Akt der Beobachtung und Bewertung wollen wir als Evaluation bezeichnen.[50]

---

[50] Die Begriffsbildung ist von Sydow/Windeler (1997) für das Anwendungsgebiet „Geschäftsprozessorganisation" abgeleitet.

Für diese Überprüfung können grundsätzlich zwei Massstäbe verwendet werden:

Ist ein Unternehmer in der Lage, ohne Probleme festzulegen, welches für ihn die richtigen Dinge sind, die es zu tun gibt, so ist er effektiv. Hat er zudem die Fähigkeit, die Dinge richtig zu tun, ist er effizient (vgl. Definition 3). Die Dinge richtig tun heisst z.B. eine Aufgabe zu möglichst geringen Kosten in möglichst kurzer Zeit mit möglichst hoher Qualität zu erledigen.

Effektivität heisst „doing the right things". Kennzahlen zur Messung der Effektivität sind z.B. der Marktanteil, das Umsatzwachstum, die Kundenzufriedenheit, die Mitarbeiterzufriedenheit, die Anzahl der Sitze in der Regierung.

Effizienz heisst „doing the things right". Kennzahlen zur Messung der Effizienz sind z.B. Kosten pro Stück, Kosten pro Zeiteinheit, Kosten pro Kundenanfrage, Ausgaben für politische Propaganda pro Wählerstimme.

Definition 3: Effektivität und Effizienz.

Eine Tageszeitung stellt fest, dass sie Marktanteile einbüsst, weil insbesondere in einer Region viele Abonnenten gekündigt haben. Gleichzeitig stellt sie fest, dass der Hauptkonkurrent in eben dieser Region durch eine Kooperation mit einer kleinen, lokalen Zeitung zusammenarbeitet. Die Tageszeitung beschliesst nun, eine Niederlassung in der Region zu errichten und eine eigene Ausgabe für die Region zu produzieren. Diese Massnahme ist effektiv, wenn der Marktanteil der Tageszeitung wieder zunimmt. Um die Kosten tief zu halten, wird in der Niederlassung lediglich redaktionelle Arbeit geleistet. Gedruckt wird die Zeitung in derselben Druckerei wie die Tageszeitung. Diese zweite Massnahme ist effizient, wenn die Kosten der Druckerei pro gedruckte Zeitung tiefer sind, als wenn für die neue Zeitung eine neue Druckerei gebaut würde.

Um möglichst strukturiert nachvollziehbare Rückschlüsse von den Wirkungen der getroffenen Massnahmen auf die Effektivität und die Effizienz aufzeichnen zu können, versteht sich die Evaluation als zirkulärer Prozess: Es werden Ziele formuliert, die Zielerreichung gemessen, die

Abweichung dokumentiert und schliesslich Gründe für die Abweichungen gesucht. Damit bezieht sich die Evaluation immer auf die Selektion, auf die Regulation und die Allokation.[51] Ist der Grund einer Abweichung zwischen dem Ziel und der Zielerreichung bspw. durch fehlende Fähigkeiten zu begründen, so könnte dies zur Selektion neuer Beteiligter führen. Ist aber der Grund eine Regel, die es den Beteiligten nicht erlaubt, auf genügend Information zuzugreifen, um ihre Aufgabe effizient zu lösen, so betrifft dies die Regulation und die Allokation.

Methoden der Evaluation sind für die Mikroebene etwa im Fachgebiet „Controlling" detailliert beschrieben. Für das Verständnis der weiteren Ausführungen genügt es festzuhalten, dass das Organisieren ein ständiger Prozess von Selektion, Regulation, Allokation und Evaluation ist. Im Kapitel 3 wird zudem auf das Benchmarking eingegangen. Dies kann als eine Methode der Evaluation (Makroebene) verstanden werden. In einem Benchmarking vergleicht ein Unternehmer die Wirksamkeit der eigenen Massnahmen mit jener eines anderen, um bei negativen Abweichungen zu lernen, wie er seinen Geschäftsprozess verbessern kann.

2.3 Beschreibung von Geschäftsprozessen

Nachdem vorgängig einige Grundbegriffe und Ansichtsweisen der Organisationslehre beschrieben wurden, zeigt dieser Abschnitt die Elemente der Geschäftsprozessorganisation, also einer ganz bestimmten Betrachtungsweise auf. Anhand von Beispielen wird gezeigt, welche unterschiedlichen Abstraktionsebenen sinnvoll sein können. Sie dienen dem Kennenlernen der Probleme, die bei der Durchführung von Geschäftsprozessen auftreten können. Die Methoden, die dazu zur Verfügung stehen, fragen nach dem Ablauf der Aufgabenerfüllung und nach den beteiligten Akteuren. Eine möglichst vollständige Beschreibung gibt Antworten auf folgende Fragen:

1. Mit welchen Zielen,
2. werden welche Teilaufgaben,
3. in welcher Reihenfolge,

---

[51] Vgl. dazu insbes. Sydow/Windeler (1994), S. 6.

4. mit welchen Ressourcen,
5. unter wessen Leitung,
6. von wem,
7. an welchem Ort,
8. zu welcher Zeit ausgeführt.

Darüber hinaus können jeder Teilaufgabe Regeln der Verarbeitung, Inputs und Outputs zugeordnet werden. Sobald Teilaufgaben delegiert werden, ist zudem ein Reporting-System zu definieren. Es hält fest, welche Information über die Ausführung der Teilaufgaben von wem an wen weitergegeben werden soll.

Oftmals wählen Unternehmer neben der textlichen Beschreibung die grafische Darstellung der Geschäftsprozesse. Sie hat den Vorteil, dass die Betrachter in kurzer Zeit einen Überblick gewinnen können. Der Nachteil ist, dass bei der Übertragung vom Text ins Bild Information verloren geht. Jede grafische Darstellung gibt also die Wirklichkeit nur reduziert wieder. Es gibt deshalb unterschiedliche Darstellungsformen. Je nach den Zielen der Abbildung werden vor allem die geschäftlichen oder die personalen Beziehungen hervorgehoben. Damit die Grafik sofort verständlich ist, werden zudem standardisierte Symbole verwendet. Dazu gibt es eine Reihe von Notationen, die von Softwarehäusern und von Normungsinstituten (z.B. ISO, vgl. Abschnitt 2.4.2) vorgeschlagen werden.[52] Meistens entwickeln Unternehmer aber ihre eigenen Symbole und Darstellungsformen. Für dieses Buch werden lediglich einige wenige dieser Symbole verwendet. Mit ihnen sind die wichtigsten Aussagen der Beispiele darstellbar (vgl. Abbildung 2-10).

Die Darstellung von Geschäftsprozessen kann auf verschiedenen Stufen der Abstraktion stattfinden. Eine hohe Abstraktionsstufe verschafft einen schnellen Überblick und hilft, grundsätzliche Entscheidungen zu treffen. Je tiefer die Abstraktionsstufe, desto mehr wird die Darstellung zu einer Anleitung für die Ausführung von Teilaufgaben.

---

[52] Vgl. bspw. SAQ (1996), aber auch Scheer (1997).

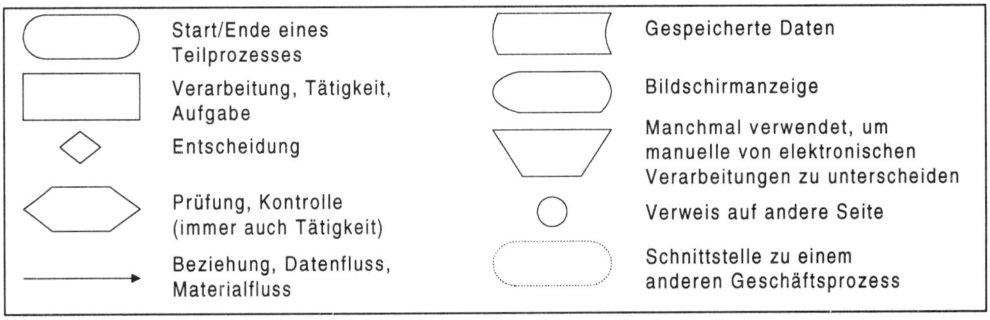

Abbildung 2-10: Symbole zur Beschreibung von Geschäftsprozessen.

2.3.1 Wertkette (Input-Output-Betrachtung)

Eine Möglichkeit zur Darstellung von Geschäftsprozessen auf hoher Abstraktionsstufe ist die Wert(schöpfungs)kette (value chain). Das Modell wurde von Porter[53] vorgeschlagen und dient dem Unternehmer vor allem bei der Analyse des Gesamtprozesses. Jede Wertkette setzt sich aus sog. Wertaktivitäten zusammen, die in primäre und unterstützende unterteilt werden. Der Geschäftsprozess wird als Menge von interdependenten technischen und ökonomischen Aktivitäten betrachtet, deren Zusammenspiel den Erfolg ausmachen. Jede Wertaktivität ist ein einzelner Baustein. Das Modell zeigt auf einfache Weise auf, wie Teilaufgaben zusammenhängen, vernachlässigt allerdings die Diskussion der Transaktionen (oder Austauschbeziehungen) zwischen den Wertaktivitäten.[54] Es ist somit gut geeignet, um die Bildung von Teilaufgaben zu begreifen, aber weniger sinnvoll, wenn es um die Fragen der Regulation und der Allokation geht.

Zu den primären Wertaktivitäten gehören alle Teilaufgaben, die jeweils einem Geschäftsprozess zugeordnet werden können und direkt zur Wertsteigerung beitragen. In unserem Bild des Unternehmers heisst das: Der Unternehmer nimmt Inputs wie Halbfabrikate und Dienstleistungen in Empfang (Eingangslogistik), verarbeitet diese in seinem Geschäftspro-

53 Vgl. Porter (1986).
54 Vgl. dazu auch Scholz (1994), S. 58f.

zess (Operationen) und gibt Produkte und Dienstleistungen als Output an seine Kunden weiter (Ausgangslogistik). Diese Teilaufgaben werden begleitet durch Marketing- und Vertriebsmassnahmen sowie den Kundendienst, der sich für die Lösung von Problemen einsetzt, die die Kunden bei der Verwendung der Produkte und Dienstleistungen haben. Die Aufgaben der Selektion, Regulation, Allokation und Evaluation werden in den unterstützenden Wertaktivitäten ausgeführt. Es gibt im Bild von Porter bspw. Akteure, die Technologieentwicklung betreiben. Welchem Geschäftsprozess die Outputs dieser Teilprozesse in wie hohem Masse zugute kommen, ist aber nicht generell definiert, sondern ist Gegenstand der Detailanalyse.

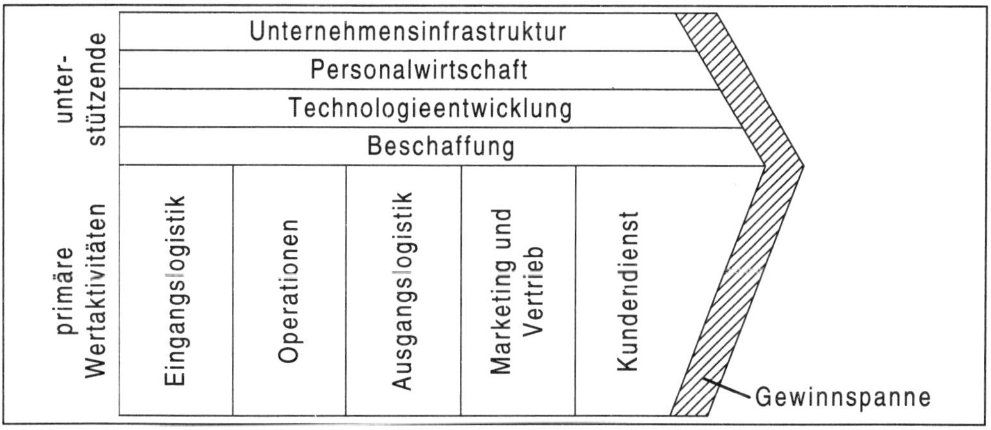

Abbildung 2-11: Das Wertkettenmodell.[55]

Die Darstellungsform ist stark an den Input-Output-Relationen eines Geschäftsprozesses orientiert. Sie kann der Definition von Hammer und Champy zugeordnet werden: „We define a business process as a collection of activities that takes one or more inputs and creates an output that is of value to the customer.“[56]

Die Abbildung 2-12 zeigt die primären Wertaktivitäten der Wertkette eines typischen Verlages. Jeder Teilaufgabe wurden die anfallenden Kos-

[55] Vgl. Porter (1986), S. 91.
[56] Vgl. Hammer/Champy (1993), S. 35.

ten und die benötigte Zeit zugeordnet. Die Differenz zwischen der Summe der Kosten und dem erreichten Preis ist - stark vereinfacht ausgedrückt - der Gewinn, den der Unternehmer mit dem Geschäftsprozess erwirtschaftet. Die Zuteilung der Kosten auf die Teilaufgaben zeigt zudem, wo es sich lohnt, mit Rationalisierungsmassnahmen zur Verbesserung der Gewinnsituation beizutragen. Fällt, etwa bei einer elektronischen Publikation, der Druck eines Buches ganz weg, so spart der Verlag 40% der Kosten. Durch den Einsatz von Desktop-Publishing-Programmen konnte der Kostenanteil der Teilaufgabe „Editing“ wesentlich gesenkt werden.

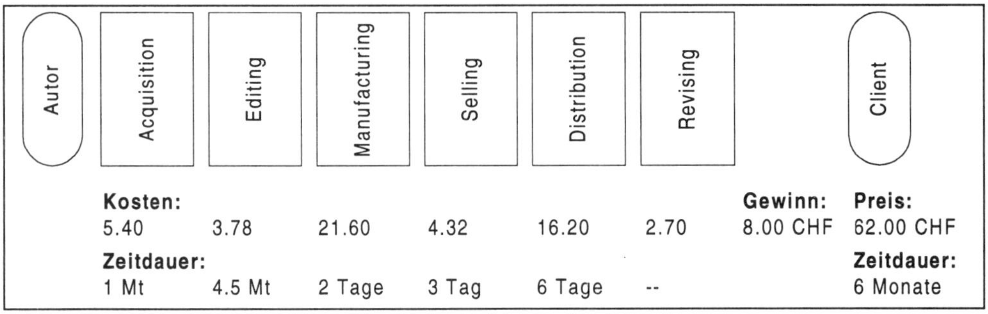

Abbildung 2-12: Die Wertkette eines typischen Verlages.

Im vorliegenden Beispiel des Verlages ist der Input ein Manuskript und der Output ein Buch, das mit seiner Gruppe von Kunden z.B. der Unterhaltung oder der Bildung dient. Im ersten Schritt wird von einer Fachkraft eine Beziehung zum Autor aufgebaut. Die Fachkraft entscheidet, ob ein Manuskript in die weitere Verarbeitung aufgenommen wird. Oftmals geht das Manuskript mehrere Male zwischen Autor und Verlag hin und her, bis der Verlag mit der Produktion beginnt. Schliesslich wird das Manuskript an Lektoren und Layouter weitergegeben, die für die formale Qualität des Buches sorgen. Bei der Herstellung haben die Druckqualität (4-Farben, 2-Farben, Stärke des Papiers etc.), der Einband, die Bindetechnik und die Auflage (Anzahl produzierte Exemplare) Auswirkungen auf die Kosten. Liegt die erste Ausgabe vor, so wird das Buch an Buchhandlungen verkauft. Dazu müssen die Kataloganbieter (bei denen die Buchhändler bestellen) davon überzeugt werden, dass sich das Buch verkaufen lässt. Es fallen also Werbekosten an. Die Distribution (d.h. der

Verkauf und der Transport zu den Kunden) übernehmen Zwischenbuchhändler und Buchhändler. Dafür wollen sie mit ca. 30% der Gesamtkosten entschädigt werden. Verkauft sich das Buch gut, so kommt es vor, dass zu einem späteren Zeitpunkt ein überarbeitetes Manuskript produziert wird.

Ebenso wie die Kosten könnten in diesem Beispiel auch die Dimensionen Zeit und Qualität analysiert werden. Es geht also bei der Wertkettenanalyse weniger um die Koordinationsaufgaben und um die Regeln und Ressourcen als vielmehr um die Fragen der Effektivität und Effizienz eines Geschäftsprozesses.

2.3.2 Koordination von Kompetenzen

Eine zweite, auf etwas tieferer Abstraktionsstufe angesetzte Analyse, orientiert sich am Begriffsverständnis von Prahalad und Hamel.[57] Demnach ist der Geschäftsprozess Ausdruck ganz spezifischer Kompetenzen (sog. Kernkompetenzen), die dem Ablauf und damit dem Output zu Einzigartigkeit verhelfen. Ein Geschäftsprozess ist „(...) a set of skills and routines (...) exploited to create a capability that cannot be easily matched by others."[58]

Wir wollen die Nützlichkeit dieser Analyseform anhand des Beispiels der „Kreditabwicklung" in einer Bank darstellen.[59]

Der Unternehmer stellt fest, dass die Kunden mit dem Ergebnis des Geschäftsprozesses nicht zufrieden sind. Deshalb wird der Geschäftsprozess vorerst beschrieben (vgl. Abbildung 2-13): Ein Kunde stellt ein Kreditbegehren an den Kundenberater der Bank. Dieser übermittelt das Begehren telefonisch an eine interne Stelle, die die Kreditwürdigkeit des Kunden überprüft (Kreditabteilung [Experte 1]). Dazu kann bei anderen Banken nach bereits vergebenen Krediten an den Kunden nachgefragt werden. Der Kunde selbst liefert der Stelle Unterlagen über Sicherheiten

---

[57] Vgl. Prahalad/Hamel (1990) und (in Deutsch): Hamel/Prahalad (1995), S. 307ff.
[58] Keen/Knapp (1996), S. 12.
[59] Die Erläuterungen zu diesem Beispiel folgen der Darstellung bei Osterloh/Frost (1996), S. 18ff.

(Bürgschaften, Vermögenswerte etc.). Ist die Kreditwürdigkeit zugesichert, so wird das Begehren per interner Post an eine andere Stelle weitergegeben, die die Konditionen (Zinssatz, Laufzeit etc.) festlegt. Wiederum muss mit dem Kunden Kontakt aufgenommen werden. Schliesslich arbeitet eine dritte Stelle den Vertrag aus und gibt ihn dem Kundenberater weiter. Der Kundenberater informiert den Kunden, der Vertrag wird unterschrieben und der Kredit gesprochen.

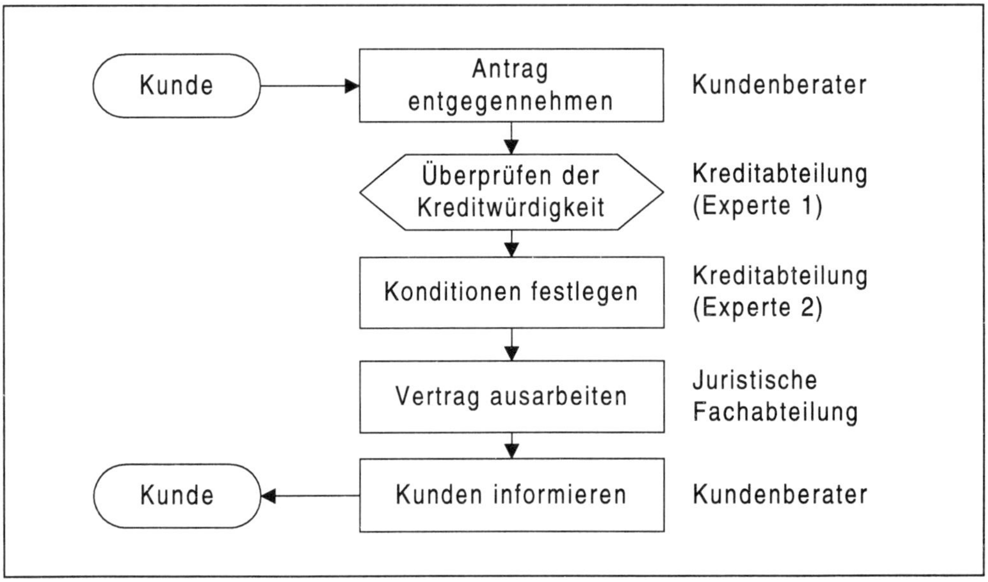

Abbildung 2-13: Kreditbearbeitung in einer Bank (vorher).

Die Analyse dieses Geschäftsprozesses hat der Bank gezeigt, dass die Verarbeitungszeit bei den vier Beteiligten insgesamt 90 Minuten beträgt. Durch die vielen Schnittstellen dauert es aber von der Anfrage bis zur Genehmigung durchschnittlich sieben Tage. Zudem sind die Experten jeweils schlecht über den Vorgang informiert. Sie müssen beim Kunden nachfragen. Vorerst versuchte die Bank, ihre Mitarbeiter zu effizienterem Arbeiten anzuhalten. Dies führte zu einer Reduktion der Verarbeitungszeit um 50% auf 45 Minuten. Die gesamte Durchlaufzeit betrug aber immer noch sieben Tage.

Deshalb wurde der gesamte Geschäftsprozess grundsätzlich neu gestaltet (vgl. Abbildung 2-14). In seiner neuen Form werden alle Teilaufgaben vom Kundenberater durchgeführt, der mit dem Kunden in direktem Kontakt steht und für weitaus die meisten Fälle ohne vertieftes Fachwissen die korrekten Entscheidungen treffen kann. Stösst er bei der Verarbeitung auf Probleme, so zieht er die Experten aus den Fachabteilungen bei. Der Kundenberater gibt zudem alle Daten des Kunden in ein System ein. Braucht er den Rat z.B. eines Juristen zur Ausarbeitung des Vertrages, so greift der Jurist auf genau diese Daten zu. Er muss also nicht auf die gedruckten Unterlagen warten und braucht nicht mehr mit dem Kunden Kontakt aufzunehmen. Zudem ist es jetzt unerheblich, ob der Jurist im selben Gebäude arbeitet wie der Kundenberater oder nicht. Der Zugriff auf die Daten ist in allen Fällen in kurzer Zeit gesichert.

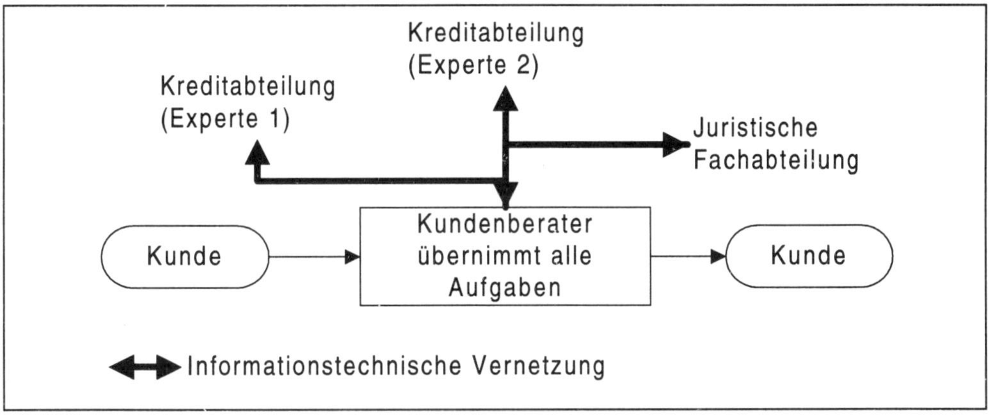

Abbildung 2-14: Kreditbearbeitung in einer Bank (nachher).

In weitaus den meisten Fällen ist der Kredit nach weniger als 90 Minuten bearbeitet. Die durchschnittliche Durchlaufzeit konnte von sieben Tagen auf vier Stunden reduziert werden.

2.3.3 Herausgreifen von Teilaufgaben

Das Beispiel der Wirtschaftsprüfung soll zeigen, dass es auch sinnvoll sein kann, lediglich Teilprozesse genau zu beschreiben, um damit ein ganz spezifisches Ziel zu erreichen.[60] In der Schweiz bestehen gesetzliche Grundlagen, die allen Aktiengesellschaften, Genossenschaften und Personalvorsorgeeinrichtungen vorschreiben, dass sie ihre Rechnungsführung jährlich von einer unabhängigen Stelle auf Gesetzeskonformität und Ordnungsmässigkeit überprüfen lassen müssen. Diese Aufgabe übernehmen sog. Wirtschaftsprüfer. PricewaterhouseCoopers ist eines der weltweit tätigen Unternehmen dieser Branche.

Da der Aufwand zur Überprüfung jedes Geschäftsvorfalles nicht bewältigt werden kann, wendet die Wirtschaftsprüfung zwei Methoden an, um dennoch mit einer möglichst grossen Sicherheit Gewähr über die Ordnungsmässigkeit gewinnen zu können. Die erste Methode ist eine Bestandesprüfung von Stichproben, die nach einer Risikoanalyse systematisch ausgewählt wird.

Die zweite Methode ist die Prüfung des Geschäftsverkehrs. Mit den Worten der Geschäftsprozessorganisation ausgedrückt heisst dies, dass die Prozesse der Rechnungslegung auf ihre Sinnhaftigkeit überprüft werden. Hält das geprüfte Unternehmen einige Prinzipien ein, sind also im Unternehmen bestimmte formelle, generelle Regeln in Kraft, so kann mit einer gewissen Sicherheit davon ausgegangen werden, dass lediglich wenige, aus Unachtsamkeit der beteiligten Personen entstehende Fehler gemacht werden, systematische Fehler aber ausgeschlossen sind. Eine solche Regel heisst, dass jeder Beleg (z.B. eine ausgehende Rechnung) von zwei Personen (= 4 Augen) auf ihre Vollständigkeit und Richtigkeit überprüft werden soll (das 4-Augen-Prinzip).

Führt nun z.B. PricewaterhouseCoopers eine Prüfung des Geschäftsverkehrs durch, so werden die Prozesse der Rechnungslegung aufgezeichnet und auf die Einhaltung der Regeln überprüft. Am oben genannten Beispiel der ausgehenden Rechnung illustriert, heisst dies, dass z.B. der Verkaufsleiter des bereits erwähnten Detailhändlers die Kopie jeder ausgehenden Rechnung unterschreibt. Danach wird sie der Finanzbuchhaltung übergeben, wo dieselbe Rechnung vom Spezialisten ebenfalls unter-

[60] Die Angaben zu diesem Beispiel stammen aus Gesprächen mit Peter Rüegsegger, PricewaterhouseCoopers, Bern (vgl. http://www.pwcglobal.com/).

schrieben wird. Erst nach dieser zweimaligen Prüfung übernimmt die Buchhaltung die Rechnung ins Computersystem, bucht den Debitor und legt die Kopie der Rechnung für die spätere Überprüfung des Zahlungseingangs ab (vgl. Abbildung 2-15).

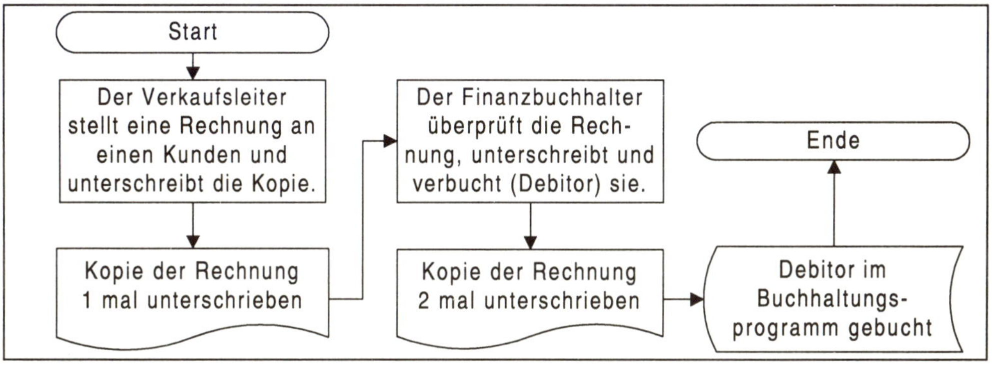

Abbildung 2-15: Teilprozess "Debitorenbuchhaltung".

2.3.4 Detaillierte Aufgabenbeschreibung

Weitere Detaillierungsstufen der Beschreibung und der grafischen Darstellung von Geschäftsprozessen sind in vielfältiger Form vorstellbar.

Das folgende Beispiel des Zahlungsverkehrs der Berner Kantonalbank zeigt, wie ein Geschäftsprozess in der Praxis dargestellt wird, um eine detaillierte Prozesskostenrechnung zu gestalten.

Das Beispiel „lesen.ch" zielt dagegen darauf ab, die geschäftlichen und personalen Beziehungen und ihre Auswirkungen auf die Effizienz und Effektivität des Geschäftsprozesses darzustellen.

2.3.4.1 Beispiel Berner Kantonalbank

1994 stand die Berner Kantonalbank (BEKB)[61] vor dem Problem, dass die Verantwortlichen vermuteten, dass der Zahlungsverkehr nicht renta-

[61] Vgl. http://www.bekb.ch/

bel ist.[62] Es fehlten aber genaue Zahlen, um Massnahmen zur Verbesserung der Kostensituation gezielt einzuleiten. Auch in diesem Beispiel wurde der Geschäftsprozess im ersten Schritt möglichst detailliert beschrieben (vgl. Abbildung 2-16).

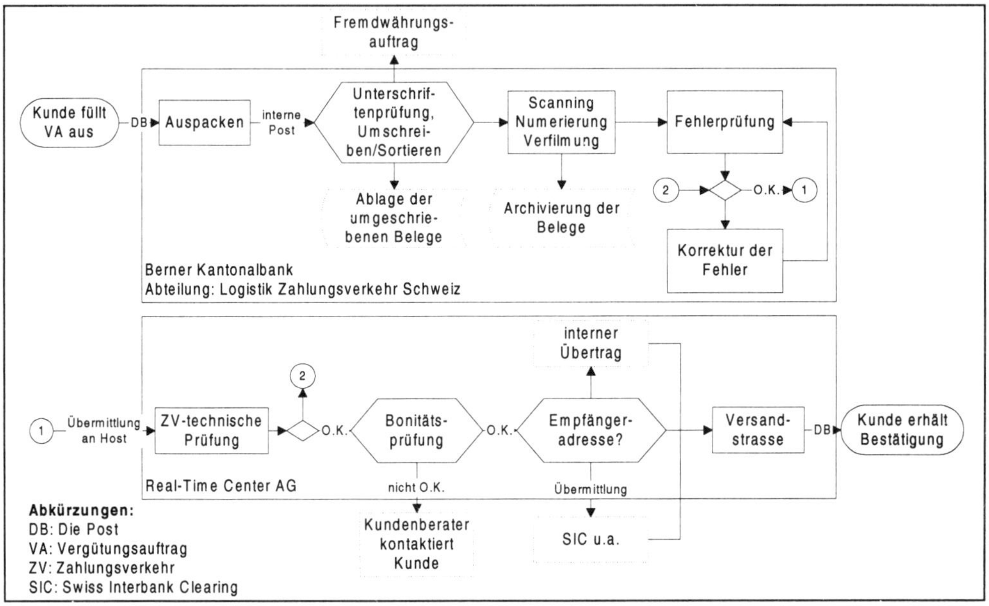

Abbildung 2-16: Vergütungsauftrag bei der BEKB.

Die Aufgabe, die der Geschäftsprozess bewältigt, ist gut strukturiert, kaum veränderlich und kommt sehr häufig vor. Allein die BEKB verarbeitet jährlich ca. 1.5 Mio. Belege. Der Zahlungsverkehr ermöglicht den Kunden, Geld elektronisch (also ohne Bargeld zu benutzen) von ihrem Bankkonto auf ein anderes Konto (bei einer Bank, bei der Post etc.) zu überweisen. Typischerweise füllen die Kunden dafür ein Formular aus, auf dem ihre Zahlungen zusammengefasst werden. Dieses Formular senden sie zusammen mit allen Einzahlungsscheinen ein Mal pro Monat an die Bank. Die Spezifität dieser Aufgabe ist sehr niedrig. Es ist eine Stan-

[62] Die Ausführungen folgen dem Projektbericht, der in Zusammenarbeit zwischen der BEKB und dem Institut für Wirtschaftsinformatik der Universität Bern erarbeitet wurde (vgl. auch Kusio et al. (1995)).

dardleistung, die alle Kunden in ähnlicher Weise beanspruchen und die von allen Universalbanken angeboten wird.

Wegen der grossen Häufigkeit, mit der die Aufgabe anfällt, und der guten Strukturiertheit lohnt sich die Programmierung und die Automation. Da die Kunden ihre Einzahlungsscheine aber in gedruckter Form an die Bank weitergeben, muss mit einem vergleichsweise grossen Aufwand dafür gesorgt werden, dass diese Information elektronisch verfügbar wird. Dazu setzt die BEKB Scanner ein, die die Belege lesen, den Betrag, den Absender und den Empfänger sowie einige Daten zur Steuerung der weiteren Verarbeitung in eine Datenbank eintragen, die Belege numerieren und verfilmen. Bei Fehlern kann die Bank in einem elektronischen Archiv nach den Originalbelegen suchen und muss nicht die physische Version lagern.

Auf dem Weg bis zur Überweisung fallen diverse Kontrollen an, die der Qualitätssicherung und der Sicherheit dienen. Erstens gehen auch Aufträge ein, die nicht auf dem standardisierten Formular zusammengefasst sind. Der Scanner würde diese Aufträge nicht verstehen. Deshalb müssen sie aussortiert und umgeschrieben werden. Zweitens muss für jeden Auftrag die Authentizität des Absenders sichergestellt werden, damit nicht Dritte die Möglichkeit haben, Geld von Kundenkonten abzuholen. Dies erfolgt mit der Unterschriftenprüfung. Der Kunde unterschreibt das Formular. Bei der Bank liegen Dateikarten mit den Originalunterschriften jedes Kunden. Der Vergleich der beiden Unterschriften ist bisher nur ungenügend gut automatisierbar. Er muss von Hand erfolgen. Da Zahlungen auch rückgängig gemacht werden können, wird diese personalintensive Teilaufgabe lediglich bei Beträgen von über 5'000 CHF durchgeführt. Drittens gehen auch Auslandszahlungen ein. Diese werden in einem anderen Geschäftsprozess abgewickelt und müssen deshalb aussortiert werden. Viertens kommt es vor, dass die Kunden auf dem Formular einen Gesamtbetrag angeben, der nicht der Summe der einzelnen Belege entspricht. Schliesslich gibt es eine Reihe von weiteren Fehlermöglichkeiten: Das angegebene Empfängerkonto existiert nicht, einzelne Belege sind unvollständig ausgefüllt, die Schrift kann vom Scanner nicht entziffert werden u.v.m.

Alle diese Kontrollen führen zu einer Anzahl von Fehlermeldungen, die von durchschnittlich 5 Personen in manueller Arbeit am Bildschirm bearbeitet werden.

Ist schliesslich technisch alles in Ordnung, so kommt es vor, dass der Kunde einen Gesamtbetrag überweisen will, der höher ist als sein momentanes Guthaben auf dem Bankkonto. Es wird deshalb automatisch eine Bonitätsprüfung durchgeführt. Sobald der Fehlbetrag eine festgelegte Summe überschreitet, wird der Zahlungsauftrag nicht ausgeführt. Statt dessen erhält der Kundenberater des entsprechenden Kunden eine Nachricht. Er nimmt telefonisch Kontakt mit dem Kunden auf, um die Situation zu klären.

Ist auch diese Prüfung überstanden, so kann der Auftrag ausgeführt werden. In der Schweiz gibt es dazu verschiedene Systeme. Das wohl meist benutzte ist das Swiss Interbank Clearing (SIC). Es wird von allen Banken benutzt und von der Telekurs SIC AG[63] betrieben. Das System ist ein hoch automatisiertes Verfahren, das dafür sorgt, dass die Zahlungen ihre Empfänger erreichen und zwischen den Banken nur die Saldi zwischen empfangenen und gesendeten Zahlungen transferiert werden müssen. Ein ähnliches System bietet Die Post[64] an, um Überweisungen auf Postchequekonten zu ermöglichen.

Ist die Zahlung ausgeführt, so wird ein Beleg gedruckt und dem Kunden per Post zugestellt. Auch dieser Teilprozess ist hoch standardisiert und automatisiert. Die Briefe werden automatisch verpackt und nach Postleitzahlkreisen sortiert.

Die besondere Schwierigkeit bei der Berechnung der Kosten, die dieser Prozess verursacht, liegt nun darin, dass ein grosser Teil der beteiligten Personen nicht ausschliesslich für den Geschäftsprozess „Zahlungsverkehr Schweiz" arbeiten. Die Kundenberater bspw. schreiben deshalb jedes Jahr eine Woche lang auf, wieviel Zeit sie für die Besprechung von Bonitätsproblemen aufwenden. Daraus wird der jährliche Gesamtaufwand hochgerechnet und durch die Anzahl der Zahlungsaufträge divi-

[63] Vgl. http://www.telekurs-sic.ch/

[64] Vgl. http://www.post.ch/

diert. Die Computersysteme in der Real-Time Center AG[65] beliefern die BEKB mit einer Vielzahl von Daten und Computerprogrammen. Wie gross der Anteil am Gesamtaufwand für den Zahlungsverkehr ist, kann nur grob geschätzt werden. Dasselbe gilt für den Versand von Bestätigungen. Die Verpackungsstrasse wird auch für andere Versendungen eingesetzt.

Trotz dieser Schwierigkeiten konnten für den Geschäftsprozess genügend genaue Kennzahlen definiert werden, die mit einem vertretbaren Aufwand messbar sind. Alle Kennzahlen für die einzelnen Teilaufgaben wurden schliesslich zu Steuergrössen zusammengefasst. Sie geben Auskunft über die Kosten- und die Zeitstrukturen des Gesamtprozesses und helfen der BEKB dadurch, ihren Zahlungsverkehr besser zu verstehen.

Ein wichtiges Resultat der Analyse ist, dass die gesamten Kosten sehr stark von insbesondere zwei Fehlermöglichkeiten abhängen: Stimmt die Empfängeradresse eines Zahlungsauftrages nicht, so führt dies zu umfangreichen Recherchetätigkeiten. Dasselbe gilt für den Fall, dass die Bonitätsprüfung einen Fehlbetrag meldet. Liegen die Kosten des „problemlosen“ Vergütungsauftrages bei 5.80 CHF/Stk., so betragen die Kosten desselben Vorgangs, wenn zusätzlich das Bonitätsproblem besteht 9.30 CHF/Stk. resp. 16.70 CHF/Stk., wenn Recherchen notwendig sind.

Als weiteres wichtiges Resultat konnte durch die Analyse gezeigt werden, dass die Zentralisierung des gesamten Geschäftsprozesses an einem Standort die Kosten um ca. 30% senken würde.

Den eben beschriebenen Geschäftsprozess „Zahlungsverkehr Schweiz“ der BEKB nutzen Geschäftskunden gleichermassen wie private. Mit dem wesentlichen Unterschied, dass viele Geschäftskunden ihre monatlichen Zahlungen nicht auf Papier, sondern in Form von Dateien an die Bank abgeben. Der Austausch basiert vor allem auf Standards für die Datenspeicherung. Weitaus der grösste Teil der Geschäftskunden arbeitet mit Computerprogrammen zur Unterstützung der Buchhaltung. Sie geben gestellte Rechnungen also ohnehin in ihre Systeme ein. Die BEKB hält

---

65 Vgl. http://www.rtc.ch/

sich zudem an internationale, branchenspezifische und nationale Standards des elektronischen Datenaustauschs. Dasselbe tun die Hersteller von Computerprogrammen für die Buchhaltung. Es ist deshalb aus allen gängigen Systemen ohne grossen Aufwand möglich, Daten in elektronisch lesbarer Form zu exportieren. Für den Transport dieser Daten werden wiederum Computerprogramme eingesetzt, die für die Übermittlung über das Telefonnetz sorgen. In den vergangenen Jahren bieten auch immer mehr Banken den Zugang über Internet an.[66]

Der Geschäftsprozess kann durch die elektronische Übermittlung wesentlich vereinfacht werden. Die Teilaufgaben „Auspacken", „Umschreiben", „Unterschriftenprüfung", „Sortieren", „Scannen" und „Verfilmen" fallen ganz weg. Andere, wie etwa die Kontrolle des Gesamtbetrages eines Zahlungsauftrages, führen zu weniger Fehlern, weil bereits der Kunde mit einem Computerprogramm arbeitet; solche Systeme führen die Rechenoperation Addition äusserst selten falsch durch.

Neben diesen informationstechnischen Aspekten hilft auch die Intensivierung der geschäftlichen Beziehung bei der Vereinfachung des Geschäftsprozesses. Da Geschäftskunden viel regelmässiger Zahlungsaufträge übermitteln, ist die Kapazität bei der BEKB besser planbar. Die Geschäftskunden verfügen meistens auch über Kreditlimiten (sie haben einen Vertrag mit der Bank, der es ihnen erlaubt, das Bankkonto bis zu einem abgemachten Betrag ohne Nachfrage zu überziehen). Diese zwischen Bank und Kunde vereinbarte Regel ist jeweils auch in den Computerprogrammen der BEKB implementiert. Was dazu führt, dass viel seltener als bei privaten Kunden der viel teurere Regelfall mit Bonitätsproblemen eintritt.

Es fällt also bei dieser Geschäftsprozessvariante eine ganze Reihe von Teilaufgaben ganz weg oder verändert sich inhaltlich. Dafür fallen auch Teilaufgaben an, die bei der ersten Variante nicht vorkommen. Es entstehen Übermittlungsfehler, Verträge müssen ausgehandelt werden, Geschäftskunden haben oftmals neben der geschäftlichen Beziehung zum

---

66 Mittlerweile sind auch die drei grössten Banken der Schweiz mit einem derartigen Angebot auf dem Internet zu finden (vgl. Waldburger (1998), S. 93).

Zahlungsverkehr noch z.B. Kredite und Anlagen bei der Bank u.v.m. Die Kundenberater von Geschäftskunden betrachten deshalb bei z.B. Bonitätsproblemen den Zahlungsverkehr nicht isoliert, sondern berücksichtigen alle geschäftlichen Beziehungen. Dazu müssen sie die Kunden und ihre Geschäftsverläufe wenigstens einigermassen gut kennen. Ihre Aufgabe ist also viel weniger gut strukturiert als jene von Privatkundenberatern.

Ein zweiter Ansatzpunkt zur kundengruppenorientierten Bildung von Geschäftsprozessvarianten ist im Falle der BEKB durch die Internet-Technik gegeben. Seit einiger Zeit bietet die BEKB entsprechende Computerprogramme an, die es den privaten Kunden erlauben, den gesamten Zahlungsverkehr elektronisch abzuwickeln. Es bestehen zwei Möglichkeiten zum Datentransport: 1) Der Kunde gibt die Daten der Einzahlungsscheine von Hand in das System ein und 2) der Kunde übermittelt eine Datei, die alle Zahlungsdaten enthält.[67] In beiden Fällen profitiert die BEKB von ähnlichen Effekten wie bei der oben beschriebenen Variante. Neben der einfacheren Verarbeitung (im zweiten Fall auch für den Kunden) bietet der Online-Dienst der BEKB aber zusätzlichen Nutzen. Private Kunden können über die Website ihren gesamten Zahlungsverkehr nicht nur abwickeln, sondern auch alle Vorgänge abspeichern. Dies führt zu erhöhter Transparenz und Sicherheit. Es gehen keine Zahlungsaufträge verloren; geht eine Mahnung ein, kann der Kunde per Mausklick erfahren, ob die Zahlung bereits unterwegs ist; die Verwaltung mehrerer Konten gibt Auskunft über den Stand des Vermögens; es können auf einfache Weise Umbuchungen von Lohnkonten auf Anlagekonten vorgenommen werden u.v.m.[68]

---

67 Dazu müssen die angesprochenen Standards eingehalten werden. Die BEKB arbeitet im Privatkundenbereich mit einer Datei im DTA-Format (vgl. dazu z.B. die Angaben bei http://www.datatransfer.com/).

68 Das Angebot der BEKB kann unter https://banking.bekb.ch/ (das ‚s‘ steht für „Secure“, es ist also ein Sicherheitssystem implementiert) getestet werden. Dafür steht auch anderen Personen als den BEKB-Kunden ein Demo-Programm zur Verfügung.

Für die Strukturierung des Geschäftsprozesses erscheint es im Fall des Zahlungsverkehrs bei der BEKB als sinnvoll, vier Geschäftsprozessvarianten zu bilden:

1. Privatkunden und Geschäftskunden, die Zahlungsaufträge auf Papier abgeben.
2. Geschäftskunden, die Daten über Datenträger oder direkte Datenleitungen übermitteln.
3. Private, die Zahlungsaufträge über Internet aufgeben.
4. Geschäftskunden, die Zahlungsaufträge über Internet aufgeben.

Es wäre dagegen nicht sinnvoll, drei eigene Geschäftsprozesse dafür zu gestalten, weil trotz den Unterschieden bei der Ausführung einzelner Teilaufgaben ein grosser Teil der Ressourcen für alle drei Varianten zum Einsatz kommt.

2.3.4.2 Beispiel lesen.ch

Bereits 1994 hatte Christoph Bürgin die Idee, seine Kenntnisse als Buchhändler und seine Management-Erfahrung in der Branche zu nutzen, um die Geschäftsprozesse an seinem Arbeitsplatz zu verändern.[69] Er bekam von der Geschäftsleitung einige Freiheit (personelle Ressourcen, finanzielle Mittel, Entscheidungsrechte), um sich der Internet-Technik anzunehmen und deren Nützlichkeit für den Handel mit Büchern abzuschätzen. Nach einigen Versuchen zeigte sich, dass die neuen Möglichkeiten derart viel Spielraum für Veränderungen schaffen, dass seine Ideen nicht mehr mit den Zielen seiner Arbeitgeber in Einklang zu bringen waren. Deshalb setzte er sich zum Ziel, ausserhalb des bestehenden Unternehmens, als Selbständiger, mit erster Priorität allen Schweizer Kunden die Möglichkeit zu bieten, deutschsprachige Literatur über Internet zu beschaffen.

[69] Die Angaben in diesem Beispiel stammen aus Gesprächen mit Christoph Bürgin (lesen.ch) und Armin Luginbühl (side by side) sowie einer Reihe von Planungsdokumenten von lesen.ch.

Seine **Aufgabe** formuliert er wie folgt:

> „Was von vielen Internet-Usern immer wieder gefragt und gewünscht wurde, ist ab sofort möglich: lesen.ch bietet den Zugang zu verschiedenen Katalogen mit 300'000 bzw. 750'000 Einträgen von Büchern, Disketten, CD's, Zeitschriften und Videos. Es besteht die Möglichkeit, direkt in den verschiedenen Katalogen über eine schnelle und eine umfangreiche Datenbank Bücher, CD-ROMs, Videos und Zeitschriften zu recherchieren. Dieser erfreuliche Unterschied zu anderen Online-Buchhandlungen ermöglicht den Besuchern eine schnelle und genaue Suche nach Themen, Warengruppen, Titeln, Autoren, Stichwörtern oder Verlagen. Die in den verschiedenen Datenbanken gefundenen Bücher können in einen zentralen „Warenkorb" gelegt werden, nachbearbeitet und dann direkt per Email an lesen.ch gesendet werden. Zusätzlich wird von lesen.ch ein umfangreiches Angebot an Titeln aus dem Modernen Antiquariat präsentiert. Für SchnäppchenjägerInnen eine willkommene Gelegenheit, Bücher, die nicht mehr der Preisbindung unterliegen, sensationell günstig einzukaufen."[70]

Der Idee gab Christoph Bürgin im Februar 1998 den Namen „lesen.ch, Bücher und Mehr". Um den rechtlichen Rahmenbedingungen gerecht zu werden, trug er lesen.ch als Einzelpersonengesellschaft ins Handelsregister ein.[71]

Selbstverständlich ist die Idee nicht ohne den Einfluss von Vorbildern entstanden. Das wichtigste darunter ist Amazon.com. Ein erster Schritt war es, angesichts der wirtschaftlichen Stärke und der respektablen Kompetenz von Amazon.com in diesem Bereich, eine Zusammenarbeit mit dem Vorbild anzustreben. Es entstand eine Arbeitsteilung: lesen.ch liefert alle deutschsprachigen Bücher, Amazon.com die englischsprachigen. Da Amazon.com sehr viel grösser ist, bestimmt dieses Unternehmen die Regeln der geschäftlichen Beziehung weitgehend selbst. lesen.ch hat-

[70] http://www.lesen.ch/vision/vision.htm (23. September 1998).
[71] http://www.lesen.ch/

te lediglich die Möglichkeit, die Regeln zu akzeptieren oder einen anderen Geschäftspartner zu suchen.[72]

Christoph Bürgin hatte die Idee auch nicht alleine. Armin Luginbühl, ein langjähriger Freund von ihm, bot schon seit längerer Zeit seine Mitarbeit an. Als Gründer und Leiter der Werbeagentur „side by side“ [73] hat er sich in den letzten Jahren auf die Gestaltung von Websites spezialisiert. In dieser vorerst personalen Beziehung werden die Regeln der Zusammenarbeit gemeinsam bestimmt. Allerdings gibt es auch hier eine klare Arbeitsteilung. Christoph Bürgin konzentriert sich auf seine buchhändlerische Kompetenz (Beratung der Kunden, Arbeitsteilung mit Zwischenhändlern und Verlagen), Armin Luginbühl kümmert sich um die Vermarktung (Werbung, Public Relations, Gestaltung der Website).

lesen.ch ist Mitglied des Schweizerischen Buchhändler- und Verleger-Verbandes (SBVV) und arbeitet bei dessen Internet-Präsentation aktiv mit.[74] Auch mit dem Zwischenhandel bestehen Verbindungen. lesen.ch ist Genossenschaftler des Schweizerischen Buchzentrums (SBZ) und profitiert dadurch von der Zentralisierung der Zusammenarbeit mit den Verlagen sowie der Warenlogistik.

Die Kundenbasis wird täglich erweitert. Mehr als 72% der Käufer zählten noch im August 1998 zu den Neukunden. Es sind vor allem private, zunehmend beginnen aber auch institutionelle Kunden (z.B. Bibliotheken von grossen Unternehmen) bei lesen.ch einzukaufen.

Mit den Lieferanten hat lesen.ch sehr schnell neuartige Vereinbarungen zu treffen versucht. Die Anbieter von elektronischen Katalogen sind für den Umfang des Angebots und damit die Attraktivität von lesen.ch sehr wichtig. Mit drei grossen Kataloganbietern besteht eine virtuelle Verbindung. Der Kunde kann in diesen Katalogen suchen, kauft aber schliess-

---

72 Alle formellen, generellen Regeln dieser Beziehung sind auf dem Internet publiziert: Vgl. http://www.amazon.com/ (Build Your Own Online Bookstore! Become an Amazon.com Associate).

73 http://www.sidebyside.ch/

74 Vgl. http://www.sbvv.ch/ (die Website ist von side by side gestaltet, das Konzept wurde von lesen.ch in Kooperation mit anderen Buchhändlern erarbeitet).

lich bei lesen.ch. Mit den drei Katalogen werden ca. 90% der deutschsprachigen Veröffentlichungen abgedeckt.

Auch mit den Zwischenbuchhändlern der Schweiz gibt es spezielle Vereinbarungen. Der grösste Zwischenbuchhändler, das SBZ, bietet es lesen.ch versuchsweise an, bestellte Bücher direkt an den Kunden zu verschicken. Die Rechnung wird vom SBZ im Namen von lesen.ch gestellt. Das SBZ bietet diese Dienstleistung in Zukunft unter dem Namen „BookIt" auch den anderen Genossenschaftlern an. Gut 95% der Bestellungen bei lesen.ch können über das SBZ abgewickelt werden. Die restlichen 5% werden bei anderen Zwischenhändlern oder direkt bei den Verlagen geordert. Deshalb benötigt der Buchhändler kein Lager.

lesen.ch konzentriert sich auf deutschsprachige Literatur und auf deutschschweizer Kunden[75]. Seine Konkurrenten sind in drei Kategorien einteilbar: (1) traditionelle Buchhändler, die nicht nur aber auch über Internet verkaufen, (2) traditionelle Versandbuchhandlungen, die über Kataloge und über Internet verkaufen, und (3) andere Internet-Buchhändler. Da die Markteintrittsbarrieren derzeit noch sehr tief sind, ist mit weiteren Neueinsteigern zu rechnen. Potentielle Konkurrenten sind nicht nur traditionelle Buchhändler, sondern auch alle Versandhäuser und sogar Softwarefirmen mit ihrer technischen Kompetenz.

Die folgenden beiden Abbildungen stellen den Geschäftsprozess „Bestellen von Büchern über Internet" vereinfacht dar (eine Legende der verwendeten Symbole ist in Abbildung 2-10 zu finden). Da nicht alle Bestellungen dieselben Aktivitäten zur Folge haben, gibt es in der Praxis mehrere Varianten des Geschäftsprozesses. Für diese Einleitung ist die Variante dargestellt, die am häufigsten vorkommt.

75 65% der potentiellen Kunden (User Sessions) kommen von Schweizer Internet-Servern. 19% von .com domains. Dahinter verbergen sich sehr wahrscheinlich Schweizer, die bei international tätigen Unternehmen arbeiten. Somit stammen schätzungsweise 84% der potentiellen Kunden aus der Schweiz. Von den tatsächlichen Kunden haben 95% eine Schweizer Adresse.

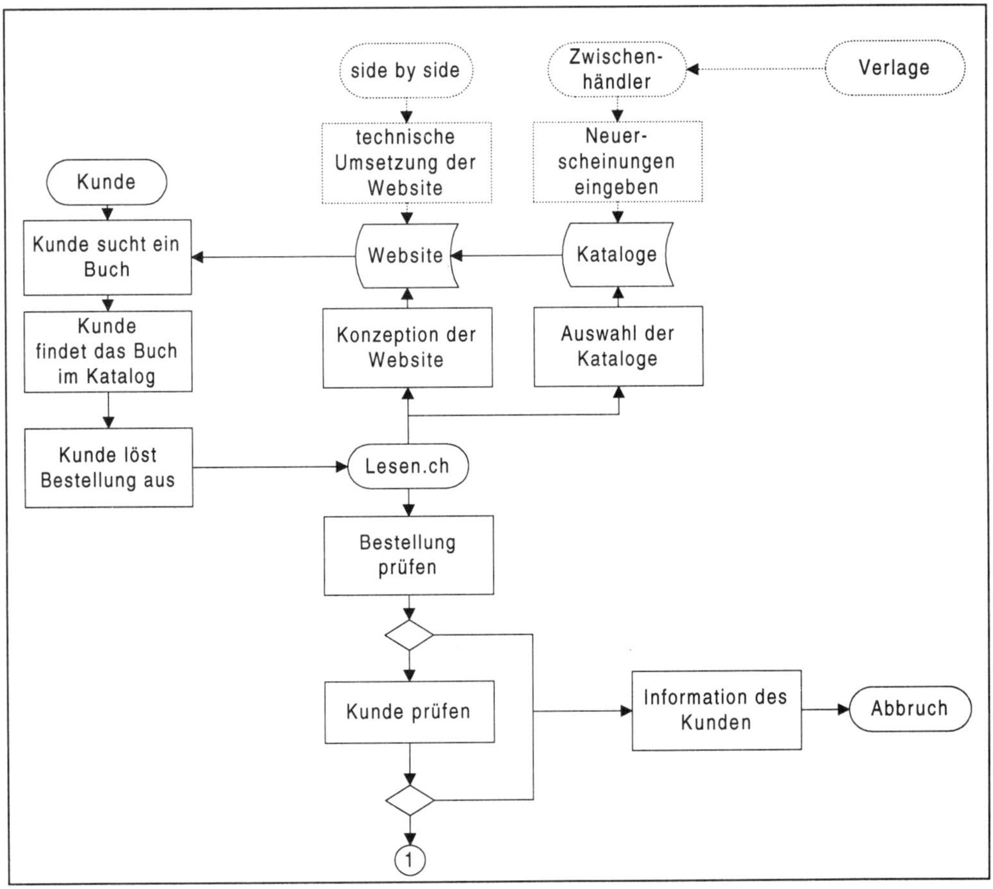

Abbildung 2-17: Beispiel lesen.ch (1. Teil).

Als geschäftsprozessinterne Einflussgruppen können lesen.ch, side by side, das SBZ, andere Zwischenbuchhändler (auch Kataloganbieter) und die aktuellen Kunden bezeichnet werden. Zu den wichtigsten externen zählen der SBVV, die direkten Konkurrenten (z.B. LibroNetto[76], Buch + Ton[77], aber auch der Kooperationspartner Amazon.com mit seiner deutschen Niederlassung[78]). Amazon.com stellt einen Spezialfall dar. Zwar

76 Vgl. http://www.libronetto.ch/
77 Vgl. http://www.buchundton.ch/
78 Vgl. http://www.amazon.de/

bestehen zwischen lesen.ch und Amazon.com viele Regeln, die Arbeitsteilung ist sehr klar, und die Häufigkeit von Transaktionen ist hoch. Allerdings handelt es sich dennoch um eine rein geschäftliche Beziehung mit Markttransaktionen. Die Abhängigkeiten sind sehr gering. lesen.ch braucht weniger als eine Woche, um Amazon.com durch einen anderen Partner zu ersetzen. Zudem findet keine explizite Abstimmung der Ziele der beiden Unternehmer statt. Christoph Bürgin hat Jeff Bezos nie getroffen. Die Beziehung ist hoch standardisiert und mit technischen Mitteln automatisiert.

Anders ist dies mit side by side. Der Koordinationsaufwand ist gross, der Wechsel zu einer anderen Werbeagentur mit Web-Kompetenzen würde Monate dauern. Zudem ist die geschäftliche Beziehung in eine personale eingebettet. Armin Luginbühl hat viel von seiner Arbeitszeit und auch von seinem Kapital in lesen.ch investiert. Er stimmt seine geschäftlichen und persönlichen Ziele mit jenen von lesen.ch ab.

Weil der Geschäftsprozess von lesen.ch sehr stark mit Informationstechnik unterstützt ist, werden die geschäftlichen Beziehungen auch durch Ereignisse beeinflusst, die nicht immer geplant sind. lesen.ch stellt die Schnittstelle zu den Kunden zur Verfügung. Die Kataloganbieter (dies sind alles auch Zwischenhändler) sind daran interessiert, dass lesen.ch möglichst viele Bücher aus ihrem Katalog verkauft. Im Gegenzug ist lesen.ch auf die Kataloge angewiesen. Es würde zu viel kosten, einen eigenen Katalog aus den Verzeichnissen der Verlage herzustellen.[79] Kataloganbieter verfügen über Datenbanken, die bis zu 750'000 Bücher enthalten. Mit Recherchefunktionen ist es möglich, in den Katalogen nach Titeln, Schlagwörtern, Autoren, Verlagen etc. zu suchen. Diese Funktionen sind unabhängig von der Website von lesen.ch. Hat der Kunde ein Buch gefunden, klickt er auf „Bestellen“ (o.ä.). Damit nun die Bestellung bei lesen.ch ausgelöst wird, mussten zusätzliche Funktionen programmiert werden. Es braucht also Regeln, die den Ablauf der Bestellung genau beschreiben. Aus geschäftlicher Sicht wurden diese zwischen lesen.ch und den Kataloganbietern ausgehandelt. Die technische Gestal-

[79] Allein in der Schweiz gibt es ca. 200 Verlage (vgl. Nussbaum (1996), S. 119).

tung übernahm (und übernimmt immer noch) side by side. Auch wenn die Programmierung und die Automation für sich fehlerfrei sind, so kommt es dennoch vor, dass ein Katalog nicht abgefragt werden kann, weil z.B. das Computersystem des Kataloganbieters ausgefallen ist. Der Kunde kann diese Beziehung aber nicht nachvollziehen. Er betrachtet die Website von lesen.ch, gibt einen Suchbefehl ein und erhält eine Fehlermeldung. Dafür macht er natürlich lesen.ch verantwortlich. Der Fehler liegt aber in diesem Fall beim Kataloganbieter. Ebenso könnte er bei side by side liegen. Die Informationstechnik hat also empfindliche Auswirkungen auf die geschäftliche Beziehung zwischen lesen.ch und den Kunden.

Die Beziehung zu den Kunden ist immer von ganz besonderer Art. Im vorliegenden Fall handelt es sich dabei um geschäftliche Beziehungen, die einer Markttransaktion ähneln. Personale Beziehungen zwischen lesen.ch und den Kunden haben nur in Ausnahmefällen strukturierende Wirkung. Dies ist etwa in der Zusammenarbeit mit grossen Unternehmen der Fall, bei denen die Bibliothek über lesen.ch Bücher beschafft. Diesen grossen Kunden hilft lesen.ch mit besonderen Vereinbarungen (etwa über den Rhythmus der Rechnungsstellung) bei der Vereinfachung des Geschäftsprozesses. Der grösste Teil (gemessen an der Anzahl Kunden, nicht am Umsatz) sind aber Einzelkunden, meist Private, die Bücher zur Unterhaltung verwenden, oder Spezialisten, die von ihren Arbeitsplätzen aus Literatur für ihr berufliches Weiterkommen einkaufen. Vergleichen wir den Geschäftsprozess von lesen.ch mit jenem eines herkömmlichen Buchhändlers, so fällt neben der Technik-Nutzung vor allem die Arbeitsteilung auf. Während im traditionellen Buchhandel lediglich die Händler auf die Kataloge Zugriff haben und diese auf Anfrage für ihre Kunden konsultieren, übernimmt diese Aufgabe bei lesen.ch der Kunde selbst. Auf den ersten Blick scheint es, als würde dies zum Nachteil der Kunden gereichen, weil sie jetzt auf einmal am Geschäftsprozess beteiligt werden. In der Praxis zeigt sich aber, dass nicht nur lesen.ch Zeit und personelle Ressourcen spart, sondern auch der Kunde. Es dauert weniger lange, ein Buch in einem der Online-Kataloge zu suchen und zu bestellen, als dies der Fall ist, wenn per Telefon, Fax oder gar durch physischen

Besuch im Buchladen im direkten Kontakt mit einem Buchhändler dasselbe getan wird.

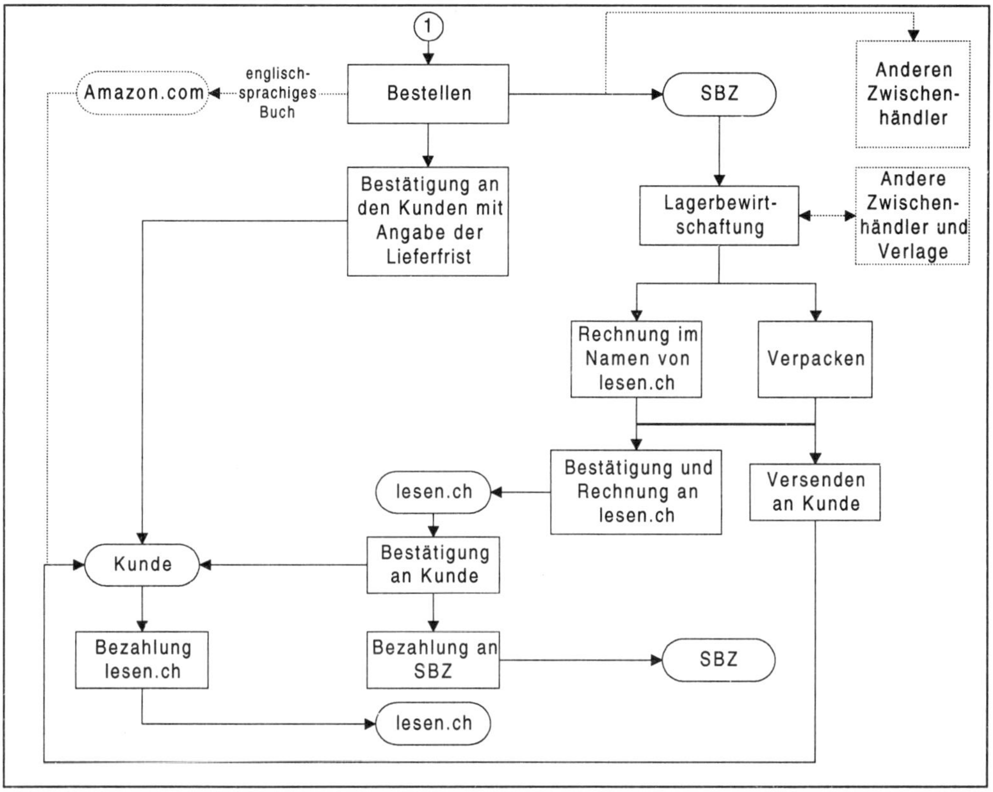

Abbildung 2-18: Beispiel lesen.ch (2. Teil).

Dafür werden vom Kunden einige infrastrukturelle Voraussetzungen verlangt. Er braucht einen internetfähigen Computer und einen Internet-Anschluss. Durch den Einsatz von Informationstechnik sind neben der verbesserten Transparenz über den Bestellprozess (vgl. Abbildung 2-18, Email-Bestätigungen) und die verbesserte Transparenz des Sortiments auch ganz neue Teilaufgaben möglich. Auf Wunsch wird den Kunden per Email mitgeteilt, wenn es Neuerscheinungen in ihrem Interessengebiet gibt, Buchkritiken und Stellungnahmen der Autoren sind zu einigen Büchern online verfügbar, das „Verkaufslokal" ist 365 Tage und jeweils 24 Stunden geöffnet u.v.m. Neben diesen Vorteilen hat die informationstechnische Vernetzung auch Nachteile. Buchhändler werden in eine Spezialistenrolle gedrängt, in der sie nicht mehr nur über die zu verkaufende Literatur Bescheid wissen müssen, sondern auch über sehr viele technische Belange. Einige Buchhändler haben aber gerade wegen den Besonderheiten des physischen Verkaufs ihren Beruf gewählt. Daneben steigt die Abhängigkeit der Buchhändler von der Technik. Im ganzen System, das lesen.ch unterhält, gibt es vielfältige Möglichkeiten, die dazu führen, dass der „Laden“ wider Erwarten geschlossen bleiben muss. Die Kunden haben nicht die Möglichkeit, die Bücher anzufassen und durchzublättern. Sie treffen während des Einkaufs auch keine anderen Kunden, mit denen sie sich im direkten Kontakt unterhalten können. Zwar bestehen auf vielen Websites von Händlern Diskussionsforen und Email-Listen, die die Kommunikation zwischen den Kunden ermöglichen. Es bleibt aber immer eine computervermittelte Kommunikation mit anderen Qualitäten als jene des direkten Kontakts.

Die Beziehung zwischen lesen.ch und dem SBZ ist von allen hier beschriebenen die wohl komplexeste. lesen.ch ist Genossenschaftler und damit Teilhaber des SBZ. Als kleines Mitglied ist sein Einfluss auf die Entscheidungen des SBZ zwar gering aber dennoch vorhanden. Gleichzeitig ist das SBZ Lieferant von lesen.ch. In dieser Beziehung gibt es eine (zur Zeit noch nicht ganz klare) Arbeitsteilung. Erst seit einigen Monaten bietet das SBZ seinen Mitgliedern die Dienstleistung an, bestellte Bücher nicht dem Buchhändler, sondern direkt dem Kunden zu schicken. Damit der Kunde nicht verwirrt ist und auch die rechtlichen Belange der Transaktion klar bleiben, druckt das SBZ auf seiner Infrastruktur Lieferscheine und Rechnungen im Namen von lesen.ch aus und leitet sie zusammen mit den Büchern zu den Kunden weiter. Momentan ist dies lediglich in einer Druckqualität möglich, die nicht alle Buchhändler befriedigt. Mit dem Styling der Rechnungen und Zugaben wie z.B. Buchzeichen mit dem Firmenlogo oder kleinen Geschenken für treue Kunden kann ein Händler sein Image verbessern und den Wiedererkennungswert des Namens steigern. Das SBZ übernimmt aber solche Zusatzleistungen (noch) nicht, sondern druckt das Logo (in diesem Fall) von lesen.ch in einem Zweifarbendruck auf die immer gleichen Rechnungsformulare. Derzeit ist es aber so, dass das SBZ eine sehr schnelle und kostengünstige Verarbeitung anbieten kann. lesen.ch nimmt deshalb den genannten Nachteil in Kauf.

Auch bezüglich der Durchlaufzeit (Zeit zwischen der Bestellung und dem Erhalt des Buches) gibt es erhebliche Abhängigkeiten zwischen lesen.ch und dem SBZ. Auf seiner Website verspricht Christoph Bürgin die Lieferung innerhalb von 24 Stunden. Bestellt ein Kunde, so leitet lesen.ch den Auftrag sofort an das SBZ weiter. Ist das Buch dort an Lager, wird er vom SBZ am selben Tag weiterverarbeitet. Das Versprechen von lesen.ch kann gehalten werden. Ist das Buch aber nicht an Lager, so dauert es nicht selten bis zu drei Wochen bis zur Auslieferung. In diesem Fall erhält lesen.ch eine Meldung vom SBZ und sucht sich einen anderen Zwischenhändler oder bestellt direkt beim Verlag. Dadurch dauert die Verarbeitung im besten Fall zwei Tage. Der Kunde wird über die Verzögerung informiert. Diese Variante des Geschäftsprozesses erhöht neben den Auswirkungen auf die Lieferzeit auch die Kosten von lesen.ch. Es muss mindestens doppelt soviel Arbeitszeit eingesetzt werden.

Das Beispiel zeigt, wie vielfältig die Beziehungen in einem Geschäftsprozess sein können. Obwohl es sich hier um ein einfaches Beispiel handelt, wo die Beziehungen von wenig Unsicherheit geprägt sind, so entsteht dennoch erheblicher Bedarf an Evaluation. Welches die besten Kataloganbieter, die besten Zwischenbuchhändler und die besten Partner für das Webdesign sind, testet Christoph Bürgin ständig, indem er die Branche beobachtet.

2.3.5 Schlussfolgerungen

Zusammenfassend kann festgehalten werden, dass die unterschiedlichen Abstraktionsstufen jeweils mit unterschiedlichen Zielsetzungen angewendet werden. Je klarer die Aufgabe strukturiert ist, je klarer auch die Arbeitsteilung beschrieben werden kann, desto eher ist die detaillierte Beschreibung mit dem Ziel der Programmierung der Aufgabenerfüllung sinnvoll.

Die Beispiele der BEKB und von lesen.ch zeigen, dass die Geschäftsprozesse nicht unter allen Umständen immer gleich ablaufen. Es ist ein wichtiges Prinzip der Gestaltung von Geschäftsprozessen, Geschäftsprozessvarianten zu erkennen und die Optimierung der Abläufe nicht generell, sondern für jede Variante einzeln anzustreben.

2.4 Bewertung von Geschäftsprozessen

Das Ergebnis eines Geschäftsprozesses muss einen Wert für den Kunden darstellen. Der Geschäftsprozess ist deshalb in erster Linie aus der Perspektive des Kunden zu bewerten. Aber auch der Unternehmer, der den Geschäftsprozess betreibt, muss den Geschäftsprozess bewerten, etwa um zu entscheiden, ob es sich lohnt, den Geschäftsprozess weiter zu betreiben oder einzustellen.

2.4.1 Bewertung aus der Sicht des Kunden

Der gesamte Ablauf und das Ergebnis des Geschäftsprozesses unterliegen der Bewertung des Kunden. Im einleitend genannten Beispiel des Buchkaufs in einer Berner Buchhandlung sind es die Verfügbarkeit des Buches, die kompetente Beratung und nicht zuletzt der Preis mit 10 % Studentenrabatt. Das Leistungsbündel (Verfügbarkeit des Buches, kompetente Beratung, Preis) muss der Erwartungshaltung des Kunden entsprechen, dann findet die Transaktion statt. Andernfalls wird der Kunde einen vergleichbaren Geschäftsprozess eines anderen Unternehmens, z.B. lesen.ch, wählen, bei dem Leistungsbündel und Erwartungshaltung besser übereinstimmen. Dies gelingt besonders leicht dann, wenn die Aufgabe nicht sehr spezifisch ist (vgl. Abschnitt 2.2).

Die Bewertung aus der Sicht des Kunden kann absolut („hier kaufe ich nicht"; „das kaufe ich auf jeden Fall") oder relativ („hier kaufe ich, weil das Buch billiger ist als in der Nachbarbuchhandlung"; „hier kaufe ich nicht, weil die Beratung in der Nachbarbuchhandlung besser ist") erfolgen, je nachdem, wie gut der Kunde informiert ist. Wir wollen jeweils den gut informierten Kunden voraussetzen (ansonsten müssten wir einem Unternehmer, der einen Geschäftsprozess betreibt, „Bauernfängerei" vorwerfen).

2.4.2 Bewertung aus der Sicht des Unternehmers

Der Unternehmer hat Ablauf und Ergebnis des Geschäftsprozesses so ausgelegt, dass dieser einen Wert für bestimmte Kundengruppen darstellt. Es muss sich nun zeigen, ob die erwartete Anzahl von Transaktionen stattfindet. Für den Unternehmer Jeff Bezos ist diese Erwartung bei mehr als 20 Millionen Kunden bis Mitte 2000 vermutlich erfüllt.

Bei vielen Geschäftsprozessen besteht das Leistungsbündel aus dem Ergebnis (Produkt und/oder Dienstleistung), dem Preis sowie qualitativen Eigenschaften und Prozesseigenschaften, z.B. der Zeitstruktur, um das Ergebnis verfügbar zu haben. Der Unternehmer wird besonderes Augenmerk darauf verwenden, inwieweit der Preis sowie die übrigen Eigenschaften den Wertvorstellungen des Kunden für das Leistungsbündel entsprechen.

Bei commodities wie Büchern hat Jeff Bezos mit Amazon.com erfolgreich eine Niedrigpreisstrategie (Rabatte bis zu 40 %) praktiziert. Viele Kunden haben das Leistungsbündel von Amazon.com vergleichbaren Leistungsbündeln lokaler Buchhändler vorgezogen.

Bei vielen High-tech-Gütern (z.B. PCs, Handys) sind Hochpreisstrategien für neue Produktgenerationen (die ersten Laptops, die ersten Palmtops, die neuesten Handys) festzustellen. Besonders bemerkenswert ist die erfolgreiche Hochpreisstrategie eines neuen Nokia-Handys mit elegantem Design.

Der Preis für das Leistungsbündel muss mit dem bewerteten Ressourceneinsatz zur Erstellung des Leistungsbündels in einem für den Unternehmer zufriedenstellenden Verhältnis stehen. Nur dann wird der Unternehmer den Geschäftsprozess auf Dauer betreiben wollen. Das Verhältnis von bewertetem Ressourceneinsatz zum Preis des Geschäftsprozessergebnisses wird als **Wirtschaftlichkeit** bezeichnet (dieses Verhältnis lässt sich u.U. auch für Teile des Geschäftsprozesses bilden). Wirtschaftlichkeit ist eine relative Grösse: Durch Vergleich z.B. mit anderem Ressourceneinsatz für den gleichen Geschäftsprozess lässt sich argumentieren, dass die neue Geschäftsprozessvariante wirtschaftlicher ist als die bisherige Variante. Wirtschaftlichkeitsbetrachtungen – wenn denn Vergleiche möglich sind – sind aus der Sicht des Unternehmers eine wichtige Bewertungsdimension.

Vergleichbar wichtig ist eine Prozesseigenschaft, nämlich die **Zeitstruktur**, in der die Leistung für den Kunden verfügbar wird. Falls es dem Unternehmer nicht gelingt, eine mindestens branchenübliche Zeitstruktur anzubieten (Lieferzeit eines Buches, Lieferzeit eines PC), läuft er Gefahr, im Wettbewerb zurückzufallen.

Die **Qualität** des Geschäftsprozesses ist in den letzten Jahren zur wichtigen Bewertungsdimension geworden. Abläufe für nahezu alle Geschäftsprozesse können nach einer weltweit einheitlichen Normensammlung ISO 9000 qualitätsorientiert ausgelegt und von einer neutralen Instanz zertifiziert werden.[80] In einer Reihe von Branchen, z.B. in der Automobilzuliefererindustrie, ist das ISO 9000-Zertifikat de facto Voraussetzung für eine Marktteilnahme.

Einige Geschäftsprozesse unterliegen **externen Vorschriften**. Hier sind z.B. Rechnungslegungsvorschriften für Buchhaltung und Geschäftsabschlüsse zu nennen. Sie werden in diesen Geschäftsprozessen ebenfalls zu einer Bewertungsdimension für den Unternehmer.

Das holländische Standardsoftwareunternehmen Baan N.V. hatte im Frühjahr 1998 nach Zeitungsberichten Probleme mit der Einhaltung von Rechnungslegungsvorschriften. Dies führte zu einem Vertrauensschwund bei Aktionären (die Aktienkurse fielen markant) und Kunden (die Umsätze stiegen nicht wie geplant).

2.5 Typen von Geschäftsprozessen

Nicht alle Geschäftsprozesse, die ein Unternehmer gestaltet, haben für ihn dieselbe Bedeutung. Es kommt z.B. vor, dass zur Erfüllung einer Aufgabe unterstützende Prozesse notwendig werden, die aber nicht direkt mit der Dienstleistung oder dem Produkt, das der Kunde sieht, in Verbindung stehen.

---

[80] Vgl. z.B. Griese (1993).

Wie sehr oft in den Sozialwissenschaften herrscht auch bei der Bildung von Geschäftsprozesstypen unter den Wissenschaftlern keine einheitliche Verwendung von Begriffen. Nimmt man die Praxis dazu, so wird die Verwirrung nicht kleiner. Im folgenden sind einige der Vorschläge beschrieben, denn sie verfolgen teilweise unterschiedliche Ziele und tragen deshalb insgesamt zum Verständnis bei.

Kreuz (1997) bspw. klassifiziert die Geschäftsprozesse entsprechend ihrer Bedeutung für die Kunden sowie für den Erfolg in vier Kategorien: Schlüsselprozesse, Prozesse mit Hebelwirkung, opportunistische und unterstützende Prozesse.

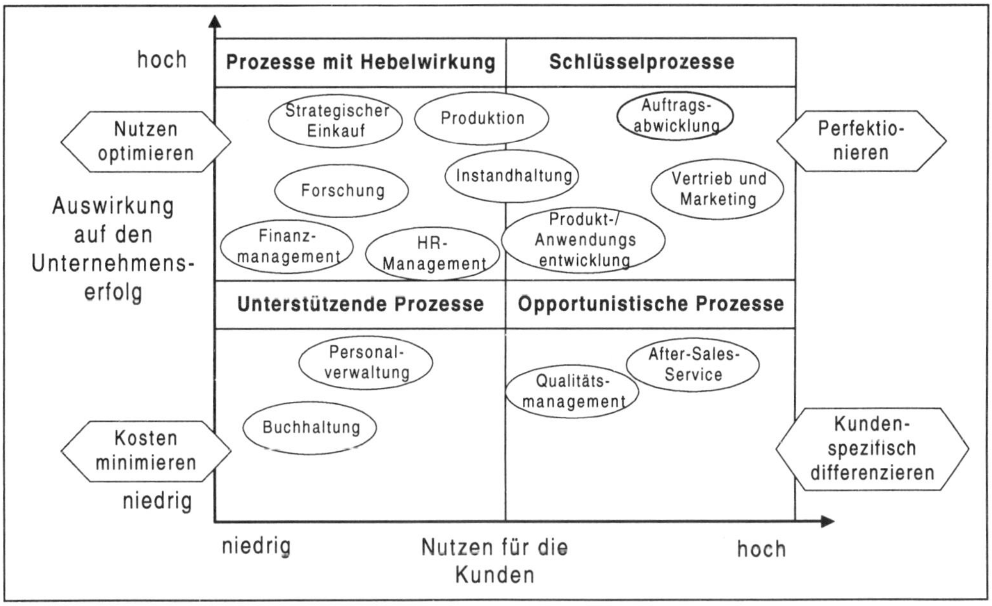

Abbildung 2-19: Beispiel für ein Geschäftsprozessportfolio.[81]

Das Ziel dieser Klassifikation ist es, dem Unternehmer ein Instrument zur Verfügung zu stellen, mit dessen Hilfe er besser entscheiden kann, für welchen Prozess welche Art von Massnahmen getroffen werden sollen (vgl. Abbildung 2-19).

[81] Vgl. Kreuz (1997), S. 26.

Schlüsselprozesse sind nach Ansicht von Kreuz mit hoher Priorität zu behandeln, denn sie beeinflussen den Erfolg sehr stark und werden von den Kunden als wichtig erachtet. Ohne Schlüsselprozesse kann ein Unternehmer gegenüber seinen Konkurrenten keinen Vorteil vorweisen. Erst wenn diese optimiert sind, sollen die Prozesse mit Hebelwirkung betrachtet werden. Prozesse mit keiner oder geringer direkter Wertschöpfung (wie die unterstützenden und die opportunistischen Prozesse) sind von geringerer Priorität. Sie sollen möglichst kostengünstig abgewickelt werden. Wichtig ist demzufolge zu erkennen, welches die Schlüsselprozesse sind. Der Unternehmer sollte sich fragen: „Was mache ich besser als meine Konkurrenten?“ Die Antwort darauf gibt wesentliche Anhaltspunkte für die Identifikation von Schlüsselprozessen.

Eine andere Klassifikation ist die Unterteilung der Geschäftsprozesse in die drei Kategorien Steuerungsprozesse, primäre und sekundäre Geschäftsprozesse.[82] Die Steuerungsprozesse leiten die primären und sekundären Prozesse. Primäre Geschäftsprozesse weisen einen direkten Bezug zum Nutzen der Kunden auf. Die sekundären Geschäftsprozesse unterstützen die primären Geschäftsprozesse. Aus ihrer Sicht werden die primären Geschäftsprozesse als (interne) Kunden betrachtet.

In ähnlicher Weise unterscheidet das Diebold-Geschäftsprozessmodell vorerst zwischen Managementprozessen und operativen Prozessen.[83] Die operativen Prozesse werden in Primär-, Sekundär- und Innovationsprozesse unterteilt. Die separate Nennung von Innovationsprozessen[84] ist in diesem Ansatz hervorzuheben. Neben den Kosten, der Zeit und der Qualität von Geschäftsprozessen ist auch die Fähigkeit wichtig, Produkte und Dienstleistungen sowie die Marktbearbeitung in genügend kurzen Abständen erneuern zu können. Man kann gar zur Ansicht gelangen, dass diese Fähigkeit derart wichtig ist, dass sie zu den Kernkompetenzen zählt. Mit der Erneuerung von Produkten und Dienstleistungen ist immer auch die Veränderung (die Neugestaltung) von Geschäftsprozessen ver-

---

[82] Vgl. Crux/Schwilling (1997), S. 218ff.

[83] Dargestellt bei Dernbach (1996), S. 193f.

[84] Als Beispiele für Innovationsprozesse werden die Produktentwicklung, die Marktentwicklung und die Organisationsinnovation genannt.

bunden. Es genügt dem Unternehmer also nicht, gute Ideen zu haben, er muss sie auch in entsprechenden Geschäftsprozessen umsetzen können.[85]

Osterloh und Frost (1998) unterteilen die Geschäftsprozesse in die Kategorien Kern- und Supportprozesse. „Kernprozesse bestehen aus der Verknüpfung von zusammenhängenden Aktivitäten, Entscheidungen, Informationen und Materialflüssen, die zusammen den Wettbewerbsvorteil eines Unternehmens ausmachen.“[86] Ein Unternehmen besteht, dieser Ansicht zu Folge, nur aus wenigen Kernprozessen, die sich direkt aus der Aufgabe (oder etwas umfassender ausgedrückt: von der Unternehmensstrategie) ableiten lassen. Die Kernprozesse werden von den Supportprozessen unterstützt, deren unmittelbarer Nutzen für die Kunden weniger offensichtlich ist, die jedoch vorhanden sein müssen, um die Kernprozesse wiederum als interne Kunden zu unterstützen. Sie sind nicht direkt an der Wertschöpfung beteiligt.

Kreuz	Crux/ Schwilling	Diebold GmbH	Osterloh/ Frost	für dieses Buch gewählt
Prozesse mit Hebelwirkung	Steuerungsprozesse	Managementprozesse	Supportprozesse	Managementprozesse
Schlüsselprozesse	primäre Prozesse	Primäre Prozesse	Kernprozesse	Kernprozesse
Opportunistische Prozesse	Sekundäre Prozesse	Sekundäre Prozesse	Support-Prozesse	Supportprozesse
Unterstützende Prozesse				
		Innovationsprozesse		

Tabelle 2-3: Vorschläge zur Bildung von Geschäftsprozesstypen.

[85] Osterloh/Frost (1998) sprechen deshalb vom Prozessmanagement als Kernkompetenz.

[86] Kaplan/Murdock (1991), S. 28, zitiert bei Osterloh/Frost (1998), S. 34.

In der Tabelle 2-3 sind die eben angesprochenen Vorschläge zur Typenbildung einander gegenübergestellt. Wir verwenden im folgenden die Kategorien Management-, Kern- und Supportprozesse. **Managementprozesse** (auch Steuerungs- oder Führungsprozesse) sind Geschäftsprozesse auf höchster Führungsebene wie Human Ressources (Personal), Finanzierung, Organisation, Marketing, Systembewertung usw. Sie steuern die Kernprozesse. Die Wertschöpfung geschieht allerdings durch die Kernprozesse.

Kernprozesse erfüllen die folgenden Kriterien:[87]

- **Wahrnehmbarer Kundennutzen:** Die Kunden müssen durch die Prozesse einen Nutzen wahrnehmen, für den sie bereit sind, einen Preis zu bezahlen.
- **Spezifität:** Durch eine spezifische Kombination von Ressourcen innerhalb des Geschäftsprozesses ist er „einmalig".
- **Nicht-Imitierbarkeit:** Kernprozesse dürfen nicht leicht imitierbar sein, ansonsten können sie von Konkurrenten übernommen werden, und der Vorteil schwindet. Dafür sorgt einerseits die Selektion spezifischer Ressourcen, in sehr hohem Mass aber andererseits auch die Regulation und die Allokation. Im besten Fall gelingt es dem Unternehmer, einzigartige Ressourcen in einzigartiger Art und Weise zu kombinieren.
- **Nicht-Substituierbarkeit:** Die Kernprozesse dürfen nicht durch andere Problemlösungen ersetzbar sein. Dieses Merkmal ist nur schwer aufrechtzuerhalten, denn häufig verdrängen neue Technologien bisherige Vorgehensweisen. Ein Kernprozess ist deshalb nicht statisch aufzufassen, sondern muss ständig überprüft und gegebenenfalls an neue Technologien anpasst werden.

Den Kernprozessen sind Prozesse zugeordnet, die sicherstellen, dass Ressourcen vorhanden sind, damit der Kernprozess richtig abläuft. Solche Prozesse werden als **Supportprozesse** bezeichnet. Sie sind weniger spezifisch, also leichter imitierbar, und werden von den Kunden nicht

---

87 Vgl. Barney (1991) sowie Gaitanides/Sjurts (1995).

direkt wahrgenommen, resp. es ist für die Kunden kein Nutzen ersichtlich.

Diese Klassifikation erscheint als genügend pragmatisch, erlaubt aber dennoch die u.E. wichtige Unterscheidung in Managementprozesse, die grossen Einfluss auf alle anderen Prozesse ausüben, sowie Supportprozesse, die jeweils „im Auftrag“ von z.B. Kernprozessen angestossen werden.

Beispiel Edorex Informatik AG

Die Edorex Informatik AG[88] ist auf Informatikdienstleistungen spezialisiert. Sie beschäftigt Mitte 2000 27 Mitarbeiter und setzte 1999 4.5 Mio. CHF um. Ihre Aufgabe ist es, private und öffentliche Organisationen im Raum Bern/Freiburg bei der Evaluation,[89] Planung, Realisierung und Implementierung von Informatiklösungen im kommerziellen Bereich zu unterstützen.

Zu den Kunden zählen vor allem öffentliche Organisationen. Mit diesen macht die Edorex mehr als 50% ihres Umsatzes. Daneben nehmen aber auch z.B. Banken, Versicherungen und Telekommunikationsunternehmen die Dienstleistungen in Anspruch. Meistens werden die Leistungen in Projekten erbracht, die von wenigen Wochen bis zu mehreren Jahren dauern können. Es ist in diesem Fall sinnvoll, für jeden Auftrag ein Projekt zu definieren, weil jeweils während einer begrenzten Zeit intensiv mit den Kunden zusammengearbeitet werden muss, um ihre genauen Bedürfnisse kennenzulernen. Die Aufgabe ist also eher wenig strukturiert und fällt nicht sehr häufig an. Im Geschäftsprozess arbeiten je nach Grösse des Auftrags bis zu 5 Softwareingenieure mit Vertretern des Kunden zusammen.

---

[88] Die Angaben für dieses Beispiel stammen aus zwei Interviews vom 17. März und 29. Mai 1998, das Thomas Fux (im Rahmen seiner Lizentiatsarbeit) mit Herrn Knöpfli (Qualitätsbeauftragter und stellvertretender Geschäftsleiter der Edorex Informatik AG) geführt hat. Vgl. auch Fux (1998).

[89] Darunter versteht man in diesem Zusammenhang die Bewertung unterschiedlicher Angebote. Die Evaluation von Softwareprodukten hilft dem Kunden, die richtige Kaufentscheidung zu treffen.

Zu den Konkurrenten zählen vor allem andere Informatik-Unternehmen der Region, zunehmend aber auch international tätige Informatik-Beratungs-Unternehmen sowie international tätige Hersteller von Software, die meistens über Unternehmenskooperationen in der Schweiz tätig sind.

Die Tabelle 2-4 gibt einen Überblick über die Geschäftsprozesse des Unternehmens. Es fällt auf, dass die Mitarbeiterprozesse in eine eigene Supportprozessgruppe eingeteilt werden (3.12). Darin werden insgesamt 7 Teilprozesse beschrieben. Diese Tatsache zeigt, dass geregelte Abläufe in der Personalabteilung für die Edorex sehr wichtig sind.

1	**Managementprozesse**	2	**Kernprozesse**	3	**Supportprozesse**
1.1	Vision / Strategie	2.1	Auftragsprüfung	3.1	Optimierung
1.2	Organisation	2.2	Beraten	3.2	Knowhow-Aufbau
1.3	QM-System	2.3	Projektleitung	3.3	Akquisition
1.4	Marketing	2.4	Entwicklung	3.4	Offerte
		2.5	Kundendienst	3.5	Vertrag
		2.6	Beigestellte Produkte	3.6	Kundenbeziehungen
				3.7	Partnerschaften
				3.8	Beschaffung
				3.9	Interne Audits
				3.10	Dokumentenlenkung
				3.11	Abweichungen
				3.12	Mitarbeiter
				3.12.1	Einsatzplanung
				3.12.2	Rekrutierung
				3.12.3	Einführung
				3.12.4.	Förderung
				3.12.5	Aus-/Weiterbildung
				3.12.6	Information
				3.12.7	Austritt

Tabelle 2-4: Prozessstruktur der Edorex Informatik AG.

Damit bei derart vielen Teilprozessen die Übersicht nicht verloren geht, hat es sich die Edorex zur Gewohnheit gemacht, alle Kernprozesse und ihre Interdependenzen grafisch darzustellen.

Am Beispiel des Kernprozesses „Entwicklung“ illustriert, zeigt eine derartige Abbildung sofort, dass z.B. die Einsatzplanung oder die Aus- und Weiterbildung von Beschäftigten für den Kernprozess wichtig sind.

Stellen die Verantwortlichen für den Kernprozess „Entwicklung“ bspw. fest, dass eine zunehmende Zahl von Kunden die Integration ihrer Informationssysteme in ihren Internet-Auftritt verlangen, so stellt der Kernprozess einen Antrag auf Ausarbeitung eines Ausbildungsprogramms für die Mitarbeiter an den Supportprozess „Aus- / Weiterbildung“. Genauso muss dem Supportprozess „Einsatzplanung“ die Information über laufende und geplante Projekte weitergegeben werden.

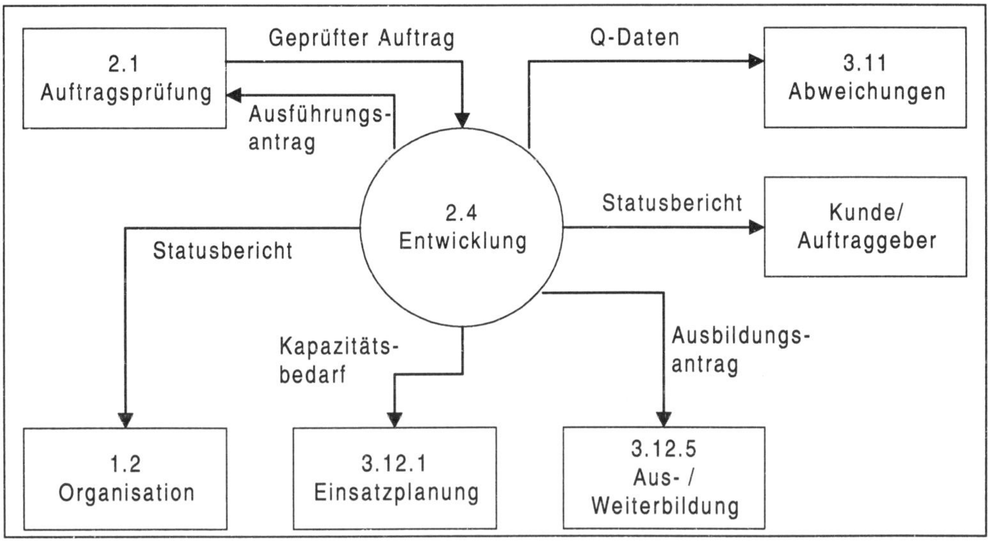

Abbildung 2-20: Interdependenzen des Kernprozesses "Entwicklung".

In den nachfolgenden Abbildungen wird der Kernprozess „Entwicklung“ wiedergegeben. Er ist in verschiedene Phasen untergliedert (Initialisierung, Voranalyse, Konzept und Realisierung). Der Kernprozess „Auftragsprüfung“ (2.1) löst den Arbeitsablauf aus. Während der Initialisierung wird ein Projekthandbuch erstellt. Durch das ganze Projekt hindurch arbeiten die Beteiligten sehr eng mit dem Kunden zusammen. Am Ende der jeweiligen Phase wird entschieden, ob die nächste Phase freigegeben werden kann oder die letzte nochmals durchlaufen werden muss. Die letzte Phase des Entwicklungsprozesses (Realisierung) endet mit der Freigabe für die Einführung der neuen Software beim Kunden.

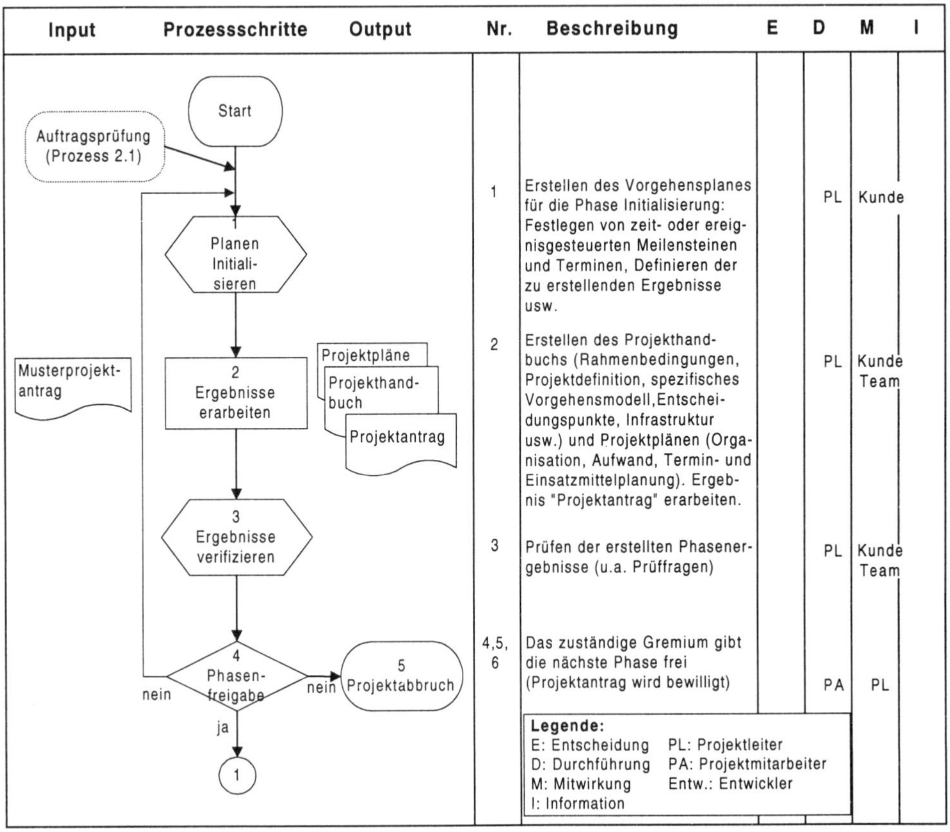

Abbildung 2-21: Kernprozess „Entwicklung" (Teil 1).

Neben dem Ablaufdiagramm enthalten die Abbildungen auch Informationen über die Allokation autoritativer Ressourcen. Für jede Teilaufgabe ist in der Spalte D (Durchführung) eingetragen, wem das Ausführungsrecht zugeteilt ist. Fallen Entscheidungen an, wie bspw. am Ende jeder Phase, so zeigt die Spalte E (Entscheidung), wem das Entscheidungsrecht dafür übertragen wurden. Dasselbe gilt für Mitspracherechte (M) und Informationsrechte (I).

Da die Aufgabe der Entwicklung von kundenspezifischer Software (auch Individualsoftware genannt) schlecht strukturierbar ist, kommt es nicht selten vor, dass am Ende einer Phase entschieden wird, die eben getane Arbeit nochmals zu wiederholen.

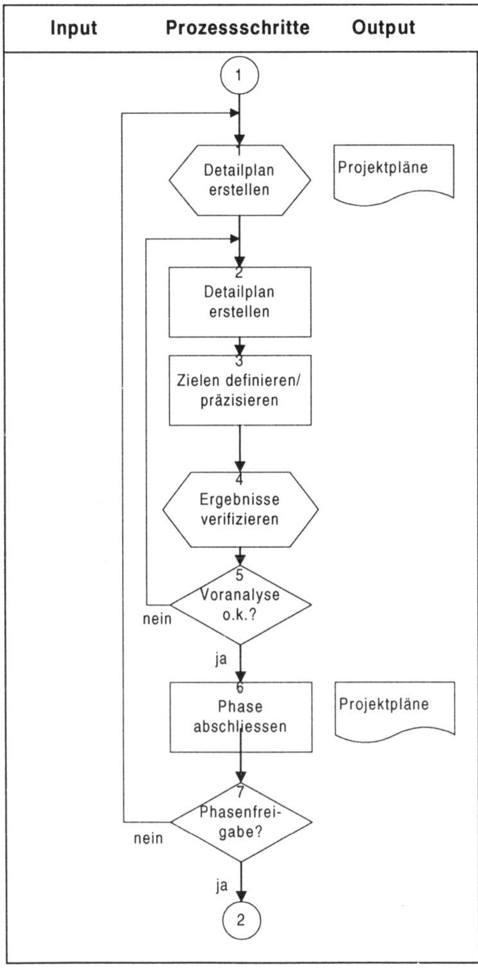

Nr.	Beschreibung	E	D	M	I
1	Erstellen der detaillierten Vorgehenspläne für die Phase Voranalyse (inkl. der Projektpläne wie QS-Plan und Konfigurationsmanagement-Plan).	PL Kunde Entw			
2	Die Ziele aus dem Projektauftrag werden definiert, überprüft und ev. modifiziert oder erweitert.		PL Kunde Entw		
3	Lösungsvarianten erarbeiten und überprüfen, bis ein Vorschlag ausgewählt ist (iterativ). Erarbeiten der verlangten Ergebnisse.		PL Kunde Entw		
4	Interne Prüfung der geforderten Arbeitsresultate mit den Benutzervertretern.		PL Kunde Entw		
5	Interne Freigaben der Voranalyse. Ev. sind noch Anpassungen durchzuführen.	PL Kunde Entw			
6	Nachführen/Präzisieren der Projektpläne für die Folgephase.	PA			
7	Das zuständige Gremium gibt die nächste Phase frei, bricht das Projekt ab oder weist die Ergebnisse zur Ueberarbeitung zurück.				

Abbildung 2-22: Kernprozess „Entwicklung“ (Teil 2).

Es wird deshalb immer ein Schritt durchgeführt, danach findet eine Evaluation statt, die feststellt, ob das Zwischenprodukt brauchbar ist. Diese Qualitätskontrolle wird nicht von den Projektbeteiligten durchgeführt, sondern von einer möglichst unabhängigen Gruppe von Personen, die mit genügend Erfahrung und mit mehr Distanz zur eigentlichen Aufgabe unbelastet die Sinnhaftigkeit des Zwischenprodukts beurteilen kann.

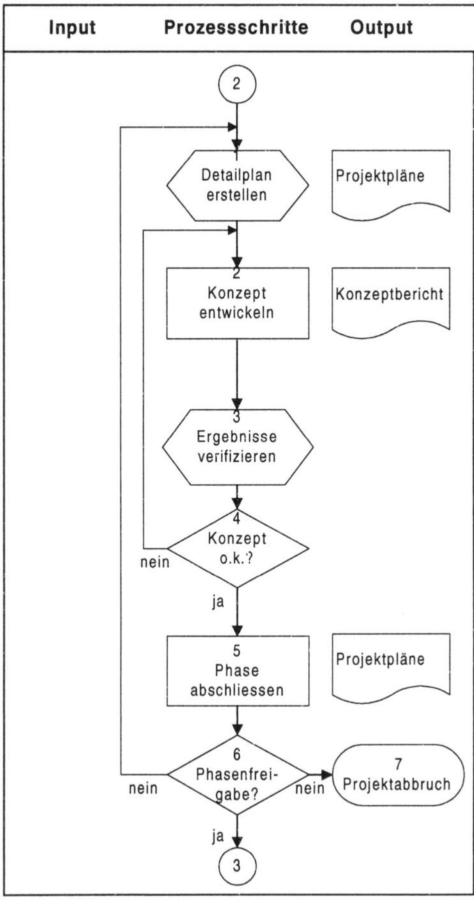

Nr.	Beschreibung	E	D	M	I
1	Erstellen/überarbeiten der detaillierten Vorgehenspläne für die Phase Konzept.	PL Kunde Entw			
2	Erarbeiten des Konzeptberichtes, Ueberarbeiten des Projekthandbuches und der Projektpläne (für Detailstudien und Prototypen), Erstellen von Detailstudien und Prototypen, Evaluieren von Produkten		PL Kunde Entw		
3	Interne Ueberprüfung der geforderten Arbeitsresultate mit den Benutzervertretern.	PL Kunde Entw			
4	Interne Freigabe des Konzeptes. Evtl. sind noch Anpassungen durchzuführen.	PL Kunde Entw			
5	Nachführen/Präzisieren der Projektpläne für die Folgephase.		PL Kunde Entw		
6,7	Das zuständige Gremium gibt die nächste Phase frei, bricht das Projekt ab oder weist die Ergebnisse zur Ueberarbeitung zurück.	PA			

Abbildung 2-23: Kernprozess „Entwicklung“ (Teil 3).

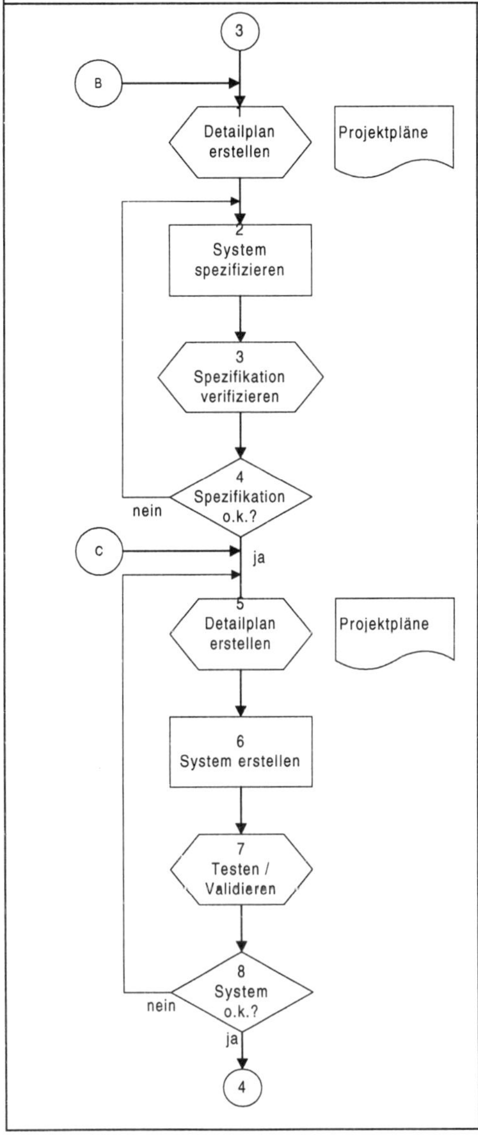

Nr.	Beschreibung	E	D	M	I
1	Erstellen/überarbeiten der detaillierten Vorgehenspläne für die Phase Realisierung.	PL Kunde Entw			
2	Schrittweise Verfeinerung des Systems bis zur Spezifikation, ev. Einsatz von Prototypen.		PL Kunde Entw		
3	Interne Prüfung und Vernehmlassung der Spezifikation mit Benutzervertretern.	PL Kunde Entw			
4	Interne Freigabe der Spezifikation. Evtl. sind noch Anpassungen durchzuführen.	PL Kunde Entw			
5	Erstellen/Überarbeiten der detaillierten Vorgehenspläne für Systembau, Einführungsvorbereitung und Schulung.	PL Kunde Entw			
6	Erstellen des Systems gemäss Verfahren im Projekthandbuch inklusive Einführungsvorbereitung.		PL Kunde Entw		
7	Testen und Validieren der erstellten Komponenten. Review der erarbeiteten Dokumentationen.	PL Kunde Entw			
8	Entscheid, ob alle geforderten Komponenten einführungsreif sind.	Kunde PL Entw			

Abbildung 2-24: Kernprozess „Entwicklung" (Teil 4).

Diese Gruppe von Personen setzt sich meistens aus leitenden Mitarbeitern der Edorex und des Kunden zusammen. In grossen Projekten werden für die Teilaufgabe auch externe Berater beigezogen.

Ähnlich komplex wie der dargestellte Kernprozess gestalten sich auch die übrigen fünf. Würden sie nicht durch die insgesamt 12 Supportprozesse unterstützt, wären sie noch komplexer. Sie könnten kaum mehr von denselben Personen bewältigt werden.

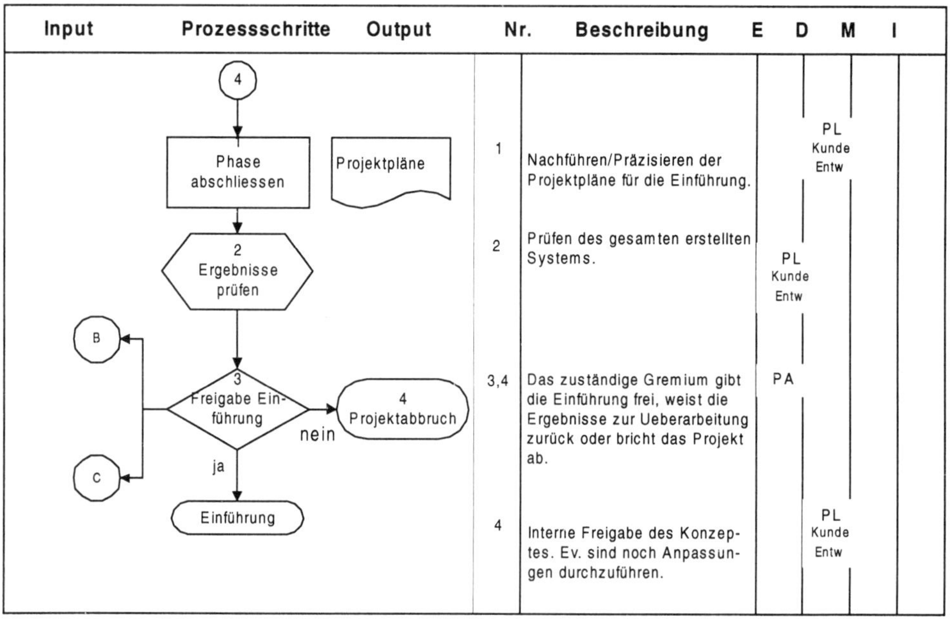

Abbildung 2-25: Kernprozess „Entwicklung" (Teil 5).

Es erscheint deshalb als sinnvoll, die Gesamtaufgabe der Edorex in verschiedene Geschäftsprozesse einzuteilen und, wie oben gezeigt, nach der Relevanz für die Kunden und den Erfolg der Edorex in Managementprozesse, Kernprozesse und Supportprozesse zu unterteilen.

Beispiel Gate Gourmet

Fügt man die Typenbildung mit den Prinzipien der Arbeitsteilung zusammen, so zeigt sich, dass eine grosse Vielfalt an Kombinationsmöglichkeiten entsteht. In der Praxis ist es tatsächlich so, dass die Kriterien zur Arbeitsteilung in vielfältiger Weise mit der Typisierung von Geschäftsprozessen zu Organisationsstrukturen zusammengefügt werden.

Gate Gourmet,[90] zum Konzernbereich SAir Relations der SAir Group gehörend, ist das zweitgrösste Airline-Catering-Unternehmen der Welt und hat es zu seiner Aufgabe gemacht, die Fluggesellschaften mit allem, was während der Flugzeit an die Reisenden abgegeben wird, zu beliefern. Dazu gehören vor allem die Mahlzeiten, aber auch Zollfrei-Artikel. In 68 Betrieben in 22 Ländern mit rund 14'000 Beschäftigten produziert und verkauft Gate Gourmet jährlich rund 100 Mio. Mahlzeiten. Es handelt sich beim Geschäftsprozess von Gate Gourmet um ein vergleichsweise komplexes Zusammenspiel sehr vieler Beteiligter. Das Koordinationsproblem ist deshalb nicht einfach zu lösen. Andererseits profitiert Gate Gourmet von der Grösse. Die Fluggesellschaften (also die Kunden) sehen einen wesentlichen Nutzen darin, dass sie unabhängig von ihrer Flugroute sowohl beim Hin- als auch beim Rückflug mit demselben Lieferanten mit denselben Qualitätsstandards zusammenarbeiten können.

---

90 Das Beispiel folgt den Ausführungen von Osterloh/Frost (1998), 38ff.

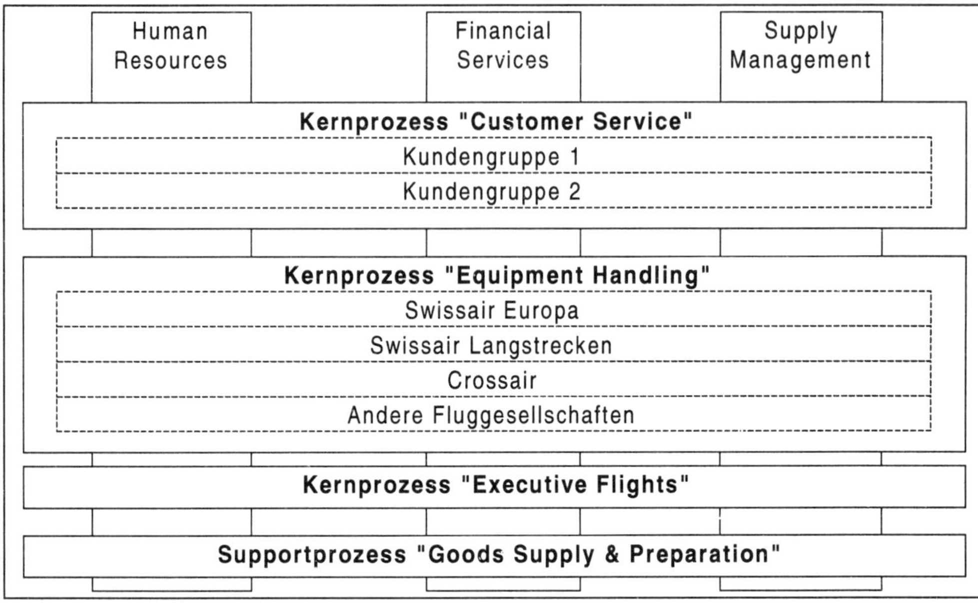

Abbildung 2-26: Geschäftsprozessvarianten von Gate Gourmet.

Gate Gourmet hat drei Kernprozesse und einen Supportprozess identifiziert (vgl. Abbildung 2-26):

„Equipment Handling": Dieser Kernprozess umfasst alle Teilaufgaben von der Entgegennahme des gebrauchten Geschirrs aus dem Flugzeug bis zum erneuten Verstauen von Behältern mit frischen Mahlzeiten im Flugzeug. Weil täglich mehr als 100 Flüge mit Mahlzeiten beliefert werden müssen, ist dieser Kernprozess sehr umfangreich. Er wurde deshalb in vier Varianten eingeteilt. Eine Gruppe von Mitarbeitern beliefert die Europaflüge der Swissair, eine zweite die Langstreckenflüge der Swissair, eine dritte die Crossair und die vierte Gruppe kümmert sich um alle anderen Fluggesellschaften.

„Customer Service": In diesem Kernprozess werden alle Teilaufgaben von der Offerte bis zur Rechnung zusammengefasst. Er befasst sich mit den informationellen Beziehungen, die durch die physischen Abläufe des „Equipment Handling" entstehen. Dabei soll jeder Kunde genau eine und immer dieselbe Ansprechsperson bei Gate Gourmet kontaktieren können. Unabhängig davon, ob es um einen neuen Auftrag geht, ein Mangel bei vergangenen Aufträgen zu diskutieren ist o.ä. Deshalb wurde der Kernprozess in verschiedene Varianten nach Kundengruppen eingeteilt.

„Executive Flights“: Als sehr kleiner Kernprozess kümmert sich „Executive Flights“ mit ca. 6 Beteiligten um Sonderflüge. Er behandelt jede Bestellung individuell und geht auf Sonderwünsche bei den Mahlzeiten ein.

„Goods Supply & Preparation“: Dieser Supportprozess ist für die Lieferung aller Mahlzeiten und der übrigen Artikel an den Kernprozess „Equipment Handling“ verantwortlich, der sie dann zu den Flugzeugen transportiert.

In allen drei Kernprozessen werden Mitarbeiter beschäftigt und ausgebildet, wird die Finanzierung der Investitionen sichergestellt und die Beziehungen zu Lieferanten gepflegt. Weil es sich bei diesen drei Aufgaben aus der Sicht von Gate Gourmet um Aufgaben handelt, die sehr spezialisiertes Fachwissen erfordern, entschied man sich, drei Gruppen von Personen zu bilden, die sich ausschliesslich mit diesen Aufgaben beschäftigen. Sie unterstützen die Kernprozesse nicht nur (können also nicht als reine Supportprozesse gesehen werden), sondern geben ihnen auch Anweisungen, wie sie diese Teilaufgaben für ihren Bereich durchführen sollen.

Gate Gourmet hat also erkannt, dass die Arbeitsteilung nach Kundengruppen zu einem Mangel an Spezialisten geführt hat. Genauso wie bei der reinen Typenbildung nach Funktionen ist die Gesamtsicht verloren gegangen. Es wird deshalb als sinnvoll erachtet, neben der Arbeitsteilung nach Kundengruppen eine zweite nach Funktionen vorzunehmen.

Die am Beispiel von Gate Grourmet dargestellte Organisationsform folgt zwei Prinzipien der Bildung von Geschäftsprozessvarianten: 1) Einerseits wird die Arbeit nach „Funktionen“ aufgeteilt und (2) andererseits nach Kundengruppen. Bei sehr grossen Unternehmen trifft man häufig sogar mehrdimensionale Formen an. Die UBS gliedert bspw. nach „Produktgruppen“, nach „Kundengruppen“, nach „Regionen“ und nach „Funktionen“. Das bedeutet für die Beteiligten z.B. folgendes: Eine Person oder eine Gruppe von Personen stellt in der „Kreditvergabe“ (Produkt) den

Kontakt zu den Kunden sicher (Funktion [z.B. Kundenberater]). Sie tut dies aber nur für „Grosskunden" (Arbeitsteilung nach Kundengruppen) und nur in der „Stadt Bern" (Region).

2.6 Rollen in Geschäftsprozessen

In jedem Geschäftsprozess, sind schliesslich die Menschen wichtig, die bei der Ausführung (Kern- und Supportprozesse) und bei der Führung (Managementprozesse) mit ihren fachlichen und sozialen Fähigkeiten dafür sorgen, dass Ziele erreicht werden. Der besonderen Problematik im Umgang mit Menschen, die zusammen ein (wirtschaftliches) Ziel erreichen wollen/sollen, widmet sich ein ganzes Fachgebiet: das Personalmanagement (engl. Human Resources Management). Es befasst sich nicht nur mit der Rollenverteilung in Geschäftsprozessen, sondern auch mit dem eingangs erwähnten Motivationsproblem. An dieser Stelle muss angesichts der Fülle von Erkenntnissen und Betrachtungsweisen die Beschreibung der Rollen (vgl. Definition 4) im Geschäftsprozess genügen.

Als Rolle bezeichnet man das faktische, mit einer Aufgabe verbundene, aus Erwartungshaltungen hervorgegangene Handlungsmuster, das der individuelle Aufgabenträger in Art und Weise beeinflussen kann (in Analogie zu Mintzberg (1975), S. 49).

Definition 4: Rolle.

Seit der Existenz komplexer Geschäftsprozesse im wirtschaftlichen Leben setzten sich unterschiedliche Ansichten über die effiziente und effektive Verteilung von Rollen auf Menschen in betrieblichen Abläufen durch. Seit der Industrialisierung und damit der Möglichkeit, Teilaufgaben zu automatisieren, wurde von den Produktivitätsvorteilen der extremen Arbeitsteilung profitiert. In produzierenden Betrieben erledigt jede Person nur noch eine ganz spezifische Aufgabe. Alle Fragen der Koordination und der Orientierung werden an Managementprozesse ausgelagert. Die Aufgabeninhalte sind dadurch sehr stark zerstückelt worden. Dieses

Prinzip (auch bekannt als Taylorismus)[91] der Effizienzsteigerung in mechanisierten Abläufen durch eine klare und umfassende Trennung zwischen Entscheidung (Kopfarbeit) und Ausführung (Handarbeit) hat verschiedentlich zu Problemen geführt. Die Entfremdung der Menschen von ihrer Arbeit führte zu zunehmender Unzufriedenheit. In den Dienstleistungsbranchen ist zudem aufgefallen, dass diese Trennung nicht unbedingt sinnvoll ist. Eine wichtige Eigenschaft von Dienstleistungen - und das unterscheidet sie von den meisten Produkten - ist es nämlich, dass die Dienstleistung erst im Kontakt mit dem späteren Verwender (Kunde) in seiner genauen Ausprägung definiert werden kann. Damit in diesem Umfeld die ausführende Person weiss, was der Kunde will, braucht es die Kommunikation mit den Kunden. Bei tayloristischer Arbeitsteilung heisst dies aber, dass die eine Person (der Entscheidungsträger) mit dem Kunden interagiert und das Resultat an eine zweite Person (die ausführende) weitergibt. In modernen Dienstleistungsbetrieben wurde verschiedentlich festgestellt, dass diese Form der Lösung des Koordinationsproblems zu langen Durchlaufzeiten, schlechter Qualität und hohen Kosten führt. Auch deshalb hat sich eine neue Sichtweise, die hier diskutierte Geschäftsprozessorganisation, durchgesetzt.

„Ein zentrales Element der Prozessorganisation ist (...) der horizontale Blick auf die Geschäftstätigkeit. Ziel ist es, zwischen Beschaffungs- und Absatzmarkt nach Möglichkeit durchgängige Prozesse ohne Schnittstellen zu gestalten."[92]

Durchgängige Geschäftsprozesse sollen, um die oben angesprochenen Koordinationsprobleme zu mindern, auch durchgängig von jeweils denselben Personen bearbeitet werden, damit möglichst keine Schnittstellen auftreten.

Wir finden bei der Betrachtung von Geschäftsprozessen deshalb insbesondere zwei Rollen: Den **Case Worker** oder das **Case Team** (auf

---

[91] Frederick W. Taylor (1856 bis 1915) hatte die grundlegenden Ideen zu diesem Prinzip formuliert und angewendet. Sein Name steht heute für das Prinzip.

[92] Osterloh/Frost (1994), S. 359.

Deutsch auch Prozessteam genannt) und den **Process Owner** (auf Deutsch auch Prozessverantwortlicher oder Prozesseigner genannt).

Die Ausführung eines Geschäftsprozesses wird je nach Umfang der Aufgabe einer Person (dem Case Worker) oder einer Gruppe von Personen (dem Case Team) übertragen. Das Case Team (resp. der Case Worker) ist aber nicht nur mit der Ausführung betraut, sondern ist auch berechtigt, alle Entscheidungen, die ausschliesslich den Geschäftsprozess betreffen, selbst zu treffen. Nach welchen Regeln also eine Leistung erbracht wird, bestimmen nicht Vorgesetzte, sondern der Case Worker für sich selbst oder das Case Team in gegenseitigem Einverständnis.[93] Selbstverständlich stösst das Prinzip an Grenzen, wenn (1) sich das Case Team nicht einigen kann oder (2) sich die Entscheidungen des Case Teams zwar kurzfristig nur auf den Geschäftsprozess, langfristig aber auch auf andere Geschäftsprozesse auswirkt.

Das Case Team eines Supportprozesses könnte sich z.B. dafür entscheiden, die Leistung nur noch minimal zu erbringen, damit mit den verfügbaren finanziellen Mitteln höhere Löhne bezahlt werden können. Dieses schadet vorerst nur den Kernprozessen, die jetzt schlechter unterstützt werden. Langfristig hat dies aber Auswirkungen auf die Zufriedenheit der Kunden und damit auf den Erfolg des Kernprozesses. Deshalb werden den Case Teams in Form von Regeln und Ressourcen Rahmenbedingungen gesetzt.

Kann sich das Case Team nicht einigen, so braucht es jemanden, der von aussen mit dem Problem betraut wird, und durch Vermittlung zur Einigung beitragen kann. Im Notfall muss sogar die Möglichkeit bestehen, dass von aussen Entscheidungen für das Case Team getroffen werden können.

Diese Rolle übernimmt der Process Owner. Er sorgt im Aussenverhältnis dafür, dass die Rahmenbedingungen für das Case Team geeignet definiert werden. Einerseits tritt er dabei als Informationsvermittler auf, der,

---

93 Hammer/Champy (1993) sprechen in diesem Zusammenhang von „Empowerment". Mitarbeiter erhalten mehr Macht, indem sie für den Prozess relevante Entscheidungen selber fällen und selbstverantwortlich handeln können.

in Abstimmung mit Process Owners anderer Geschäftsprozesse, für die Sinnhaftigkeit (Zielorientierung) der Rahmenbedingungen sorgt. Andererseits ist er aber auch als Vertreter des Case Teams zu sehen, der die Interessen des Teams ggü. externen Einflussgruppen geltend macht. In dieser Rolle als „Aussenminister“ vertritt er den Blick für die Gesamtheit aller Geschäftsprozesse.[94]

Im Innenverhältnis ist es seine Aufgabe, bei Entscheidungsproblemen vermittelnd einzugreifen. Er tritt als Moderator und Coach auf.[95] Damit er auch im schlechtesten Fall (wenn sich das Case Team nicht einigt) eingreifen kann, hat er Entscheidungs- und Weisungsrechte ggü. dem Case Team. Im Gegenzug ist der Process Owner aber auch für den Erfolg seines Geschäftsprozesses verantwortlich.[96] Wieviel von den Entscheidungsrechten ein Process Owner an sein Case Team abgibt, hängt einerseits von seinem Willen und Können und andererseits vom Wollen und Können des Case Team ab. Man spricht von einem autoritären Führungsstil, wenn der Process Owner durch Befehle und Kontrolle dafür sorgt, dass die Rahmenbedingungen eingehalten werden und von einem partizipativen Führungsstil, wenn das Case Team einen hohen Grad an Selbstbestimmung und Selbstkontrolle hat.

Die besonderen Schwierigkeiten der Führung eines Case Teams hängen unter anderem mit dem Kriterium der Arbeitsteilung zusammen. Wir haben gesehen, dass vor allem in Dienstleistungsprozessen eine Arbeitsteilung nach Kundengruppen sinnvoll sein kann, jene nach Funktionen dafür eher nicht. Dies führt aber dazu, dass im Case Team sehr unter-

---

[94] Vgl. Scholz/Vrohlings (1994), S. 31.

[95] Vgl. Osterloh/Frost (1998), S. 116.

[96] Verantwortlich heisst, dass der Process Owner den Erfolg des Geschäftsprozesses rechtfertigen muss. Im einfachen Fall von lesen.ch heisst dies, dass sich Christoph Bürgin ausschliesslich erfolgsabhängig bezahlt. Im etwas komplexeren Fall der BEKB muss der Verantwortliche des Geschäftsprozesses „Zahlungsverkehr Schweiz“ an die Geschäftsleitung berichten, wieviel diese Dienstleistung kostet und was sie bringt. Ist ein Konkurrent von ihm, bspw. der Process Owner desselben Geschäftsprozesses einer anderen Bank, besser, so kann es passieren, dass sich die BEKB dazu entscheidet, den Geschäftsprozess von der anderen Bank durchführen zu lassen.

schiedliche Menschen zusammenarbeiten. Das Case Team ist geprägt von

- unterschiedlichen Fähigkeiten,
- wechselseitiger Kontrolle,
- einem gemeinsamen Gruppenziel,
- mehreren Menschen mit unterschiedlichen Individualzielen,
- evtl. häufigem Face-To-Face-Kontakt, aber auf jeden Fall von häufiger Interaktion,
- evtl. partizipativer Kooperation und deshalb
- einem Zusammengehörigkeitsgefühl (Teamgeist) und
- einer eigenen Organisation (Regeln, Arbeitsteilung etc.).

In der Regel arbeiten die Mitglieder des Case Team über einen längeren Zeitraum hinweg zusammen.

Die Vorteile dieses Prinzips, das im Vergleich zum Taylorismus stärker auf Eigenverantwortung und Selbstorganisation aufbaut, sind die höhere Zufriedenheit der Beteiligten, eine bessere Ausrichtung auf die Bedürfnisse der Kunden (interne oder externe), höhere Qualität der Entscheidungen, kein Trittbrettfahren, geringere Widerstände bei der Umsetzung von Entscheidungen und schliesslich, trotz der Heterogenität der Gruppe, tiefere Koordinationskosten (geringere Einigungskosten). Es gibt aber auch Nachteile: Einerseits kommt es vor, dass der Teamgeist und die spezifische Organisation des Case Teams wertvolle Spezialisten ausgrenzen, weil sich alle übrigen Beteiligten einig sind, dass einer nicht ins Team passt. Weil also jemand die Spielregeln nicht einhält, wird er ausgegrenzt. Im schlechten Fall passiert dies, obwohl seine Ideen für die Zielerreichung nützlich wären (man nennt das auch Mobbing).[97] Zudem stellen sich ungünstige Situationen der folgenden Art ein: Entscheidet das Team, ohne all jene zu fragen, die gerade z.B. im Urlaub sind, so scheint dies vertretbar. Schiebt aber das Case Team eine Entscheidung absichtlich auf, bis ein „lästiges“ Teammitglied abwesend ist, so ist aus der partizipativen Führung ein Prinzip entstanden, das nicht mehr genügend gut

97 Darunter versteht man das systematische Ausboten einzelner Gruppenmitglieder von wichtigen Entscheidungen innerhalb der Gruppe.

dafür sorgt, dass die - gerade bei der Arbeitsteilung nach Kundengruppen erwünschte - Vielfalt an Meinungen und Ansichten berücksichtigt wird. Andererseits bedeutet partizipative Führung auch, dass alle Teammitglieder in den Entscheidungsprozess einbezogen werden müssen. Das braucht im allgemeinen mehr Zeit, als wenn jemand ohne vorgängige Diskussion selbst entscheiden kann.

Die hier beschriebene, klare Rollenteilung zwischen Process Owner und Case Team (resp. Case Worker) ist idealtypisch und in der Praxis oftmals nicht ganz so klar. Dennoch gehen viele Betrachter, und auch die Beteiligten selbst, von diesem klaren Bild aus. Mintzberg (1975) spricht deshalb vom Mythos der Managementrollen. Es können insbesondere die folgenden vier Widersprüche zwischen den Erwartungen und den faktischen Handlungen ausgemacht werden:[98]

1) Der Process Owner handelt als reflektierender, systematischer Planer. In der Praxis zeigt sich, dass die Arbeit von Process Owners durch Kürze, Vielfalt und Unstetigkeit geprägt ist. Lediglich 10% seiner Handlungen dauern länger als eine Stunde.

2) Der Process Owner ist von Routineaufgaben befreit. Er delegiert alles an das Case Team, ausser seiner Rolle als „Aussenminister", als Moderator und als Coach. In der Praxis beobachtete Process Owners neigen allerdings zu Tätigkeiten, die mit sichtbarer Geschäftigkeit verbunden sind.

3) Der Process Owner stützt sich bei seinen Handlungen auf aggregierte Information. In der Praxis ist es aber eher so, dass er in hohem Mass auf unterschiedliche Formen der verbalen Kommunikation vertraut. Es sind eher weiche Informationen (Klatsch, Gerede und Spekulationen), die seine Entscheidungen beeinflussen.

---

[98] In den folgenden vier Betrachtungen gehen wir davon aus, dass die Rollenbilder von Mintzberg (1975), die er allgemein zur Beschreibung der Rolle von Managern entwickelt hat, auf die Rolle des Process Owners (einer speziellen Managerrolle) übertragbar sind. Um sicher zu sein, ob dies zulässig ist, müsste die Untersuchung von Mintzberg (1975) mit Process Owners wiederholt werden.

4) Als Verantwortlicher für den Erfolg geht der Process Owner analytisch vor und handelt professionell. Wiederum zeigt die Praxis, dass er eher intuitiv und von subjektiven Urteilen geprägt handelt.

Rollen und die Verteilung von Rollen sind, auch wenn das Idealbild nicht immer erreicht wird, ein wichtiger Bestandteil von Organisation. Sie haben eine koordinative Wirkung, weil die Menschen durch sie einen grossen Teil ihrer Aufgabe erledigen können, ohne sich vorher mit anderen Menschen darüber zu unterhalten.

2.7 Weitere Beispiele

2.7.1 in4U AG

Die in4U AG entstand per 01.01.1999 in einem Management Buy Out aus der Volvo IT Lyss AG, welche eine 100%ige Tochter der Volvo IT AB war. Seit der Übernahme stieg der Personalbestand von 50 auf 70 Mitarbeiter.[99] Im Geschäftsjahr 1999 setzte in4U 14 Mio. CHF um.

Produkte/DL: Das Produktangebot der in4U umfasst IS-Produktion, Outsourcing, Software-Entwicklung, Händlersysteme (inkl. der dazugehörenden Dienstleistungen, der Einführung und dem Support) sowie Kommunikationslösungen. Intern ist die Groupware-Anwendung Lotus Notes eingeführt worden. Kernkompetenzen der in4U sind e-Business, Outsourcing, PC LAN und Navision Financials (speziell für KMUs geeignete Business Software).

Kunden: Dienstleistungen der Volvo IT AB wurden ausschliesslich internen Kunden angeboten. Nach der Ausgliederung von in4U in eine eigenständige Aktiengesellschaft werden die Leistungen sowohl für Volvo Importeure wie auch für andere Kunden (hauptsächlich KMUs, steigen-

[99] Die Angaben zu diesem Beispiel stammen aus Interviews vom 24. März / 9. Juni 1998 von Thomas Fux mit Patrick Truninger, dem stellvertretenden Qualitätsleiter der Volvo IT Lyss AG (vgl. auch Fux (1998)) und aus dem Interview vom 21. August 2000 von Alexandra Zaugg mit Herrn Roland Gygax, Partner Finance / Administration und Verwaltungsrat der in4U AG.

des Volumen) erbracht. Mit Ausnahme einer Unternehmung in Japan sind alle Kunden der in4U in Europa ansässig.

Konkurrenten: Durch die Eigenständigkeit ist die in4U dem freien Wettbewerb ausgesetzt. Zu ihrer Konkurrenz zählen hauptsächlich Schweizer IT-Unternehmen.

IT-Unterstützung: Alle lokalen Volvo-Importeure sind über ein unternehmenseigenes Computernetz mit dem Mutterhaus in Schweden verbunden. Auch heute noch hat die in4U Zugang zu diesem Netz. Auf IBM AS/400 und Windows NT und in Client-Server-Umgebungen finden verschiedene Anwendungen statt, wie z.B. Projektmanagement, Datenbanken, Programmierung kommerzieller Informationssysteme u.s.w. Die in4U ist zuständig für den Betrieb dieser Systeme. Das Unternehmen ist auf dem Internet durch eine eigene Website vertreten, und ein internes Web (Intranet) ist vorhanden. Mit einigen Importeuren wird elektronischer Datenaustausch (Electronic Data Interchange (EDI)) betrieben.

ISO: Seit der Erlangung des Qualitätszertifikats ist die Unternehmung bemüht, die Module des Prozessmanagements einzuführen und zu vervollständigen. Durch das starke Anwachsen des Personalbestands müssen die Geschäftsprozesse laufend überarbeitet werden. Zur Zeit der Untersuchung wurde das Qualitätsmanagement-Handbuch grundsätzlich überarbeitet und aktualisiert. Nach der Zertifizierung wurde ein starkes Nachlassen der ISO-Aktivitäten festgestellt. Vom Qualitätsleiter wird betont, dass man sich mit einer ISO-Norm nicht auf den Lorbeeren ausruhen darf, sondern ständig das System unterhalten muss. Total Quality Management (TQM) ist in der Einführungsphase. Dieses Führungsinstrument ist bedeutend umfassender als die Zertifizierung nach einer ISO-Norm. Insbesondere die Bereiche Führung, Personal, Kunden-Lieferanten-Beziehung sowie Umweltmanagement werden näher betrachtet. Die ISO-Zertifizierung wird als Ausgangspunkt für weitere Massnahmen betrachtet. Um der Konkurrenz immer einen Schritt voraus zu sein, ist ein neuer Prozess „Innovation und Technologiemanagement“ in Planung.

Prozessstruktur und –darstellung

Die in4U teilt ihre Geschäftsprozesse in drei Kategorien ein:

- Managementprozesse (Managementprozesse)
- operationelle Prozesse (Kernprozesse) und
- Supportprozesse (Supportprozesse)

Jeder Prozess ist mit einem Ablaufdiagramm dokumentiert, und pro Prozess wird mindestens eine Kennzahl erhoben, die zu Beginn der Dokumentation im Qualitätshandbuch definiert wird. Tabelle 2-5 zeigt die Prozessstruktur der in4U.

1	**Management-prozesse**	2	**Kern-prozesse**	3	**Support-prozesse**
1.1	Operational Planning	2.1	Operating	3.1	Human Resources incl. Training
1.2	Management Review	2.2	Helpdesk	3.2	Financial
1.3	Internal Organization Development	2.3	Change Request	3.3	Documentation / Data Management
1.4	Personell Objectives	2.4	Software Devel-opment	3.4	Procurement
1.5	Improvement / Error Management	2.5	Installation	3.5	Internal Audits
1.6	Quality Management Review	2.6	Education	3.6	Security Control
1.7	Innovation und Techo-logiemanagement	2.7	Sales		

Tabelle 2-5: Prozessstruktur der in4U.

Als Beispiel der Prozessdokumentation wurde der Kernprozess 2.4 (Softwareentwicklung) ausgewählt. Er umfasst 5 Phasen: Grob-Analyse, Detail-Analyse/Design, Entwicklung, Test und Implementation.

Er wird durch den Kernprozess 2.3 (Programmänderungsantrag) ausgelöst. Danach werden die Phasen nacheinander durchlaufen. In der letzten Phase (Implementation) wird bei Bedarf eine Schulung der entwickelten Software durchgeführt (Prozess 2.6). Prozess 2.5 (Installation) wird ebenfalls in der Implementationsphase ausgelöst. Der Prozess endet mit der Ablage der Dokumente im Projektordner.

Zu Beginn der Dokumentation des Prozesses 2.4 werden Messgrössen definiert.

Die Messgrössen sind:

- Kundenzufriedenheit gemessen an der Zufriedenheit des Kunden, der den Änderungsantrag gestellt hat.
- Abweichung vom erstellten Zeitplan.

Die Resultate der Messgrössen werden vom Prozessverantwortlichen an den Qualitätsbeauftragten rapportiert. Der Projektleiter ist in diesem Beispiel gleichzeitig Prozessverantwortlicher. Das Prozess-Team umfasst den Projektleiter, den Auftragssteller (Kunde) sowie einen oder mehrere Programmierer. Während des Prozesses finden verschiedene Reviews des Prozess-Teams statt (vgl. die Abbildungen auf den Seiten 100 bis 105).

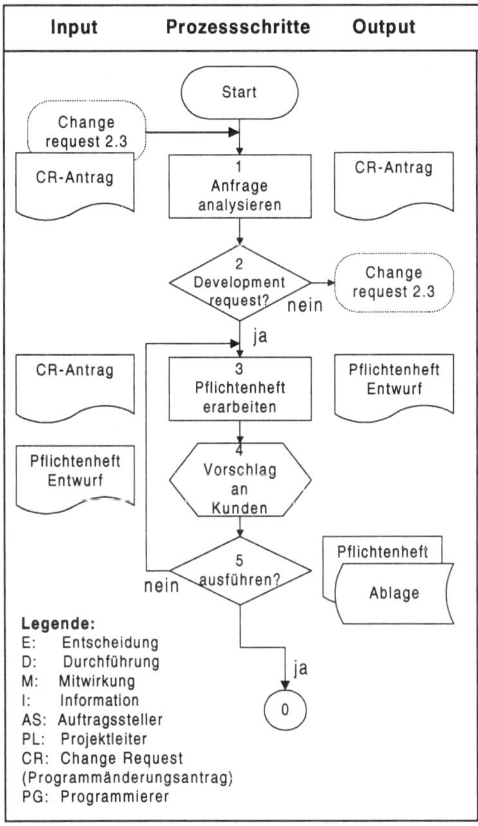

Nr.	Beschreibung	E	D	M	I
1	Lösungen erarbeiten: - Vorschläge - Varianten - Machbarkeit		PL	AS	
2	Change-/ oder Development request?	PL			AS
3	- Nummer und evtl. Projekt-code vergeben - Pflichtenheft Entwurf - Entwicklungsumgebung - Techn. Werkzeug		PL		AS
4	Prüfung des Pflichtenheftes und Zeitplans mit dem Kunden	AS	PL		
5	**Review A1** Der Kunde entscheidet, ob der Auftrag ausgeführt oder nochmals überarbeitet werden soll, und gibt das Pflichtenheft zusammen mit dem PL frei.	AS PL	AS	PL	

Abbildung 2-27: "Softwareentwicklung" bei der in4U (Teil 1).

Prozesscontrolling

Qualität: Quartalsweise stellt der Qualitätsleiter die Unterlagen für den Prozess 1.2 (Management Review) zusammen. Im Gegensatz zu vielen anderen Beispielen sind im Qualitätsbericht auch Finanzkennzahlen dokumentiert. Chancenmeldungen[100] sind ein weiterer Teil davon. Eine Chancenmeldung kann aus einer Kundenreklamation, einer Verbesserungsmassnahme oder aus einer Korrektur- oder Vorbeugemassnahme entstehen. In jedem Prozess sind Messgrössen implementiert. Bei diesen Kennzahlen handelt es sich meistens um Qualitätskennzahlen. Es ist die Aufgabe des jeweiligen Prozessverantwortlichen, diese Zahlen zu erfassen und sie beim Management Review zu rapportieren. Auditberichte sind ebenfalls Bestandteil der Unterlagen des Management Review. Durch interne Audits (Prozess 3.5) wird überprüft, ob die Mitarbeiter nach den Prozessvorgaben und den aktuellen Qualitätsmanagement-Dokumenten arbeiten und ob die eingeleiteten Verbesserungsmassnahmen eingehalten werden.

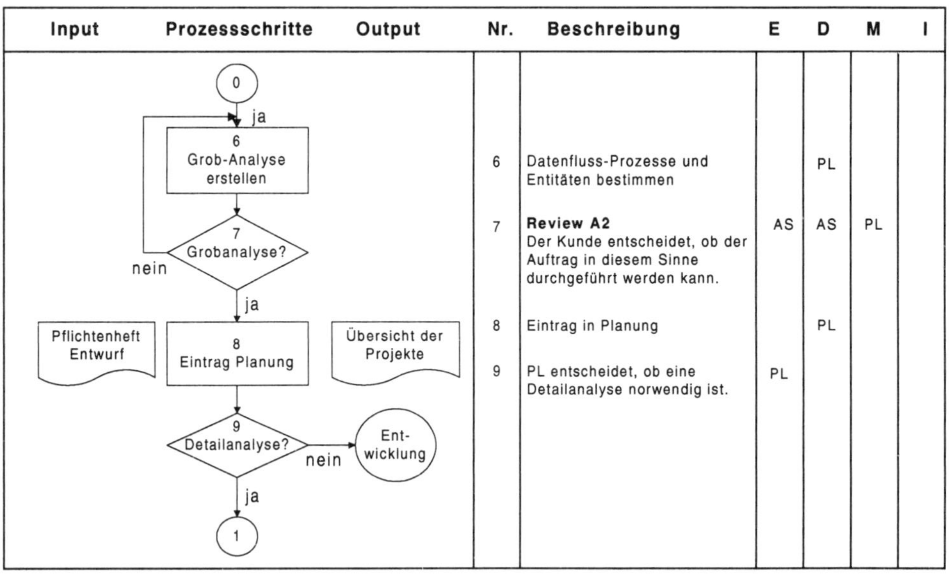

Abbildung 2-28: "Softwareentwicklung" bei der in4U (Teil 2).

[100] In anderen Unternehmen Fehlermeldungen genannt.

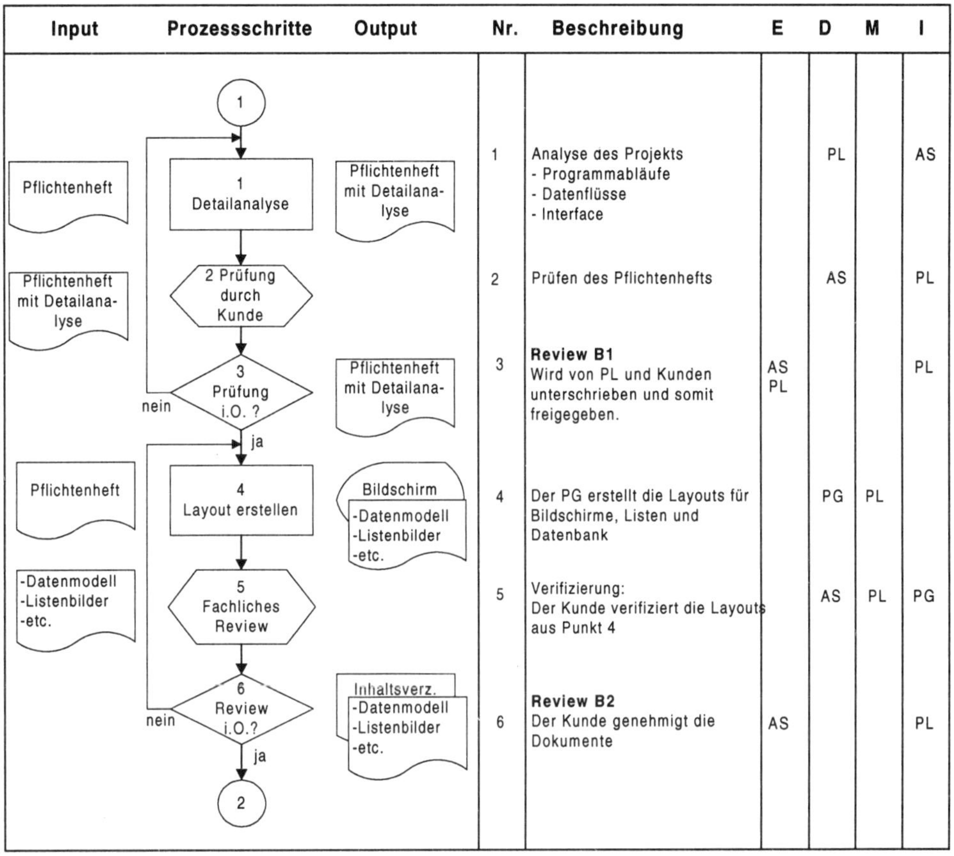

Abbildung 2-29: "Softwareentwicklung" bei der in4U (Teil 3).

Zeit: Neben den Prozesskennzahlen im Bereich Qualität sind ausserdem einige Kennzahlen über die Zielgrösse Zeit vorhanden. Auch diese Prozesskennzahlen müssen vom Prozessverantwortlichen quartalsweise an den Qualitätsleiter rapportiert werden. Beispielsweise wird im Prozess Change Request (Abänderung einer Applikation, Prozess 2.3) überprüft, ob die Fertigstellung nach der vereinbarten Zeit erfolgt.

Kosten: Projektkosten werden veranschlagt und nachkalkuliert. Die Auftragssumme ist jedoch keine feste Grösse, es wird nach Aufwand verrechnet. Früher musste mit festen Beträgen offeriert werden. Je eher mit festen Beträgen kalkuliert werden muss, desto mehr drängt sich die

Kenntnis von Prozesskennzahlen im Kostenbereich auf. Kosten werden projektweise erfasst, jedoch nicht auf Basis der Geschäftsprozesse. Es macht den Anschein, als würden die Kosten ein wenig unterschätzt.

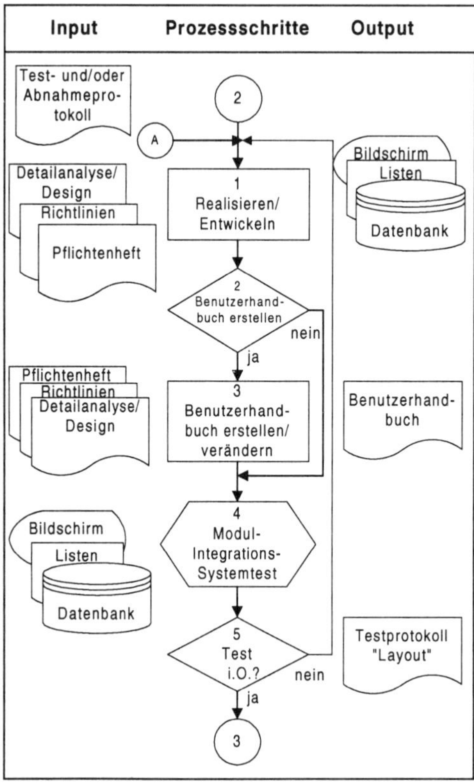

Nr.	Beschreibung	E	D	M	I
1	Umsetzen der Resultate aus Design in Objekte		PG	PL	
2	Benutzerhandbuch erstellen?	PG			
3	Ersetzen/Ändern des Benutzerhandbuches		PG	PL	
4	Testen der erstellten Objekte auf ihre Funktionalität	PG		PL	
5	**Review C** Interne Verifizierung auf Blatt "Layout" dokumentieren. Freigabe	PG		PL	

Abbildung 2-30: "Softwareentwicklung" bei der in4U (Teil 4).

Kundenzufriedenheit: Von der in4U werden Kundenumfragen durchgeführt. Die Resultate sind ebenfalls Bestandteil des Management Review.

Die in4U hat ihre Prozesse sehr gut dokumentiert. Die Evaluation findet durch regelmässige Abstimmung zwischen der Dokumentation und den Erfahrungen in den Projekten statt. Das Qualitätshandbuch ist übersichtlich aufgebaut. Die Implementierung einer kontinuierlichen Prozessverbesserung ist vorhanden. In jedem Prozess werden Kennzahlen erhoben, wobei es sich mehrheitlich um Outputgrössen und Relationen zum Input

(Outputmessgrössen) und selten um Messgrössen innerhalb des Prozesses (Prozessmessgrössen) handelt. Management Reviews werden quartalsweise durchgeführt. Mit 30 bis 40% des Zeitaufwandes einer Vollzeitstelle bewegt sich der Aufwand des Qualitätsleiters am oberen Ende der üblichen Werte. Ein positiver Punkt ist die Einführung von TQM. Die Zertifizierung wurde somit zum Ausgangspunkt für weitere Verbesserungsmassnahmen.

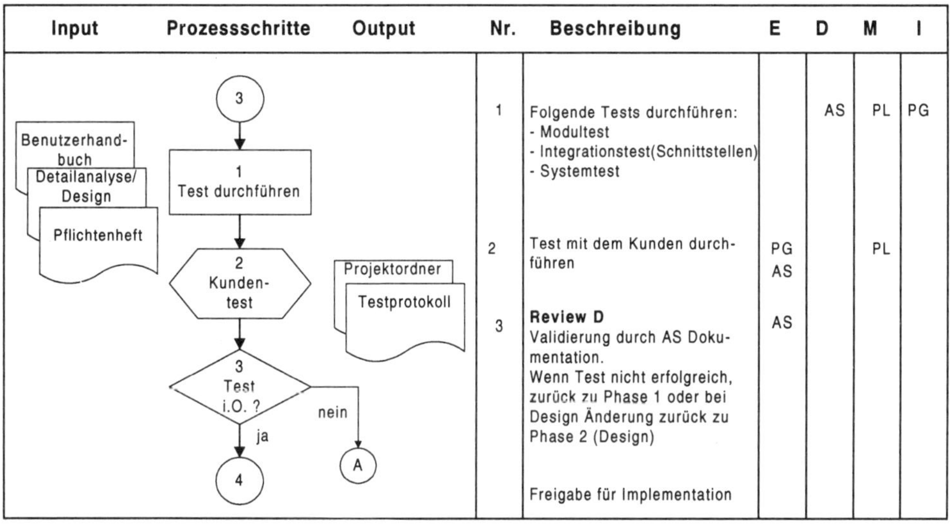

Abbildung 2-31: "Softwareentwicklung" bei der in4U (Teil 5).

Kritikpunkte gibt es wenige. Am meisten fallen die fehlende Darstellungen über die Interdependenzen der verschiedenen Geschäftsprozesse auf. Es gibt Unternehmen, die zu Beginn eines Prozesses mit Grafiken das Verhältnis und den Zusammenhang des Prozesses mit anderen Prozessen aufzeigen.

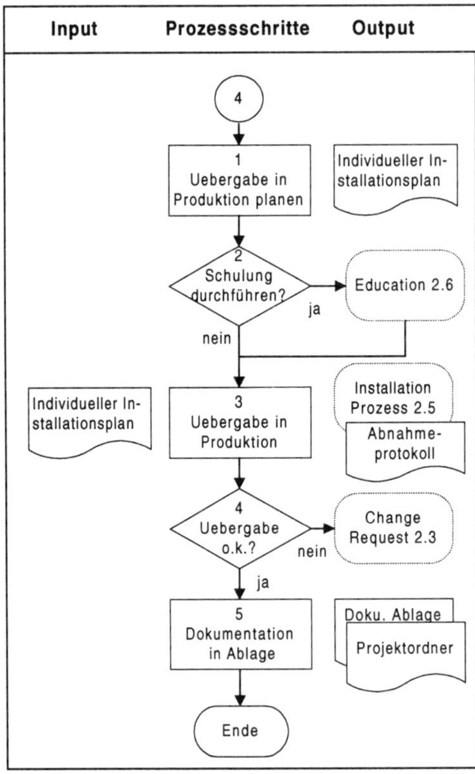

Nr.	Beschreibung	E	D	M	I
1	Individuellen Installationsplan erstellen.		PL	AS	
2	Bedarf für Schulung?	AS			PL
3	Das Projekt wird gemäss indiv. Installationsplan in Produktion eingeführt		PL	PG	AS
4	**Review E** Der Kunde bestätigt die erfolgreiche Uebernahme in Produktion	AS			PL
5	Archivieren der Dokumente in Ablage		PL		

Abbildung 2-32: "Softwareentwicklung" bei der in4U (Teil 6).

Ein Ausbau des bestehenden Prozesscontrollings und der Aufbau einer Prozesskostenrechnung ist zu befürworten.

Diskussion

Der Kernprozess Softwareentwicklung ist nicht sehr stark standardisiert. Dies liegt daran, dass die Aufgabe nicht gut strukturierbar ist. Die in4U hat deshalb Teilaufgaben definiert, die nacheinander durchgeführt werden. Nach jeder Teilaufgabe wird der Output auf seine Qualität überprüft. Dies sichert einerseits die Qualität, andererseits wird dem Geschäftsprozess damit eine gewisse Starrheit verliehen.

Soll z.B. eine neue Software für die Unterstützung des Supportprozesses „Procurement“ von Volvo weltweit erstellt werden, so sind daran ein paar Duzend Entwickler sowie interne Kunden beteiligt. Der Geschäftsprozess dauert vielleicht 12 Monate. Soll dagegen z.B. eine neue Software für den gegenseitigen Zugriff auf die Lagerbestände verschiedener Ländergesellschaften von Volvo Weltweit entwickelt werden, so braucht es dazu lediglich ein paar wenige Schnittstellen zu den bereits bestehenden Programmen. Wenige Entwickler können diese Schnittstellen aufgrund der Dokumentation der bestehenden Programme selbständig entwickeln. Im zweiten Fall lohnt es sich nicht, nach jeder Teilaufgabe im Geschäftsprozess umfangreiche Qualitätssicherung zu betreiben, und evtl. können ganze Teilaufgaben entfallen.

Wie könnte die in4U dieser Problematik des unterschiedlichen Umfangs begegnen?

2.7.2 Visura Treuhand Gesellschaft

Die Visura Treuhand Gesellschaft[101] ist eine grössere, nationale Beratungsgesellschaft, die in den klassischen Teilgebieten der Unternehmensberatung tätig ist. Als Partner der international tätigen Beratungsgesellschaft BDO verfügt das Unternehmen über ein gut ausgebautes Beziehungsnetz und kann dadurch auch internationale Mandate annehmen. 1997 wurde dem Namenszug der Ausdruck „BDO" vorangestellt. Mitte 2000 beschäftigt die BDO weltweit über 18'515 Mitarbeiter in 88 Ländern und setzte 1999 1.76 Mrd. US$ um. Sie ist damit die fünftgrösste Vereinigung von selbständigen, nationalen Wirtschaftsprüfungs- und Beratungsgesellschaften. Alle BDO-Mitglieder verpflichten sich, internationale Mandate nach einheitlichen Richtlinien und unter Beachtung hoher Qualitätsstandards zu bearbeiten. Der Dienstleistungsertrag der Visura Treuhand Gesellschaft stieg im Jahr 1999 um 9% auf 98 Mio. CHF, das stärkste Umsatzwachstum in den letzten 10 Jahren verzeichnet die Region Mittelland.

Ihre Aufgabe formuliert die Unternehmung wie folgt: „Kontinuierliches Wachstum im Treuhandgeschäft aus eigener Kraft und kompetenter Ansprechpartner für mittlere und kleinere Unternehmen sowie für Selbstän-

[101] http://www.visura.ch/

digerwerbende und die öffentliche Hand.“ Die Unternehmung hat sich auf Dienstleistungen für kleine und mittelgrosse Unternehmungen (KMU) spezialisiert und beschäftigt Mitte 2000 ca. 600 Personen. Der Hauptsitz ist in Zürich, 29 weitere Niederlassungen sind in der ganzen Schweiz zu finden.[102]

Produkte/DL: Die Visura Treuhand Gesellschaft ist in den Branchen Treuhand, Steuern und Recht, Wirtschaftsprüfung, Unternehmungs- und Informatikberatung tätig. Die Abteilungen „Treuhand“ und „Wirtschaftsprüfung“ machen mit je einem Drittel des Umsatzes den grössten Anteil der Dienstleistungen aus. 75% der Mandate im Treuhandbereich sind Dauermandate. Ein überproportionales Wachstum hat die Abteilung Unternehmensberatung verzeichnet, vorwiegend mit Dienstleistungen für mittelgrosse Unternehmen (Corporate Finance, Verkauf und Kauf von Unternehmen). Die Visura Treuhand Gesellschaft übernimmt neben Beratungsmandaten auch Outsourcing-Aufträge im Informatik- und Personalbereich bei Pensionskassen und Immobilienverwaltungen. Bei Einzelmandaten werden infolge nötiger Um- und Restrukturierungen häufig Coaching-Dienstleistungen nachgefragt. Die Unternehmung hat eigene Konzepte entwickelt wie einen Ansatz für die strategische Entwicklung, das Assessment Programm FOCUS oder den Lösungsansatz Visura direct mit der ABACUS Finanzbuchhaltung. Ausserdem schult die Unternehmung betriebliche Standard-Informationssysteme (SOKRATES, ABACUS), die sie selbst auch verwendet.

Kunden: Die Kunden der Visura Treuhand Gesellschaft stammen aus den Bereichen öffentliche Hand, öffentliche Verwaltung, KMU aller Grössen sowie Kleinstunternehmen der „freien Berufe“.[103] Die KMU machen mit 90% der Kunden den grössten Anteil aus. Von dieser Gruppe sind wiederum die mittelgrossen Unternehmen mit 16% der Kunden und über 50% des Umsatzes die wichtigsten. Insbesondere Unternehmen,

---

102 Die Angaben zu diesem Beispiel stammen aus zwei Interviews, die Thomas Fux am 18. März 1998 und am 21. Juni 1998 mit Dr. Raphael Laubscher, damaliger Qualitätsleiter der Visura Treuhand Gesellschaft, in Solothurn geführt hat (vgl. auch Fux (1998)).

103 Dazu zählt man Ärzte, Apotheker, Architekten u.s.w.

deren Anteile in Familienbesitz und deren Geschäftsführer gleichzeitig Familienmitglieder sind, sind wichtige Kunden der Visura Treuhand Gesellschaft.

Konkurrenten/Markt: Die Konkurrenten der Visura Treuhand Gesellschaft sind heterogen bzgl. Grösse und Absatzgebiet. Die Bandbreite reicht von Einzelunternehmungen über KMU der Beratungsbranche bis zu den international tätigen Beratungsgesellschaften. Der Markt ist, obwohl das Marktvolumen für Beratungsdienstleistungen z.Z. recht stark ansteigt, hart umkämpft. Bei Mandaten im Bereich der öffentlichen Hand werden mehrere Konkurrenzofferten eingeholt, ansonsten kann es sein, dass Mandate nach Aufwand verrechnet werden.

IT-Unterstützung: Seit 1999 verfügen alle PC Arbeitsplätze der Visura Treuhand Gesellschaft über einen Internet-Anschluss; sämtliche Niederlassungen sind miteinander vernetzt. Das Projekt „Intranet" ist ebenfalls angelaufen. Die Niederlassung Solothurn übernimmt für viele interne Projekte den Pilotversuch. Die Website der Firma wird eher als Public-Relations-Massnahme denn als Absatzkanal aufgefasst. „Beratungsdienstleistungen können nicht über Internet verkauft werden."[104] Die Visura Treuhand Gesellschaft verwendet ABACUS als betriebliches Standard-Informationssystem und SOKRATES als Zeiterfassungssystem. Für beide Softwarepakete existiert auch ein umfassendes Beratungsangebot für Kunden.

Qualitätsmanagement: Seit 1996 ist der Bereich Unternehmensberatung der Visura Treuhand Gesellschaft nach ISO 9001 zertifiziert. Gründe zur Zertifizierung gab es verschiedene. In den 80er Jahren wuchs die Unternehmung stark. Es ist für die Visura Treuhand Gesellschaft wichtig, dass gleiche Standards und Vorgehensweisen in den Niederlassungen gelten. Daneben wollte man die (Organisations-) Struktur der Unternehmung neu überdenken und mit dem Management von Prozessen die Basis für laufende Verbesserung der Geschäftsprozesse schaffen. Mit der Rezertifizierung im Jahr 1999 wurde eine grössere Revision des Systems realisiert.

---

[104] Aussage anlässlich eines Gesprächs mit Herrn Laubscher vom 19.6.1998.

Inzwischen hat die Visura Unternehmensberatung auch bei verschiedenen Kunden Qualitätsmanagement-Systeme erfolgreich eingeführt.

Prozessstruktur und –darstellung

Die Prozessstruktur ist in der Terminologie der Unternehmung in Prozessgruppen, Hauptprozesse und Teilprozesse unterteilt. Auf der untersten Stufe (Teilprozesse) sind rund 30 verschiedene Arbeitsabläufe grafisch und verbal beschrieben. Beim Hauptprozess „Dienstleistungen", dessen Teilprozesse die Kernprozesse des Unternehmens darstellen, werden 16 Teilprozesse definiert.

Das Qualitätshandbuch ist in die Prozessgruppen

- Managementprozesse,
- Leistungserbringungs-Prozesse,
- Mittel-Prozesse und
- unterstützende Prozesse

untergliedert.

Die Qualitätsmanagement-Prozesse sind der Prozessgruppe Management-Prozesse zugeordnet. Darunter fallen die Teilprozesse Qualitätspolitik, Qualitätsorganisation, Pflege Qualitätshandbuch und Anschlussdokumente, interne Audits, Fehlermeldungen, Reklamationen und Verbesserungen/Vorschlagswesen. Diese Zuordnung soll die Integration der Qualitätsbelange in den ordentlichen Führungsrhythmus fördern. Die Einteilung in die gewählten Prozessarten ist in Tabelle 2-6 ersichtlich.

1 **Management-prozesse**	2 **Kern-prozesse**	3 **Support-prozesse**
1.1 Zielsetzungs- und Planungsprozesse	2.1 Akquisition	3.1 Administration
1.2 Verantwortung der Leitung	2.2 Prozesse des Auftragsstarts	3.2 Informatikprozesse
1.3 Prozesse für den Unterhalt des Qualitätssystems	2.3 Projektmanagement	
1.4 Mitarbeiterführungsprozesse	2.4 Dienstleistungsspezifische Prozesse	
1.5 Prozesse mit Leistungen Dritter	2.5 Prozesse des Auftragsabschlusses	

Tabelle 2-6: Prozessstruktur der Visura Treuhand Gesellschaft.

Als Beispiel für einen „Dienstleistungsspezifischen Prozess“ (Prozess 2.4) wird der Prozess „Strategieberatung“ gewählt (vgl. Abbildung 2-33 und Abbildung 2-34). Er beinhaltet den Ablauf vom Eingang eines Auftrages zum Erstellen einer neuen Strategie bis zum Aufbau und der Definition von Controllinginstrumenten zur Überprüfung der neu erstellten Strategie.[105] Die Verantwortung für diesen, wie auch die übrigen fachspezifischen Prozesse, liegt bei den entsprechenden Produktgruppen, die für die Neu- und Weiterentwicklung von Dienstleistungen zuständig sind. Für dieses Beispiel zeichnet die Produktgruppe "Corporate Finance" für Aktualität und Wirksamkeit des Prozesses verantwortlich.

[105] Im Qualitätshandbuch der Visura Treuhand Gesellschaft sind nur ganz einfache Ablaufdiagramme dokumentiert. Es handelt sich hierbei um eine eigene Darstellung, die vom Qualitätsleiter auf ihre Richtigkeit überprüft wurde.

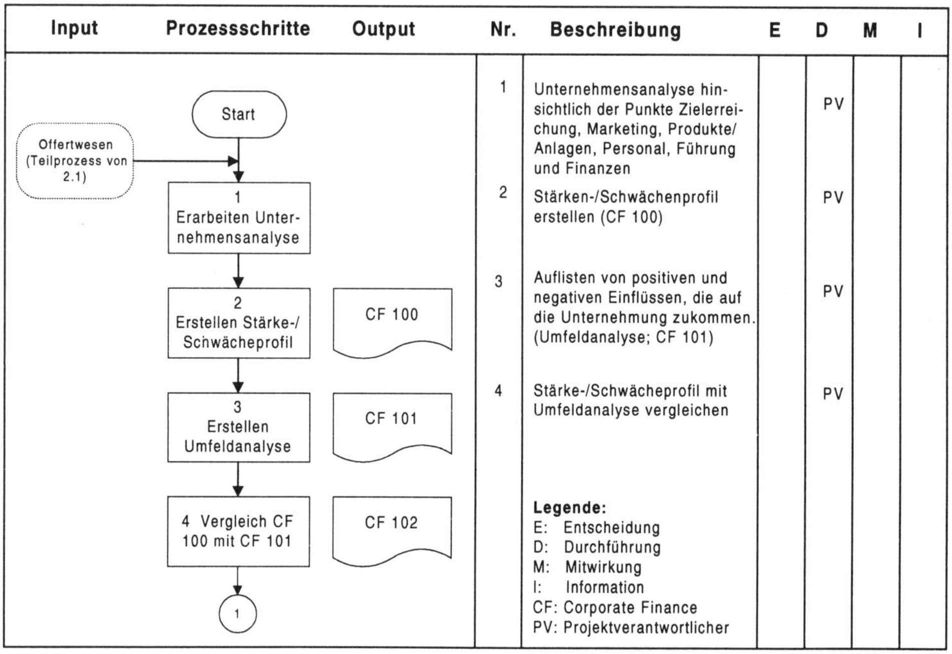

Abbildung 2-33: „Strategieberatung“ der Visura Treuhand Gesellschaft (Teil 1).

Prozesscontrolling

Qualität: Die qualitätsrelevanten Prozesse der Visura Treuhand Gesellschaft sind im Prozess 1.3 (Prozesse für den Unterhalt des Qualitätssystems) dokumentiert. Es handelt sich hierbei um die (von der Unternehmung genannten) Teilprozesse „Interne Audits“, „Fehlermeldungen“, und „Verbesserungen / Vorschlagswesen“. Die Ergebnisse dieser Prozesse fliessen als Qualitätsunterlagen in das Management Review, das anlässlich des Prozesses 1.1 (Zielsetzungs- und Planungsprozesse) einmal jährlich durchgeführt wird. Daraus ergeben sich Ziele für das nächste Jahr, die mittels Aktionsprogrammen implementiert werden. Eine Fortschrittskontrolle dieser Aktionsprogramme ist in den internen Audits nicht explizit formuliert. Qualitätsunterlagen sind ausserdem Kunden- und Mitarbeiterbefragungen sowie Kennzahlen aus der Deckungsbeitragrechnung.

Zeit: Mit Hilfe des Programmes SOKRATES kann eine Zeiterfassung sehr genau und fein untergliedert erfolgen. Der Einsatz von SOKRATES hat sich bewährt. Jederzeit stehen aktuelle und detaillierte Führungskennzahlen zu den Mitarbeitenden im Projekt und zum Mandat zur Verfügung. Auf der Ebene Projekt findet im Projekt Review eine Nachkalkulation statt, in der auch die Zeiten berücksichtigt werden. Kennzahlen zur Durchlaufzeit eines Prozesses oder der einzelnen Prozessschritte sind jedoch nicht vorhanden.

Input	Prozessschritte	Output	Nr.	Beschreibung	E	D	M	I
	1							
CF 100 CF 101	5 Erstellen Chancen-/ Risiko-katalog	Schlüssel-probleme	5	Chancen-/Risikokatalog erstellen und Schlüsselprobleme auflisten	PV			
	6 Erarbeiten Erfolgsprofil		6	-Wo will Unternehmung in X Jahren sein? -Welche Mittel werden dazu benötigt? -strategische Geschäftseinheiten definieren		PV		
	7 Abstimmen Organisation und Erfolgsprofil		7	Abstimmen von Organisationsstruktur, Finanzen, Anlagen/ Produkte, F&E und Marketing		PV		
	8 periodische Erfolgskontrolle		8	-Aufbauen und Definieren der Controllinginstrumente - Erstellen 5-Jahresplanung (Plan-Erfolgsrechnung, Plan-Mittelflussrechnung) -Durchführen Controllingprozess		PV		
	Ende							

Abbildung 2-34: „Strategieberatung" der Visura Treuhand Gesellschaft (Teil 2).

Kosten: Die Zeiten und damit auch die Kosten für einzelne Projekte werden sehr genau erfasst. Eine Nachkalkulation wird gemacht, jedoch auf Basis von Aufträgen und nicht Prozessen. Explizite Kennzahlen über Prozesskosten existieren nicht.

Kundenzufriedenheit: Kundenbefragungen werden mittels beigelegtem Fragebogen nach Auftragsschluss durchgeführt. Die Rücklaufquote beträgt dabei erfreuliche 50%. Interne Fehlermeldungen wie auch schriftliche Dokumentationen von Kundenreklamationen werden selten genutzt. In den Prozessen sind keine Qualitätskennzahlen definiert.

Der Bewertungsrahmen enthält einige Punkte, die ohne Ablaufdiagramme im Qualitätshandbuch meistens nicht explizit geregelt werden.[106] Bei der Prozessdarstellung wird bezweifelt, ob mit blossen Prozessbeschrieben die gewünschte Standardisierung der Geschäftsprozesse innerhalb der verschiedenen Niederlassungen erreicht wird. Kontrollorgane wie Prozessverantwortliche oder interne Prozess-Auditoren fehlen weitgehend. Der Qualitätsleiter betont, dass die Visura Treuhand Gesellschaft von Mitarbeitern, die als Unternehmer agieren, abhängig ist. Deshalb sei jeder Mitarbeiter „interner Unternehmer“ und als Projektmitarbeiter oder Mandatsbearbeiter selber für den ausgeführten Prozess verantwortlich. Diese Aussage ist gewiss wichtig, um eine ständige Verbesserung der Prozessperformance zu garantieren, sie erscheint aber als ungenügend. Die kontinuierliche Verbesserung ist Bestandteil jedes Qualitätsmanagementsystems. Prozesskennzahlen werden nicht systematisch erhoben. Der Qualitätsleiter weist darauf hin, dass die Unterschiedlichkeit der Kunden-Projekte die Definition von aussagekräftigen Prozessindikatoren, die über Kundenzufriedenheit und Termintreue ausgehen, ausserordentlich schwierig macht. In diesem Fall wäre es sinnvoll, mehrere Kernprozessvarianten zu bilden, um für jede Variante genauere Beschreibungen sowie Controlling-Instrumente einsetzen zu können.

Diskussion

Die Rolle des Prozessverantwortlichen hat sich in der Visura Treuhand Gesellschaft noch nicht durchgesetzt. Noch immer spricht man von Projektleitern, wenn man die dienstleistungsspezifischen Prozesse betrachtet.

Dies deutet darauf hin, dass der Kernprozess „Strategiebratung“ nicht als „Regelfall“, sondern als „Projektfall“ gedacht ist. Im Abschnitt 2.2.1 wird argumentiert, dass der Projektfall dazu da ist, einen „Einzelfall“ durchzuführen und diesen gleichzeitig so zu strukturieren, dass daraus

[106] Hierzu gehören insbesondere die Fragen des Moduls „Prozess-Beteiligte“.

ein „Regelfall" wird. Es kommt aber offenbar vor, dass absichtlich und bei jeder Durchführung eines Geschäftsprozesses von einem „Projektfall" ausgegangen wird.

Welche Eigenschaften der Aufgabe müssen gegeben sein, damit dies sinnvoll ist? Gibt es andere situationsspezifische Gegebenheiten (wie z.B. das Verhalten der Kunden), die zu einer derartigen Lösung des Koordinationsproblems beitragen?

2.7.3 Vitus Fux AG

Die Vitus Fux AG[107] wurde 1946 durch den heutigen Verwaltungsratspräsidenten Vitus Fux als Einmannbetrieb in Zermatt gegründet. In den ersten Jahren war der Gründer im Nebenamt tätig. Durch Kunstschlosserarbeiten ist daraus ein Vollamt entstanden. 1962 wurde der Firmensitz nach Visp verlegt und 1975 eine Aktiengesellschaft gegründet. Das Familienunternehmen wird heute von der zweiten Generation geleitet, beschäftigt Mitte 2000 rund 30 Mitarbeiter und setzte 1999 5 Mio. CHF pro Jahr um.[108]

Produkte/DL: Das Unternehmen produziert auf 3'000 m^2 Fläche hochwertige Produkte im Bereich Aluminium und Stahl. Seit fünf Jahren ist ein Blechbearbeitungszentrum mit CNC-Maschinen[109] als dritter Bereich dazu gestossen. Im Weiteren ist seit zwei Jahren ein hochmodernes CNC-Profilbearbeitungscenter in Betrieb. Der Abschluss eines mehrjährigen Vertrages mit der Automobilindustrie lastet diese Maschine zu 100% aus. Damit ist man dem Ziel, nicht nur von der Bauindustrie abhängig zu sein, einen grossen Schritt näher gekommen.

---

107 http://www.fuxvisp.ch/

108 Die Angaben zu den Abschnitten Porträt und Prozesscontrolling stammen von verschiedenen Gesprächen zwischen April und Juni 1998 von Thomas Fux mit Anton Fux, Geschäftsführer und Mitinhaber der Vitus Fux AG (vgl. auch Fux (1998)).

109 Computerized Numerical Control wird in der Fertigungsindustrie immer häufiger angewendet. Die CNC-Maschinen werden in der Vitus Fux AG online vom Technischen Büro gesteuert.

Den grössten Teil des Umsatzes erzielt die Unternehmung mit Aluminiumfassaden, -fenstern und -türen. Die Vitus Fux AG ist auch in der Herstellung von Bergrettungsgeräten tätig und liess schon einige Erfindungen patentieren. Die Unternehmung will in Zukunft als Zulieferant der Industrie Fuss fassen und dadurch weniger von Einzelaufträgen des Bauwesens abhängig sein.

Kunden: Die Kunden der Vitus Fux AG sind sehr heterogen. Das Spektrum reicht vom Einfamilienhausbesitzer über den Ladeninhaber bis zum Generalunternehmer für ein Grossprojekt. Die Unternehmung hat heute eine Grösse erreicht, bei der sie von grossen Aufträgen abhängig ist. Sie ist bei den Kunden bekannt für hohe Qualität zu marktgerechten Preisen. Die Kunden sind in der ganzen Westschweiz zu finden. Wieder häufiger sind Aufträge aus der ganzen Westschweiz und dem Mittellland.

Konkurrenz: Die Konkurrenz der Vitus Fux AG für den einheimischen Markt ist v.a. im Wallis ansässig. Die Unternehmung zählt mit vier anderen Unternehmungen zu den grössten Metallbaufirmen des Kantons. Die Wettbewerbsintensität der Branche ist sehr hoch, und bei vielen Aufträgen wird Preisdumping betrieben. Die Unternehmung führt nur Aufträge aus, bei denen Gewinnaussichten bestehen. Für regionale Grossaufträge hat sich die „Insel Wallis" gegenüber der schweizerischen Konkurrenz nicht behaupten können. Immer häufiger gewinnen Konkurrenten aus der übrigen Schweiz Aufträge im Wallis. Für Aufträge ausserhalb den Kantonsgrenzen ist mit Konkurrenz aus der ganzen Schweiz zu rechnen.

IT-Unterstützung: Die Unternehmung verfügt über branchenspezifische Software zur Unterstützung von Kalkulationen, Arbeitsvorbereitung, CAD[110] und CNC. Einige Maschinen in der Produktionshalle sind computergesteuert. Die PC-Arbeitsplätze sind nicht miteinander vernetzt. Seit kurzem verfügt die Unternehmung über eine eigene Website. Email als Instrument für Kunden- und Lieferantenanfragen wird immer häufiger benutzt, täglich findet ein reger Datenaustausch durch Email statt. Es kommt nicht selten vor, dass ganze Pläne über Email ausgetauscht wer-

---

110 Computer Aided Design (CAD) ist in der Metallbaubranche Standard bei der Erstellung von Bauplänen.

den, und umfangreiche Offertunterlagen der Architekten können neuerdings über Email bezogen werden.

ISO: Die Unternehmung ist seit drei Jahren zertifiziert und die erste Wiederholung der Zertifizierung steht kurz bevor. Die Zertifizierung wurde aus folgenden Gründen beschlossen: Erstens will man gegenüber den Interessengruppen verbriefte Qualität beweisen. Zweitens war die Zertifizierung ein willkommener Anlass, um betriebsinterne Abläufe zu durchleuchten und auf deren Aktualität und Effizienz zu überprüfen. Heute kann gesagt werden, dass viele Grossaufträge ohne ISO gar nicht eingegangen wären.

Prozessstruktur und –darstellung

Die Vitus Fux AG teilt ihre Geschäftsprozesse in die 5 Gruppen

- Führungs-,
- Mitarbeiter-,
- Leistungs-,
- Unterstützungs- und
- Verbesserungsprozesse

ein.

Mit wenigen Ausnahmen sind Prozesse im Qualitätshandbuch als Ablaufdiagramme dargestellt. Der Prozess „Management Review" ist im Führungsprozess „Unternehmensplanung" beschrieben. Alleinige Verantwortliche ist die Geschäftsleitung. Interne Audits und Korrektur- sowie Vorbeugemassnahmen sind den Verbesserungsprozessen zugeordnet worden. Der typische Qualitätsmanagement-Verbesserungskreislauf Qualitätsdaten, Qualitätsbericht, Management Review, Verbesserungsmassnahmen, Implementierung und Fortschrittskontrolle ist nicht direkt aus den Unterlagen im Qualitätshandbuch ersichtlich. Tabelle 2-7 zeigt die Einteilung der Geschäftsprozesse in die Gruppen Management-, Kern- und Supportprozesse.

1 **Management-prozesse**	2 **Kern-prozesse**	3 **Support-prozesse**
1.1 Unternehmensplanung	2.1 Offertwesen	3.1 Lager
1.2 Marketing	2.2 Auftragswesen	3.2 Unterhalt
1.3 Organisation	2.3 Technische Bearbeitung	3.3 Dokumente
1.4 Personal	2.4 Entwicklung	3.4 Archiv
	2.5 Beschaffung	3.5 Interne Audits
	2.6 Fabrikation	3.6 Korrektur- und vorbeugemassnahmen
	2.7 Montage	
	2.8 Kundendienst	

Tabelle 2-7: Prozessstruktur der Vitus Fux AG.

Die Abbildungen auf den Seiten 118 bis 121 zeigen das Ablaufdiagramm des Kernprozesses „Auftragswesen“. Dieser Prozess umschliesst gleichzeitig alle definierten Leistungsprozesse. Er wird mit einem Auftragseingang des Kunden initiiert und endet mit dem Zahlungseingang des Kunden.

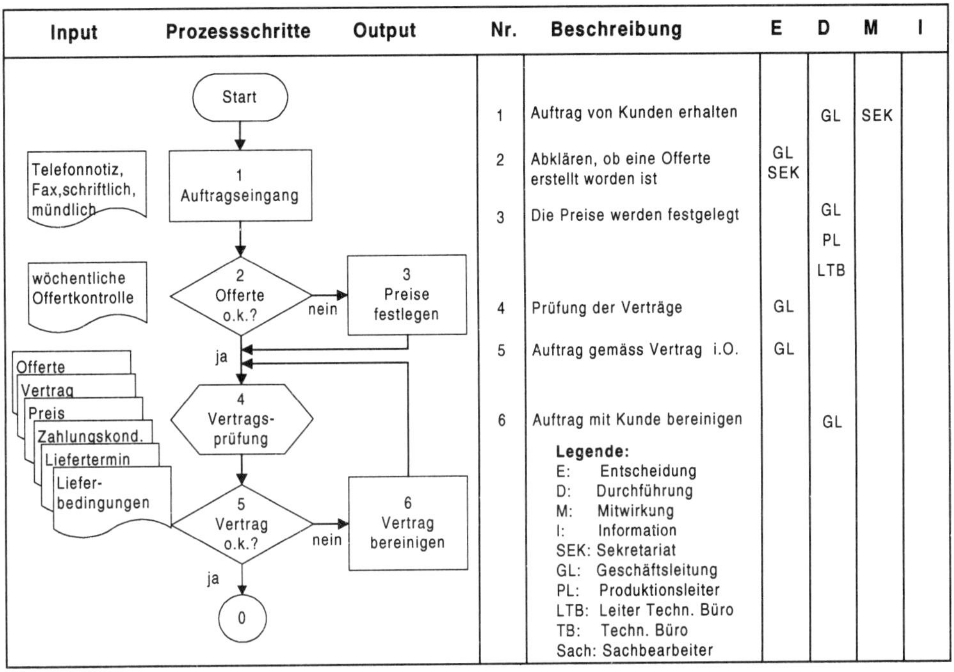

Abbildung 2-35: „Auftragswesen“ der Vitus Fux AG (Teil 1).

Prozesscontrolling

Qualität: Alle qualitätssichernden Massnahmen sind im Qualitätshandbuch dokumentiert. Interne Fehlermeldungen werden von den Mitarbeitern zu selten genutzt. Bei den Korrektur- und Vorbeugemassnahmen (Prozess 3.6) wird zwischen kurz- und langfristigen Massnahmen unterschieden. Die kurzfristigen Massnahmen sind solche, die direkt behoben werden müssen, während langfristige Massnahmen von der Geschäftsleitung anlässlich des Qualitätsberichtes jährlich in dem Review festgelegt werden. In den Qualitätsbericht fliessen die Daten aus der Kundenreklamation, den Fehlermeldungen, des Wareneingangs, des Verbesserungsvorschlagswesens und der internen Audits ein.

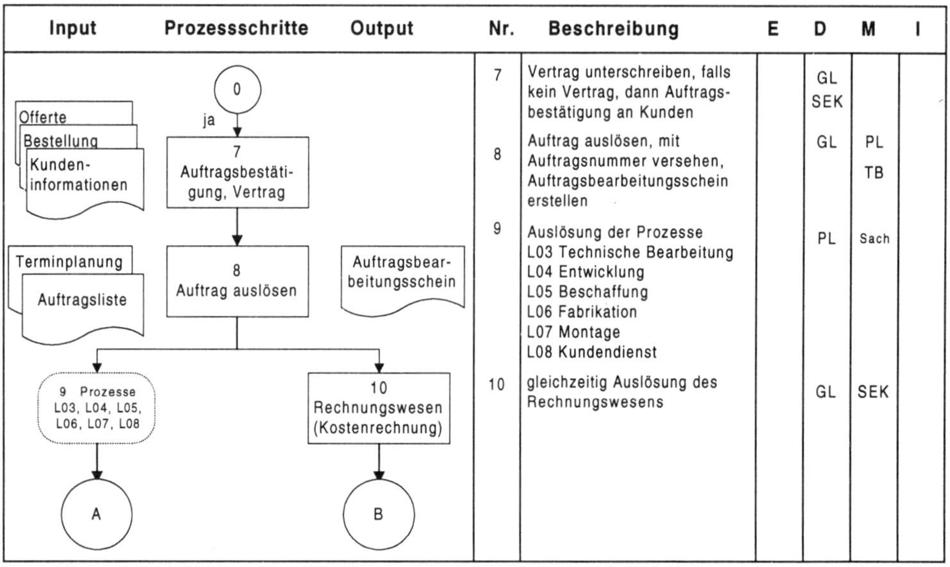

Abbildung 2-36: „Auftragswesen" der Vitus Fux AG (Teil 2).

Zeit: Bei Unternehmen mit Kundenaufträgen ist die Kenntnis der Abwicklungszeiten eines Auftrags sehr wichtig. Ist diese nicht vorhanden, so können Termine nicht eingehalten werden. Die Vitus Fux AG führt deshalb eine detaillierte Nachkalkulation aller Aufträge durch. Während eines Auftrages wird mit Meilensteinen der Auftragsfortschritt laufend überprüft. Auf Stufe Prozess sind die Durchlaufzeiten jedoch nicht bekannt. Für den Geschäftsleiter scheint es auch wenig Sinn zu machen, diese zu bestimmen, da jeder Prozessdurchlauf individuell ist.

Kosten: Die Vitus Fux AG führt eine sehr detaillierte Kostenrechnung, die in regelmässigen Abständen aktualisiert wird. Die Gemeinkosten werden mittels eines Betriebsabrechnungsbogen jährlich ermittelt. Die Gemeinkosten-Zuschlagssätze sind somit für alle Kostenstellen bekannt und werden in der Vorkalkulation verwendet. Leider ist es aber in der heutigen Marktsituation oft nicht möglich, alle Gemeinkosten auf den Auftrag abzuwälzen. Eine Prozesskostenrechnung existiert nicht und ist auch nicht vorgesehen.

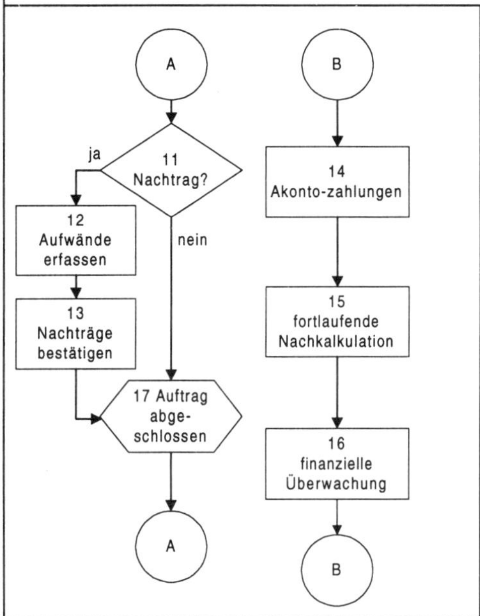

Nr.	Beschreibung	E	D	M	I
11	Entscheid, ob Nachtragsauftrag; Besprechung mit Kunden	SB			
12	Erfassen der Aufwände		GL PL LTB		
13	Alle Nachträge und Änderungen werden sofort schriftlich bestätigt		GL PL		
14	Teilzahlungsgesuche stellen (Vertrag, Auftragsbestätigung)		GL		
15	wöchentliche Buchung in die Kostenrechnung (Wochenzeitkarten, Lieferantenrechnungen)		GL	SEK	
16	Auftrag anhand von Kostenrechnung und Fortschritt laufend überwachen und gegebenenfalls Massnahmen ergreifen		GL		
17	Kontrolle, ob Auftrag abgeschlossen	GL			

Abbildung 2-37: „Auftragswesen" der Vitus Fux AG (Teil 3).

Kundenzufriedenheit: Kundenumfragen wurden zwar durchgeführt, jedoch nicht in regelmässigen Abständen.

Die Instrumente des Prozessmanagements sind weitgehend vorhanden, werden aber nicht mit voller Konsequenz eingesetzt. Ein Grund dafür kann sein, dass das Qualitätsmanagementsystem erst seit kurzem existiert und die Mechanismen des Qualitätsmanagement noch nicht eingespielt sind. Es ist wichtig, dass alle Unternehmungsmitglieder ständig Anstrengungen unternehmen, um das Qualitätsmanagementsystem zu „warten". Die Kosten und die Zeit scheint die Unternehmung gut im Griff zu haben, nicht zuletzt dank einer sorgfältig vorgenommen Kalkulation. Die Prozesskostenrechnung drängt sich als Ausweitung der Kostenrechnung auf. Bei der Kundenzufriedenheit kann noch mehr getan werden. Unregelmässig durchgeführte Umfragen genügen nicht.

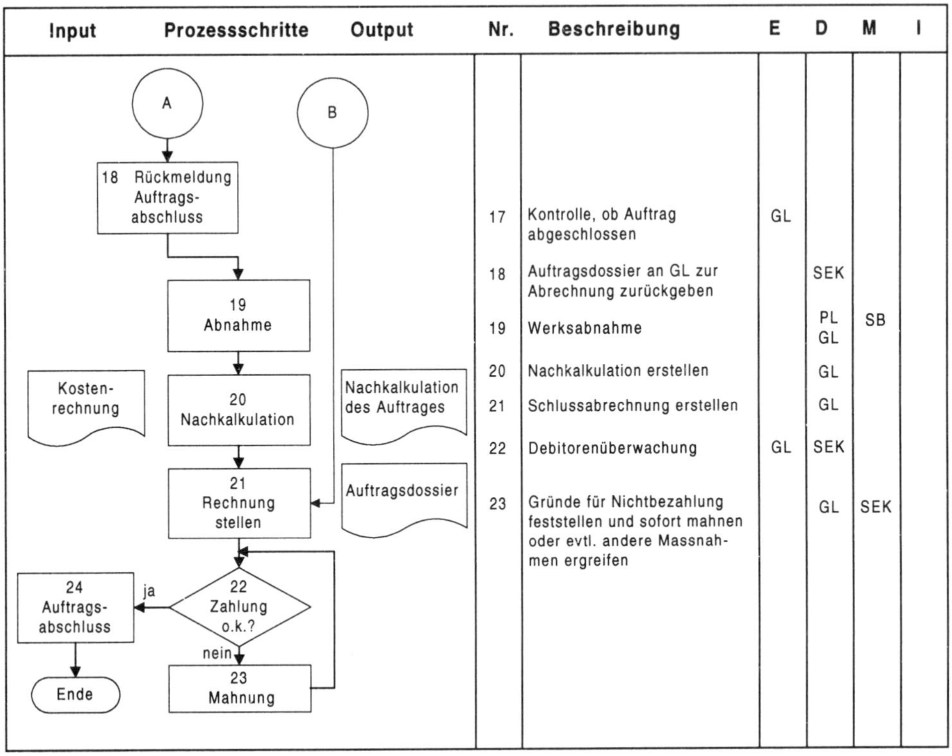

Abbildung 2-38: „Auftragswesen" der Vitus Fux AG (Teil 4).

Diskussion

Es ist für einen Handwerksbetrieb nicht untypisch, dass der Datenfluss vom Prozessteam zu den Prozessverantwortlichen durch eine Reihe von Medienbrüchen[111] gekennzeichnet ist. Im Beispiel der Vitus Fux AG begegnet man diesem Problem mit einer Reihe von Teilaufgaben, die dafür sorgen, dass keine Daten verloren gehen: Schritt 12: Aufwände erfassen, Schritt 13: Nachträge bestätigen, Schritt 20: Nachkalkulation.

Der Aufwand für die Dokumentation zum Zweck der korrekten Verrechnung und Rechnungslegung ist dadurch bereits sehr gross. Wollte man

[111] D.h., Daten werden z.B. von einer Person auf Papier erfasst und von einer zweiten in ein Computersystem eingegeben.

mehr Information über die Kundenzufriedenheit sowie mehr Daten aus der Prozessausführung sammeln, um daraus für künftige Aufträge zu lernen, müsste im Prozessteam noch mehr dokumentiert werden (Schreibarbeit ist nicht der Aufgabenbereich, den Handwerker bevorzugt erledigen). Die Beteiligten am Geschäftsprozess sind aber offenbar mit ihren täglichen Aufgaben bereits genügend belastet. Sie konzentrieren sich auf die Wissensgebiete, die zur direkten Leistungserstellung am wichtigsten sind.

Was würden sie tun, um die Daten zu sammeln, ohne dadurch das Prozessteam zusätzlich zu belasten?

2.7.4 Armit AG

Die Armit AG[112] wurde durch den früheren Firmeninhaber und ehemaligen Geschäftsführer 1974 gegründet.[113] In den letzten Jahren ist der Personalbestand kontinuierlich angestiegen und beträgt Mitte 2000 144 Mitarbeiter (Vollzeitäquivalente). 1989 wurde der Unternehmensbereich „Fassadenreinigung" ausgegliedert und die unabhängige Firma Armit Fassaden AG gegründet. Der Grund für diesen Entscheid war ein möglicher Verkauf dieses Bereiches. Der Verkauf kam aber nicht zustande. Im Sinne der Nachfolgeregelung wurde die Armit AG 1998 in die Struktur der Polygena-Gruppe integriert (Holding, bestehend aus sechs Unternehmen).

Bei näherer Betrachtung des Personalstamms fällt auf, dass nur etwa 5% der Mitarbeiter Schweizer sind. Die Gründe sind das eher schlechte Image der Reinigungsbranche sowie unterdurchschnittliche Löhne in dieser Branche. Das Unternehmen hat seinen Hauptsitz in Zürich und unterhält eine Filiale in Bern. Sowohl das Profit Center in Bern als auch das Profit Center in Zürich sind ISO 9002 zertifiziert. Da das Unternehmen stark prozessorientiert ist, wurden die Minimalanforderungen weit

---

[112] http://www.armit.ch/

[113] Die Angaben zu diesem Beispiel stammen aus einem Interview von Thomas Fux mit Herrn Müller, Firmeninhaber und Geschäftsleiter, am 10. Juni 1998 bei der Armit AG in Zürich (vgl. auch Fux (1998)).

übertroffen. Die geplante Zertifizierung im Februar 2001 nach ISO 9001 ist nur noch Formsache. 1999 betrug der Umsatz 9.4 Mio. CHF.

Produkte/DL: Die Firma bietet eine breite Palette von Dienstleistungen der Gebäudepflege an. Es werden die Geschäftsbereiche Unterhaltsreinigung, Mehrbereichsreinigung, Betonsanierung, Fassadenrestaurierung, Natur- und Kunststeinsanierung und Sprayschutz unterschieden. Die Unterhaltsreinigung macht mit 75% Umsatz den weitaus grössten Anteil aus, mit weiter steigender Tendenz.

Kunden: Der Kundenstamm ist heterogen. Banken und Versicherungen (30%), die Öffentliche Hand (20%), Immobiliengesellschaften / Wohn- und Interessensgenossenschaften (25%) sowie Industrie / Gewerbe (20%) sind die wichtigsten Kundengruppen der Unternehmung. Über die Hälfte der Aufträge sind Daueraufträge, die, vorausgesetzt die Leistung stimmt, jährlich erneuert werden.

Konkurrenten/Markt: Die Eintrittsbarrieren sind mit Ausnahme der Spezialreinigungen (z.B. Aluminiumfassaden) gering. Die Anzahl der Reinigungsunternehmen ist in den letzten Jahren gestiegen, insbesondere die Einpersonenbetriebe. Viele grössere Firmen haben im Zuge des Lean Managements das Gebäudemanagement (Facility Management) ausgelagert. Das Marktvolumen für die Gebäudereinigungen als Teil des Gebäudemanagements ist deshalb steigend. Im europäischen Vergleich ist der Anteil der professionellen Reinigung am Gesamtvolumen in der Schweiz noch sehr klein. Da die Armit AG im Bereich Baureinigung und Umbaureinigung tätig ist, unterliegen ihre Geschäfte nur geringen konjunkturellen Schwankungen (auch während der Rezession gibt es immer Umbauten). Die Aussichten beurteilt Herr von Bergen[114] als gut bis sehr gut.

IT-Unterstützung: Die momentan aufgeschaltete Web Site ist als Provisorium zu betrachten. Im Herbst 2000 wird der Internet-Auftritt der Armit AG vollständig überarbeitet sein. Neu wird die Firma auch in den E-commerce-Bereich einsteigen. Der Firmenkunde hat die Möglichkeit,

[114] Herr von Bergen ist seit 1999 Geschäftsleiter der Armit AG; Das Interview von Alexandra Zaugg mit Herrn von Bergen fand am 21.8.2000 bei der Armit AG in Bern statt.

online eine Offertanfrage einzureichen (standardisiertes Eingabeformular mit Richtpreisen). Herr von Bergen sieht damit die Möglichkeit, vermehrt Privatpersonen anzusprechen. Dank den tieferen Kosten werden so auch Privatkunden rentabel (machen momentan nur 5% des Umsatzes aus). Es ist vorgesehen, dass die einzelnen Unternehmensbereiche mit der Email-Adresse des Verantwortlichen eine eigene Seite erhalten. Während den Bürozeiten soll jede eingegangene Nachricht innert zwei Stunden beantwortet werden. Mit den Lieferanten verbindet man sich gegenseitig durch Links.[115] Ein Intranet ist im Moment nicht vorgesehen. Die 20 PC-Stationen der Armit AG sind intern vernetzt. Man verfügt über ein spezielles Terminmanagement-Programm sowie über weitere branchenspezifische Lösungen. Geplant ist eine neue Telefonanlage und ein neues Netzwerk.

ISO: Schon früh war die Geschäftsleitung der Meinung, dass ein schriftliches Führungsinstrument unerlässlich sei. Deshalb hat man bereits in den Gründerjahren ein Organisationshandbuch (OHB) erstellt. Als anfangs der 90er Jahre die „Zertifizierungswelle“ die Schweiz erfasste, haben sich mehrere Reinigungsunternehmen vor der Armit AG zertifizieren lassen. Nach einem Gespräch mit einem Berater beschloss man 1995, ein Qualitätszertifikat (ISO 9002) zu erlangen. Im Februar 2001 ist die Zertifizierung nach ISO 9001 geplant. Durch das vorhandene Organisationshandbuch war der Aufwand kleiner als bei anderen Unternehmen. Im Qualitätshandbuch findet man noch in der jetzigen Version viele Hinweise auf das Organisationshandbuch.

Prozessstruktur und –darstellung

Die Armit AG benennt ihre Geschäftsprozesse unter Wegfall einiger Kapitel nach den 20 Normkapiteln.

Tabelle 2-8 zeigt die Einteilung der Geschäftsprozesse der Armit AG in die Prozessarten Management-, Kern-, und Supportprozesse.

---

[115] Links sind als Begriff im Internetumfeld Verweise auf andere Internetadressen, die man durch Anklicken aktivieren kann.

1 Management-prozesse	2 Kern-prozesse	3 Support-prozesse
1.1 Verantwortung der obersten Leitung	2.1 Prozesslenkung	3.1 Lenkung der Dokumente und Daten
1.2 Qualitätsmanagement-system	2.2 Offert- und Vertragsüberprüfung	3.2 Kennzeichnung und Rückverfolgbarkeit von Produkten
	2.3 Lenkung der vom Kunden beigestellten Produkte	3.3 Prüfung
		3.4 Lenkung fehlerhafter Produkte
		3.5 Korrektur- und Vorbeugemassnahmen
		3.6 Interne Qualitätsaudits
		3.7 Beschaffung

Tabelle 2-8: Prozessstruktur der Armit AG.

Der Prozess 3.7 (Beschaffung) wird unterteilt in Beschaffung von Zulieferanten und Beschaffung von Bau- und Betriebsmaterial. Die Abbildungen auf den Seiten 126 und 127 zeigen das Ablaufdiagramm des Prozesses der Beschaffung von Bau- und Betriebsmaterial.
Ein Materialbedarf ist die Auslösung des Prozesses. Nach der Erstellung eines Materialplans wird entschieden, ob das Material an Lager ist oder bezogen werden muss. Bei externem Bezug werden mehrere Offerten eingeholt. Der Auftrag wird sodann einem Lieferanten zugesprochen und bei Materialeingang eine Eingangsprüfung vorgenommen. Bei Mängeln wird eine Qualitätsmeldung ausgefüllt und der Lieferant neu bewertet, ansonsten bleibt seine Einstufung gleich. Die Ware wird ins Inventar aufgenommen und im Lager bereitgestellt.

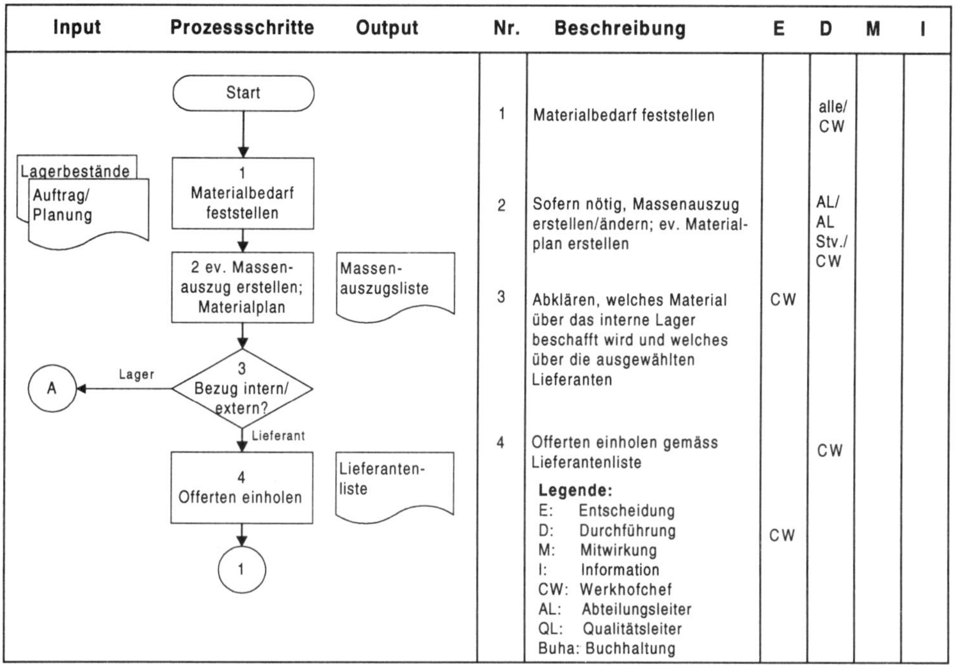

Abbildung 2-39: „Beschaffung Bau-/Betriebsmaterial" der Armit AG (Teil 1).

Prozesscontrolling

Qualität: Der Qualitätsbericht, der quartalsweise vom Qualitätsleiter verfasst wird, enthält die Auswertungen der eingegangenen Qualitätsmeldungen. Fehlermeldungen, Kundenreklamationen, Änderungsanträge und Verbesserungsvorschläge werden auf dem Formular „Qualitätsmeldung" erfasst. Aufgrund des Qualitätsberichtes werden Checklisten für interne Audits erstellt, die entweder vom Qualitätsbeauftragten persönlich, vom Qualitätsleiter oder vom zuständigen Linienvorgesetzten durchgeführt werden. Nötige Sofortmassnahmen werden direkt veranlasst. Bei Kundenreklamationen, die als gravierend eingestuft wurden, erhält der Kunde im Anschluss an die interne Behandlung seiner Beanstandung eine Kopie der intern beschlossenen Massnahmen. Die Lieferantenbewertung findet ebenfalls auf Basis der Qualitätsmeldungen statt. Treffen keine negativen Qualitätsmeldungen ein, wird der Lieferant nicht bewertet und seine Leistungen gelten als einwandfrei. Die Lieferanten werden betreffend ihrer Leistungen in Qualitätscodes eingestuft.

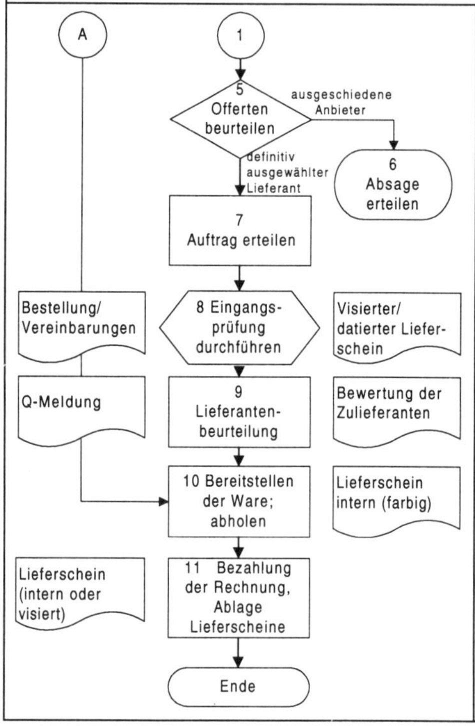

Nr.	Beschreibung	E	D	M	I
5	Preisvergleiche anstellen; Offerten beurteilen	CW			
6	Absagen erteilen an ausgeschiedene Anbieter		CW		
7	Auftrag erteilen (ab sFr. 500.- schriftlich)		CW		
8	Eingangsprüfung vornehmen; visierter Lieferscheinung an Buchhaltung/Sekretariat weiterleiten	CW			
9	Lieferanten beurteilen		CW QL		
10	Ware im Lager bereitstellen; intern beschafftes Material abholen		CW/ Be-steller		
11	Bezahlung der Rechnung; Ablage Lieferschein im Ordner		Buha /CW		

Abbildung 2-40: „Beschaffung Bau-/Betriebsmaterial" der Armit AG (Teil 2).

Zeit: Jeder Auftrag ist mit einem exakten Zeitbudget versehen. Auf Basis von Vorgabezeiten wird kalkuliert. Jedem Mitarbeiter wird zu Beginn eines Arbeitstages mitgeteilt, welche Tätigkeiten er zu verrichten hat und welche Zeit ihm dafür zur Verfügung steht. Budgetierte und tatsächliche Bearbeitungszeiten werden täglich in einer Tabelle nachgetragen, so dass der Auftragsleiter jederzeit die Übersicht hat, wie es mit seinem Auftrag läuft. Durchlaufzeiten auf Basis der Geschäftsprozesse werden jedoch nicht erfasst.

Kosten: Am Schluss eines Auftrages wird eine exakte Nachkalkulation ausgeführt. Wenn man dabei feststellt, dass die Vorgabezeiten unterschritten wurden, so werden die Einsparungen nach folgendem Schlüssel verteilt: Ein Drittel der Einsparungen erhält das Ausführungspersonal, ein Drittel der Abteilungsleiter und ein Drittel verbleibt in der Erfolgsrechnung der Unternehmung. Dieses Anreizsystem sorgt einerseits für die Motivation der Mitarbeiter und bedingt andererseits, dass die Kosten genau bekannt sein müssen. Es ist auch schon vorgekommen, dass bei sehr positiven Ergebnissen eines Auftrages Rückvergütungen an die Kunden vorgenommen wurden. Bei Qualitätsmeldungen wird am Schluss auch eine Kostenschätzung der zu treffenden Massnahmen durchgeführt. Linienvorgesetzte bearbeiten die Aufträge in ihren Abteilungen von der Offertstellung bis zur Abrechnung selbständig.

Kundenzufriedenheit: Nach Beendigung eines Auftrages wird von den Parteien ein Abgabeprotokoll ausgefüllt, was eine erste Kontrolle der Kundenzufriedenheit ermöglicht. Jährlich werden alle Kunden durch eine schriftliche Umfrage über ihre Zufriedenheit befragt. Mit durchschnittlich 60% ist die Rücklaufquote sehr hoch. Die Auswertung der Umfragen ergab bisher positive Ergebnisse.[116] Bei grosser Unzufriedenheit eines Kunden besucht ihn der Geschäftsleiter persönlich. Die Resultate der Umfrage werden durch die Geschäftsleitung verarbeitet und sind nicht Bestandteil des Qualitätsberichtes, wie dies bei vielen anderen Unternehmen der Fall ist.

Die Armit AG führt ihr Qualitätsmanagementsystem vorbildlich. Gründe dafür könnten sein, dass das Qualitätshandbuch wesentlich auf dem Organisationshanbuch aufgebaut ist, welches schon seit den Gründungszeiten besteht. Rollen und Delegation innerhalb der verschiedenen Hierarchiestufen und „Empowerment"[117] sind fortgeschritten. Das Prozesscont-

---

[116] Zu beachten ist hier, dass schriftliche Umfragen meistens ein zu positives Bild zeigen, da unzufriedene Kunden seltener einen Fragebogen (sie wechseln den Lieferanten) ausfüllen als zufriedene.

[117] Mitarbeiter erhalten mehr Macht, indem sie für den Prozess relevante Entscheidungen selber fällen können und selbstverantwortlich handeln können (vgl. Hammer/Champy (1993)).

rolling wird zwar nicht exakt auf Stufe Prozesskosten und Teilprozesskosten durchgeführt, Zeit-, Kosten-, und Qualitätsmessgrössen sind jedoch bekannt und für weitere Aktivitäten verwendbar. Bei Auftragsabschluss wird der Auftrag nachkalkuliert, der Geschäftsleiter erhält einen Report und kann bei grossen negativen bzw. positiven Abweichungen entsprechende Massnahmen treffen. Entscheidungsbefugnisse werden so weit wie möglich delegiert, wodurch der Geschäftsleiter von vielen Arbeiten entlastet wird. Das Reklamations- und Terminmanagement wird ebenfalls als sehr gut bewertet.[118] Management-Reviews (diese enthalten ausschliesslich Qualitätsmessgrössen) finden quartalsweise statt. Bei grösseren Abweichungen findet ein persönlicher Kundenbesuch des Geschäftsleiters statt. Auch die Prozessverbesserung ist gut organisiert, nicht zuletzt dank des kurzen Rhythmus der Reports von einem Monat. Korrektur- und Vorbeugemassnahmen werden entweder direkt ausgelöst oder aufgrund des Resultates des Qualitätsberichtes (Input für Report) neue Korrektur- und Vorbeugemassnahmen beschlossen. Verschiedene Personen führen Fortschrittskontrollen durch.
Die Gesamtdarstellung der Geschäftsprozesse und der Prozessstruktur ist dagegen verbesserungsfähig. Da die Prozesse den Normpunkten nach ISO mit wenigen Ausnahmen gleichgesetzt sind, entsteht ein unübersichtliches Bild der verschiedenen Prozesse. Die Ablaufdiagramme der Geschäftsprozesse sind besser dargestellt. Es fehlen jedoch Verweise auf andere Unternehmensprozesse und das Einbeziehen externer Elemente in die Prozessdarstellung wie Kunden oder Lieferanten. Der Übersicht zuträglich wäre zu Beginn eines Prozesses eine Darstellung über die Interdependenz zu anderen Prozessen in- oder ausserhalb des Unternehmens. Mit der Überführung von ISO 9002 in ISO 9001 wird dies unabdingbar sein und ist zur Zeit noch in Vorbereitung. Ein Benchmarking wurde von der Unternehmung noch nicht durchgeführt. Der Geschäftsleiter beobachtet aber systematisch die Konkurrenz, z.T. sogar wöchentlich (Kalkulationen der Konkurrenten, Offerteröffnungsprotokolle, Gespräche mit Konkurrenten, Verbandssitzungen). Vor einigen Jahren wurde durch die

[118] Gemäss Aussage des Geschäftsführers werden Kunden anhand ihrer Auftragssumme nicht in verschiedene Klassen eingeteilt, sondern jeder Kunde wird gleich behandelt.

Armit AG eine Marktforschungsstudie betreffend Umsatzzahlen innerhalb der Branche durchgeführt. Da Reinigungsdienste recht ähnlich ablaufen, würde sich die Branche für einen direkten Vergleich der Geschäftsprozesse eignen.

Das Defizit bei der Prozessdarstellung und der Prozessstruktur ist wohl das Resultat eines schon lange existierenden Organisationshandbuches, das ursprünglich nicht prozessorientiert aufgebaut war. Durch die ISO-Zertifizierung wurden Anpassungen vorgenommen, jedoch vielfach nicht in einem genügend radikalen Masse. So dienten als Vorlage für die Benennung der Geschäftsprozesse die 20 Normkapitel von ISO. Im Februar 2001 wird beim Audit für ISO 9001 ein neues Handbuch erstellt. Das System der Armit AG scheint aber sehr gut zu funktionieren, was wiederum gegen die extreme Standardisierung der ISO-Norm spricht. Obwohl die ISO-Norm in erster Linie eine Standardisierung darstellt, bleiben eigene Interpretationen der Norm offen. Dieser Fall zeigt, dass dies durchaus sinnvoll ist.

Diskussion

Der eben dargestellte Geschäftsprozess ist vergleichsweise gut strukturiert. Dadurch, dass ein grosser Teil der Leistung „extern“ bezogen wird, ist (auch bei internen Bezügen) die Evaluation gut dokumentiert und strukturiert.

Der „Werkhofchef“ ist damit beauftragt, diese Evaluation durchzuführen. Versetzen sie sich in seine Lage und versuchen sie Kriterien zu formulieren, die ihnen bei der Auswahl von externen Bezugsquellen (Lieferanten) helfen.

2.7.5 Das Institut für Geistiges Eigentum

Das Eidgenössische Institut für Geistiges Eigentum,[119] mit Sitz in Bern, ist in der Schweiz dem Schutz des Geistigen Eigentums verpflichtet.[120]

---

[119] http://www.ige.ch/

[120] Die Fallstudie IGE wurde von Macel Luginbühl im Rahmen seiner Lizentiatsarbeit recherchiert (vgl. Luginbühl (1998)).

Es wurde 1888 gegründet und am 1. Januar 1996 in eine öffentlich rechtliche Anstalt umgewandelt. Das Institut ist heute in betriebswirtschaftlicher Hinsicht autonom, verfügt über eine eigene Rechtspersönlichkeit (ist im Handelsregister eingetragen) und führt ein eigenes Rechnungswesen. Im ersten Geschäftsjahr konnte bereits ein positives Ergebnis erzielt werden. Das Institut für Geistiges Eigentum wird vom Institutsrat, einem 9-köpfigen vom Bundesrat gewählten Gremium, geführt. Es erhält vom Bundesrat einen Leistungsauftrag, der in den Statuten festgehalten ist. Weitere hoheitliche Aufgaben sind in immaterialgüterrechtlichen Spezialgesetzgebungen geregelt. Dort werden nicht nur die Aufgaben genau beschrieben, sondern auch das Vorgehen bei Beschwerden. Durch die Beschreibung der Aufgabe und den Institutsrat ist eine recht detaillierte Qualitätssicherung möglich. Es ist die Aufgabe des Instituts für Geistiges Eigentum, gewerbliche Schutzrechte für die Schweiz zu vergeben und zu verwalten sowie dieselbe Dienstleistung in Kooperation mit ausländischen Behörden im internationalen Bereich zu erbringen.

Im Gegenzug zum Leistungsauftrag erhält das Institut für Geistiges Eigentum das alleinige Recht, Schutzrechte zu vergeben. Es ist also ein staatlich legitimiertes und kontrolliertes Monopol.

Tabelle 2-9 fasst die Geschäftsprozesse des Instituts für Geistiges Eigentum zusammen.

Das Institut für Geistiges Eigentum (IGE) unterhält in Bern und Zürich sog. Infocenters. Dort können alle interessierten Bürgerinnen und Bürger kostenlos nach Patentinformationen suchen. In mehreren Kantonen sind zudem Patentinformationsstellen tätig. Für den Zutritt zu diesen, meistens autonom geführten Stellen, wird eine Gebühr erhoben.

Für die folgende Diskussion der Geschäftsprozesse im Institut für Geistiges Eigentum wird der Kernprozess „Patente“ beispielhaft herausgegriffen. Die Arbeitsteilung nach Branchen hat in diesem Fall keine Auswirkungen auf die Abwicklung des Geschäftsprozesses. Alle Varianten sind also identisch. Allein die Spezialisierung der beteiligten Personen war Anlass für diese Art der Arbeitsteilung, denn bei der Prüfung der Patentanträge bedarf es beträchtlicher Kenntnisse über die Technologien, die in einer Branche eingesetzt werden.

1 Managementprozesse	2 Kernprozesse	3 Supportprozesse
1.1 Internationale Angelegenheiten	2.1 Patente	3.1 Helpdesk Projekte
1.2 Urheberrecht	2.1.1 Biotechnologie und Chemie	3.2 Electronic Publishing and Communication
1.3 Personal	2.1.2 Informationstechnologie	3.3 Informatikentwicklung
1.4 Marketing	2.1.3 Elektronik und Optik	3.4 Logistik
1.5 Controlling	2.1.4 Maschinenbau und Energie	
1.6 Finanz- und Rechnungswesen	2.1.5 Bauwesen und Umwelttechnologie	
	2.1.6 Patentverfahren	
	2.1.7 Patentdokumentation	
	2.1.8 Muster und Modelle	
	2.1.9 Topografien	
	2.2 Marken[121]	

Tabelle 2-9: Prozessstruktur des Instituts für Geistiges Eigentum.

Frau B. aus B. hat eine neue chemische Formel für die Bekämpfung von Blattläusen bei Rosen entwickelt. Sie hat mit einer Patentrecherche abgeklärt, ob für diese Idee bereits ein Patent besteht und hat erfahren, dass dies nicht der Fall ist. Nun möchte sie die Erfindung in der Schweiz patentieren lassen, da sie ein daraus zu entwickelndes Pflanzenschutzmittel auch hauptsächlich in der Schweiz vermarkten möchte. Frau B. lädt sich ein Antragsformular von der Website des Instituts für Geistiges Eigentum auf ihren PC, füllte es aus und sendet es zusammen mit der Beschreibung des Wirkstoffes per Post an das Institut für Geistiges Eigentum. Dort eingetroffen wird das Antragsformular und die eingereichten technischen Unterlagen durch eine Person der Patentadministration auf

[121] Die insgesamt 7 Prozessvarianten dieses Kernprozesses werden nicht aufgelistet, weil sie im folgenden nicht beschrieben sind. Für weitere Details vgl. Luginbühl (1998), S. 30ff.

Vollständigkeit und formelle Richtigkeit geprüft. Alle notwendigen Daten erfasst ein Angestellter im internen Informationssystem (BAGIS). Danach stellt die Patentadministration eine Hinterlegungsbescheinigung aus und schickt sie Frau B. per Post zu. Frau B. weiss nun, dass ihr Antrag auf Erteilung eines Patents für ihre chemische Formel die erste Hürde genommen hat. Von der Patentadministration geht das Aktenheft ins Archiv. Zu gegebener Zeit wird das Aktenheft via interner Post an den Gruppenleiter der Patentprüfer weitergeleitet, der es einem deutschsprachigen Patentexperten der Branche „Biotechnologie und Chemie" zur Prüfung weitergibt. Danach führt dieser die Sachprüfung der technischen Unterlagen durch. D.h. er überprüft die Unterlagen auf technisch-wissenschaftliche Richtigkeit und Neuartigkeit. Entspricht der Antrag auch in gesetzlicher Hinsicht den formellen Anforderungen, ist die Sachprüfung abgeschlossen, und der Patentexperte ergänzt die Angaben im BAGIS. Danach geht das Aktenheft via interner Post zurück an die Patenadministration. Frau B. wird schriftlich benachrichtigt und wird aufgefordert, die Prüfungsgebühr und die Druckkosten zu begleichen. Frau B. begleicht diese Kosten mit einer Einzahlung auf das Postkonto des Instituts für Geistiges Eigentum. Nach Zahlungseingang löst ein Mitarbeiter der Patentadministration im BAGIS die Patenerteilung aus und sendet Frau B. via Post ein Exemplar ihrer Patentschrift sowie eine Urkunde zu. Mit der Patenterteilung am Veröffentlichungsdatum erfolgt auch ein Eintrag durch das BAGIS im Patentregister. Das Patentregister liegt in elektronischer Form vor. Für die Veröffentlichung wird ein Auszug des BAGIS mit den geforderten Daten vom Patent auf Papier an die Druckerei geschickt, die das Patent-, Muster- und Markenblatt (PMMBl) druckt und veröffentlicht. Die maximale Schutzdauer des Patentes von Frau B. beträgt 20 Jahre. Damit das Patent nicht früher erlischt, muss sie jährlich eine Gebühr entrichten.

Will Frau B. ihre Formel auch im Ausland schützen, so hat sie drei Möglichkeiten (vgl. Abbildung 2-41):

1. Sie meldet das Patent in jedem Land an, in dem sie den Schutz wünscht.
2. Sie meldet das Patent beim Europäischen Patentamt (EPA) in München an. Das Institut für Geistiges Eigentum nimmt als Vertreterin

des Europäischen Patentamts solche Gesuche entgegen. Der Schutz wird mit einer Anmeldung in bis zu 20 europäischen Ländern erteilt.

3. Sie meldet das Patent international (bei der WIPO[122]) an. Dank eines Vertrags über die Zusammenarbeit auf dem Gebiet des Patenwesens (dem Patent Cooperation Treaty) gibt es die Möglichkeit, über die nationalen Patentämter (in der Schweiz ist dies wiederum das Institut für Geistiges Eigentum) Schutz in mehr als 90 Ländern der Welt zu erlangen.

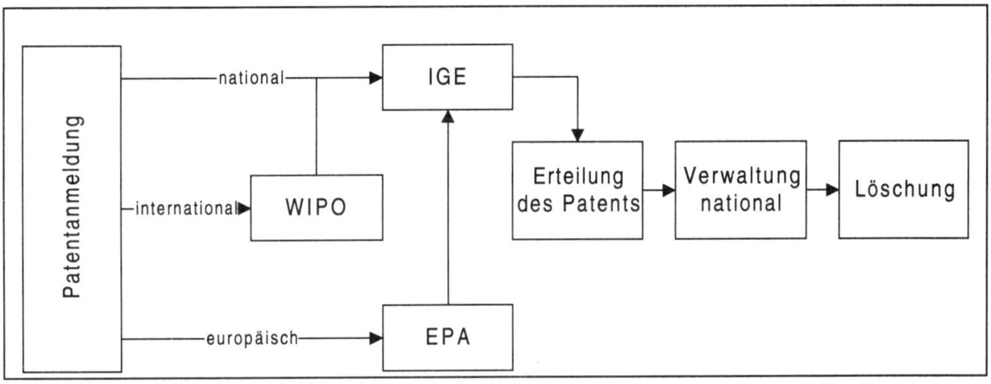

Abbildung 2-41: Patentanmeldung im Ausland: 3 Wege.[123]

Das Beispiel zeigt, dass der Kernprozess Patente aus drei Teilprozessen besteht: Informationsbeschaffung, Patentanmeldung und Publikation. Alle drei sind notwendig, um den Schutz zu erlangen und zu erhalten (vgl. Abbildung 2-42).

Der Teilprozess Informationsbeschaffung kann vier unterschiedliche Formen annehmen:

Technologie- und Patentrecherchen: Ein Kunde sendet einen Rechereauftragsformular via Post, Fax oder Email an das Institut für Geistiges Eigentum. Ein Patentexperte und/oder Rechercheur nimmt den Auftrag in Empfang, führt die Recherche durch und sendet das Resultat per Post oder Fax zurück. Der Rechercheur resp. der Patentexperte arbeitet bei der

[122] WIPO ist eine Abkürzung für „World Intellectual Property Organization".

[123] Vgl. Luginbühl (1998), S. 44.

Recherche mit der zentralen Patenschriftensammlung auf Papier oder CD-Rom, konsultiert BAGIS (das interne Informationssystem des Institut für Geistiges Eigentum) und nutzt externe Datenbanken von ausländischen Patentämtern. Derzeit sind ca. 30 Mio. Patendokumente aus 30 Ländern am Institut für Geistiges Eigentum gelagert. 9 Mio. davon sind in Papierform archiviert, der Rest ist auf Mikrofilm und/oder Mikrofichen und auf insgesamt 5'200 CD-ROMs abgelegt. Die Recherche kostet den Kunden zwischen 150 und 2'500 CHF, je nach Umfang. Innerhalb von 1 bis 3 Tagen erhält er dafür vertrauenswürdige Information über bestehende Patente.

Registerrecherchen: Eine Variante davon ist die Recherche nach Patentnummern, Namen der Patentinhaber, Titel des Patents o.ä. Ist dem Kunden eine dieser kennzeichnenden Informationen bekannt, so kann per Post, Email oder Fax nach Kurzinformationen nachgefragt werden.

Infocenter / Patentinformationsstellen: Die Kunden haben die Möglichkeit, selbst nach Informationen über Patente zu suchen. Sie werden dabei in den Infocenters und Patentinformationsstellen von Patentexperten und Sachbearbeitern beraten und geleitet. Für die eigentliche Recherche stehen CD-ROMs sowie das Papier-Archiv zur Verfügung. Pro Besuch bei einer Patentinformationsstelle bezahlt der Kunde 5 bis 10 CHF, pro kopierte Seite aus dem Archiv resp. ausgedruckte Seite ab CD-ROM werden ihm 0.50 CHF verrechnet.

CD-ROMs und Broschüren bestellen: Die letzte Möglichkeit, um an Patentinformation zu gelangen, bietet sich dem Kunden durch das Anfordern der entsprechenden Publikationen beim Institut für Geistiges Eigentum. CD-ROMs und Broschüren werden kostenlos weitergeben.

Dieser erste Teilprozess hilft den Kunden bei der Klärung ihrer Chancen auf ein neues Patent. Entschliesst sich ein Kunde zu einer Patenanmeldung, so wird der zweite Teilprozess ausgelöst: Die „Patentanmeldung“ besteht aus 8 Schritten.

1. Der Kunde schickt das ausgefüllte Antragsformular mit den technischen Unterlagen per Post an das Institut für Geistiges Eigentum.

2. Die Unterlagen werden vom Sachbearbeiter auf formelle Richtigkeit und Vollständigkeit überprüft.
3. Die Dokumente werden hinterlegt, der Kunde erhält eine Bescheinigung.
4. Patentexperten prüfen den Auftrag auf technische-wissenschaftliche Richtigkeit, Neuartigkeit, auf die korrekte Abgrenzung der Erfindung sowie auf formelle Fehler. Der Kunde wird ggf. aufgefordert, Ergänzungen und Änderungen vorzunehmen. Fällt die Prüfung positiv aus, so wird das Patent erteilt.
5. Der Kunde wird benachrichtigt und aufgefordert, die Gebühren und die Druckkosten zu begleichen.
6. Es wird eine Urkunde ausgestellt, das Patent wird in die internen und externen Datenbanken aufgenommen. Der Teilprozess „Publikation" wird ausgelöst.
7. Das Patent bleibt in Kraft, solange der Kunde die jährliche Gebühr entrichtet, maximal aber 20 Jahre.
8. Sind die 20 Jahre verstrichen und/oder will der Kunde seine Erfindung nicht länger schützen, so wird das Patent gelöscht.

Dieser Teilprozess dauert von der Anmeldung bis zur Erteilung des Patents zwischen einem und drei Jahren und kostet den Kunden einige hundert bis einige tausend Franken.

Der letzte Teilprozess befasst sich mit dem Unterhalt der Publikation der Patente. In regelmässigen Abständen werden dazu die Daten aus dem BAGIS in ein Standard-Textformat (SGML)[124] umgewandelt und zur Nachbearbeitung an eine Druckerei weitergegeben. Daraus entsteht schliesslich eine gedruckte Broschüre. Ab dem 1. Quartal 1999 werden dieselben Daten gleichzeitig auf der Website des Instituts für Geistiges Eigentum publiziert.

---

[124] Standardized General Markup Language.

Das Institut für Geistiges Eigentum befindet sich derzeit in einer Umstrukturierung der informationstechnischen Unterstützung seiner Geschäftsprozesse. Es werden Informationssysteme, die bisher vor allem zwischen den Abteilungen des Instituts und zwischen ausländischen Ämtern zum Einsatz kamen, auf die Kunden ausgedehnt. Bei den Dienstleistungen des Instituts für Geistiges Eigentum handelt es sich um reine Informationsprodukte. Die Unterstützung der Geschäftsprozesse durch Informationstechnik drängt sich auch deshalb geradezu auf. Es sind bereits verschiedene Informationssysteme im Einsatz, was die Anbindung von Kunden allerdings nicht vereinfacht. Wegen der grossen Datenmenge und der Vernetzung mit ausländischen Ämtern ist es nicht sinnvoll, neue Informationssysteme zu entwickeln. Vielmehr sollen die verfügbaren Systeme erweitert werden, so dass der Zugriff über Internet möglich wird.

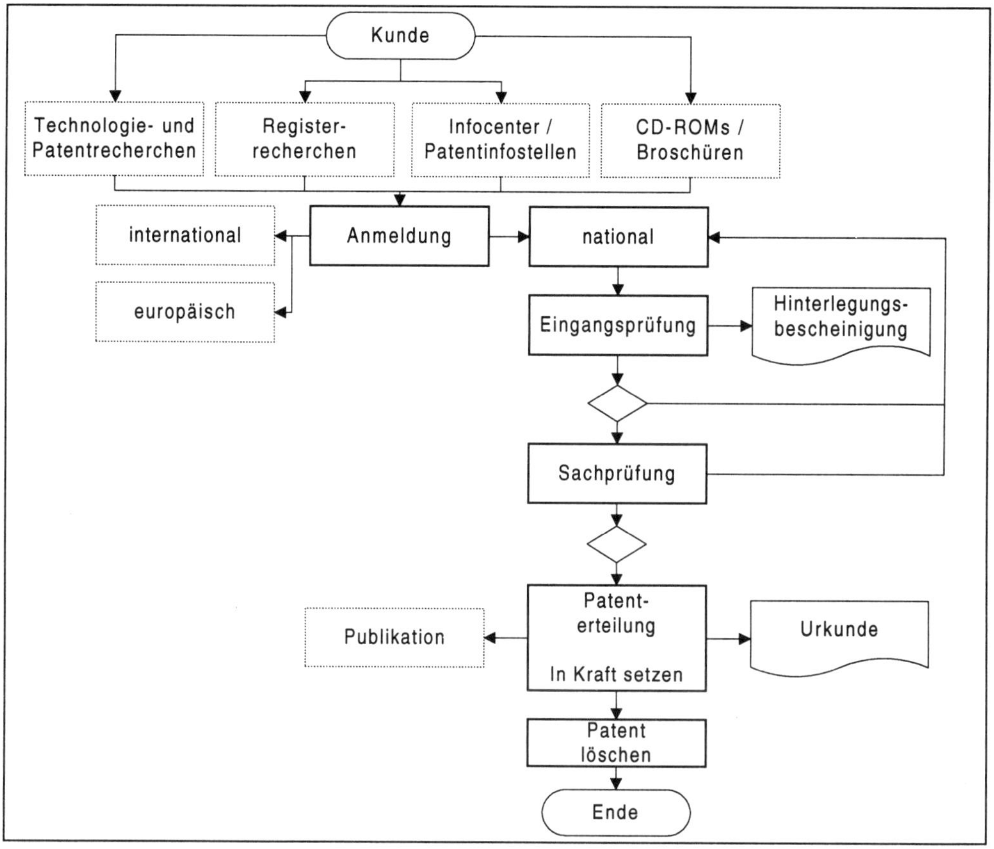

Abbildung 2-42: "Patentanmeldung" beim Institut für Geistiges Eigentum.

Diskussion

Der Geschäftsprozess „Patentanmeldung“ ist zwar vergleichsweise gut strukturiert, es fehlen aber Kennzahlen zur Messung der Wirtschaftlichkeit. Diskutieren sie mögliche Kennzahlen für den beschriebenen Geschäftsprozess.

3 Reorganisieren von Geschäftsprozessen

Wertvorstellungen der Kunden ändern sich heute schneller als früher. Aber auch Abläufe von Geschäftsprozessen lassen sich durch Nutzung des technischen Fortschritts, insbesondere auf dem Gebiet von Informations- und Kommunikationssystemen, wirtschaftlicher gestalten. Dies wird bei der Evaluation von Geschäftsprozessen sichtbar und liefert den Anstoss, das Organisieren von Geschäftsprozessen zu ändern, also Geschäftsprozesse zu reorganisieren.

Reorganisationspotentiale liegen zunächst in dem Leistungsbündel als dem Ergebnis des Geschäftsprozesses. Aber auch in den Schritten Regulation und Allokation sind Ansatzpunkte für Reorganisationen zu finden, insbesondere um den Geschäftsprozessablauf wirtschaftlicher zu gestalten.

Reorganisieren ist der nochmalige Prozess des Organisierens von Geschäftsabläufen. Damit dies erfolgreich gelingt, sind einige Aspekte beim Vorgehen zu beachten.

3.1 Evaluation als Auslöser

Es gibt mehr Nachahmer als Erfinder. Deshalb sind auch die Fälle, in denen der Unternehmer aus eigener Fähigkeit Ergebnis und/oder Ablauf des Geschäftsprozesses ändert, seltener als solche, in denen man eine Änderung nachahmt.

Ein Blick zum Konkurrenten macht mitunter deutlich, dass dort Geschäftsprozesse erfolgreicher ablaufen.

Dell Computer praktiziert den Geschäftsprozess des Direktvertriebs und der virtual integration so erfolgreich, dass das Unternehmen im Jahr 1998 zur Nr. 2 im globalen PC-Markt geworden ist. Im November 1998 lässt Compaq, die Nr. 1 im globalen PC-Markt, verlauten, dass es das Prinzip des Direktvertriebs von Dell ebenfalls einführen wird.

Amazon.com hat den Geschäftsprozess Buchkauf im Internet erfolgreich gestaltet und ist damit zum Vorzeigebeispiel im Buchhandel geworden.

Mehrere Tausend Konkurrenten ahmen weltweit den Geschäftsprozess von Amazon.com nach (vgl. Abbildung 3-1).

Abbildung 3-1: Verkauf von Büchern bei Amazon.com.

Dell Computer verkauft erfolgreich PCs über das Internet (im Jahre 2000 werden es mehr als 50% des Gesamtumsatzes von Dell sein). Inzwischen ahmen viele Konkurrenten von Dell dieses Vorgehen nach (vgl. Abbildung 3-2).

Dieser möglicherweise zufällige Blick zum Konkurrenten wird durch eine regelmässige Evaluation von Ergebnis und Ablauf des Geschäftsprozesses ergänzt. Die Evaluation deckt interne Schwachstellen und Verbesserungsmöglichkeiten auf, sie soll zudem durch Vergleich mit Geschäftsprozessen der Konkurrenz externe Anstösse zum Reorganisieren liefern. Bei diesem Blick auf die Konkurrenz sollte sich der Unternehmer an dem erfolgreichsten Konkurrenten („best-in-class") orientieren.

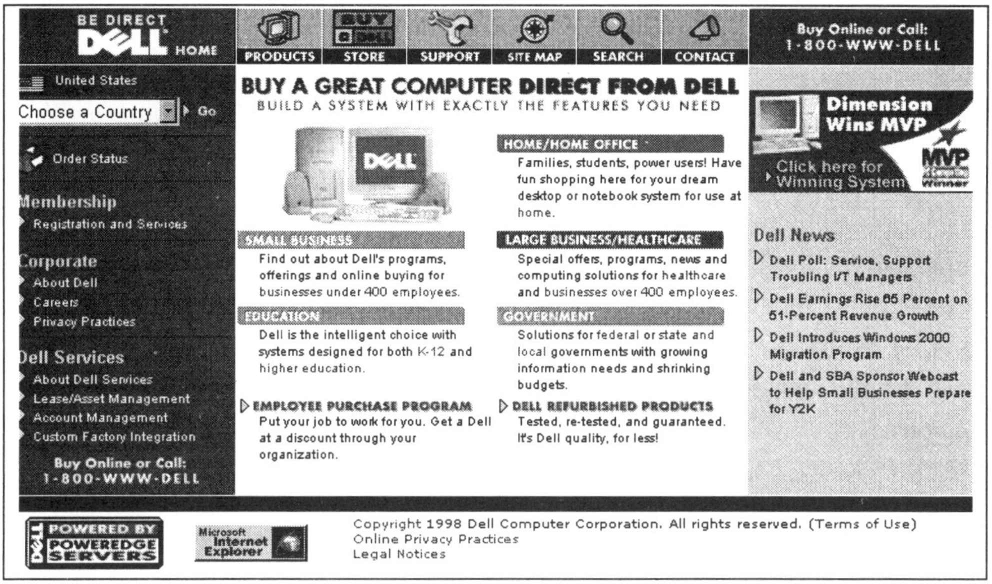

Abbildung 3-2: Verkauf von PCs bei Dell.

In diesem Zusammenhang wird auch der Begriff „**benchmarking**" verwendet: Geschäftsprozesse werden bzgl. interessanter Zielgrössen (z.B. Kosten, Qualität, Zeitstruktur) mit gleichartigen Geschäftsprozessen verglichen, wobei sich der Massstab nach Möglichkeit am erfolgreichsten Konkurrenten orientiert.[125]

3.2 Reorganisationspotentiale

3.2.1 Selektion

Die bei der Umsetzung einer unternehmerischen Idee zunächst vorzunehmende Partnersuche läuft heute wesentlich intensiver ab als früher. Die Zeit ist vorbei, wo der Unternehmer alle zur Umsetzung der Idee erfolgreichen Geschäftsprozesse selber betreiben wollte. Als Mittelweg zwischen der hierarchischen und der marktlichen Koordination von Ge-

125 Vgl. Bendel et al. (1998).

schäftsprozessen rückt die partnerschaftliche Koordination in den Vordergrund.

Für Bücher, die bei lesen.ch bestellt werden und deren Bestellung an den Grosshändler SBZ weitergeleitet werden, übernimmt das SBZ die Rechnungserstellung im Namen von lesen.ch und den Versand. Dem Kunden wird der Eindruck vermittelt, als ob das Buch von lesen.ch versandt worden ist.

Telefonbestellungen von Artikeln, für die im Fernsehen geworben wird, gehen in vielen Fällen an Call Center. Call Center übernehmen die Abwicklung von Telefongesprächen für mehrere Firmen, wobei das ankommende Telefongespräch firmenspezifisch identifiziert werden kann. Der Kunde erhält den Eindruck, dass er den Artikel bei der Firma bestellt hat. Das Call Center leitet die Bestellungen zur Abwicklung an die jeweilige Firma weiter.

Der Einzelunternehmer, der die Idee, Firmen bzgl. des Outsourcing der Informatik zu beraten, umsetzt, wickelt seine Administration in Kooperation mit einem Telefonservice, der die Terminplanung übernimmt, und zusammen mit einem Treuhandbüro, das Rechnungsschreibung und Buchhaltung durchführt, ab.

Das Leistungsbündel als Ergebnis eines Geschäftsprozesses unterliegt einem Wandel. Hier werden die Tendenzen

- Mass customization
- Verbesserung von Serviceleistungen
- Stärkere Einbindung von Kunden in Geschäftsprozesse
- Verstärken der Kundenbindung
- Änderung von Zeitstrukturen
- Globalisierung

näher dargestellt und an Beispielen illustriert.

Mass customization[126] bedeutet die Aufhebung des Unterschieds – z.B. hinsichtlich Zeitstruktur und Kosten – von Individual- und Massenher-

---

[126] Vgl. Pine (1993).

stellung. Gebrauchsgüter, wie z.B. Kleidung, oder technische Geräte, wie z.B. ein PC oder ein Handy, begegnen uns als Massenware. Bewusst oder unbewusst gehen wir davon aus, dass eine Individualanfertigung mit einem wesentlich höheren Preis und einer längeren Lieferzeit verbunden ist. In einer Reihe von Branchen gelingt es, diese Unterschiede aufzuheben und dem Kunden scheinbar oder tatsächlich Individuallösungen anzubieten, die keine preislichen und lieferzeitmässigen Unterschiede zum Massenprodukt darstellen.

Bei vielen Automodellen kann der Kunde heute aus einer schier unüberschaubaren Variantenvielfalt von Farben, technischer Ausstattung, Innenausstattung und Zusatzausstattung wählen. Aufgrund der gewählten Variante kann der Autohändler dem Kunden wochengenau den Liefertermin des Neuwagens mitteilen.

Dell bietet in vergleichbarer Weise dem Kunden die Zusammenstellung seines PC an. Die einzelnen Leistungskomponenten, die der Kunde wünscht, werden auf technische Verträglichkeit geprüft. Zum Abschluss der individuellen Zusammenstellung seines PC erhält der Kunde eine marktgerechte Preisangabe und die Zusage eines Liefertermins, meist innerhalb Wochenfrist.

Abbildung 3-3: Online-Bestellung von Levi's Jeans.

Bei einem bekannten Jeans-Hersteller kann man in der Internet-Website für das ausgewählte Produkt seine Körpermasse eingeben. Die Jeans wird „auf Mass“ geliefert und ohne nennenswerte Preis und Lieferzeitdifferenz zugestellt (vgl. Abbildung 3-3).

Eine Reihe von News-Anbietern im Internet eröffnet die Möglichkeit, dass sich Kunden gemäss ihren Interessen ihre eigenen Newssendungen nach Art des Inhalts und Sendefrequenz zusammenstellen.

Bei einer Reihe von Geschäftsprozessen wird das Leistungsbündel durch **zusätzliche Serviceleistungen** angereichert, die für den Pionier, den Unternehmer, der als erster diese Veränderung auf dem Markt bringt, Erfolg bedeuten und schnell bei vergleichbaren Geschäftsprozessen Nachahmer finden.

Otis, ein weltweit tätiges Aufzugsunternehmen, hat in den 80er Jahren begonnen, in seine Aufzüge Mikroprozessoren einzubauen, die bei Auftreten einer Störung die Störungsursache analysieren und an eine Wartungszentrale übermitteln. In der Wartungszentrale werden erforderliches Ersatzteil und Monteur disponiert und an den Standort des Aufzugs geschickt. Auf diese Weise kann Otis die Stillstandszeiten seiner Aufzüge wesentlich verkürzen und dies als Werbeargument verwenden. Schindler, ebenfalls ein grosses Unternehmen dieser Branche, hat kurze Zeit später die gleiche Serviceleistung eingeführt.

Eine der grossen internationalen Mietwagenfirmen hat Ende der 80er Jahre damit begonnen, die Mietverträge mit Computern zu erfassen und auszudrucken. Als Nebeneffekt konnte man in einer Datenbank alle laufenden Mietverträge speichern und für zusätzliche Serviceleistungen zur Verfügung halten. Eine dieser Serviceleistungen ist eine zumindest für einen Sprachraum einheitliche Pannenhilfe. Die Kundin erhält mit dem Mietvertrag eine Notrufnummer ausgehändigt, die rund um die Uhr besetzt ist. Im Fall einer Panne sind unter der Notrufnummer alle Daten des Mietwagens verfügbar, so dass der Kundin konkrete Hilfeangaben, z.B. „bei dem Modell xy hat es häufig Probleme mit den Bremsen, bitte kontaktieren Sie die Reparaturwerkstatt A nahe ihrem jetzigen Standort“, gemacht werden können. Heute bieten nahezu alle grossen Mietwagengesellschaften diese Serviceleistungen an.

Eine kleine US-amerikanische Tankstellenkette bietet Firmenkunden an, dass sie beim Tanken neben Identifikationsdaten auch weitere Daten, z.B. den Kilometerstand des Fahrzeugs, angeben. Die Kunden erhalten als zusätzlichen Service monatlich eine Auswertung, die u.a. auch den durchschnittlichen Kraftstoffverbrauch enthält und damit ggf. auf Besonderheiten wie technische Defekte oder unberechtigte Kraftstoffentnahme hinweist. Dieses System ist inzwischen von einer europaweit tätigen Tankstellenkette übernommen worden.

Auf ähnliche Weise bieten die Reservationssysteme der Fluggesellschaften inzwischen Firmenkunden an, Daten für die firmeninterne Reisekostenabrechnung als zusätzliche Serviceleistung zur Verfügung zu stellen.

Das weltweit tätige Paketversandunternehmen Federal Express hat in den 80er Jahren seinen Kunden als Zusatzleistung angeboten, dass sie sich jederzeit per Telefon über den Standort der Paketsendung informieren können. Diese Zusatzleistung wird inzwischen von mehreren Wettbewerbern ebenfalls angeboten.

Abbildung 3-4: Online-Shopping in der Migros.

Wer bei Migros via Internet einkauft, kann seinen Einkaufszettel im Internet ablegen, um ihn beim nächsten Einkauf, der sich möglicherweise auf ähnliche Artikel bezieht, wieder zur Verfügung haben (vgl. Abbildung 3-4).

Ein weiters Reorganisationspotential liegt darin, **Kunden an Geschäftsprozessen zu beteiligen.** Kunden übernehmen dabei aus eigener Interessenslage, z.B. es geht schneller, Aufgaben, die bisher auf Kosten des Unternehmens angeboten wurden.

Das klassische Beispiel hierfür sind Do-it-yourself-Möbel, z.B. von IKEA. Der Kunde sieht im Katalog oder im Ladengeschäft das fertige Produkt, kauft dann ein Set der Einzelteile mit Montageanleitung ein und baut sich die Möbel selbst zusammen; die Attraktivität dieser Vorgehensweise wird durch den Preis der Produkte gefördert.

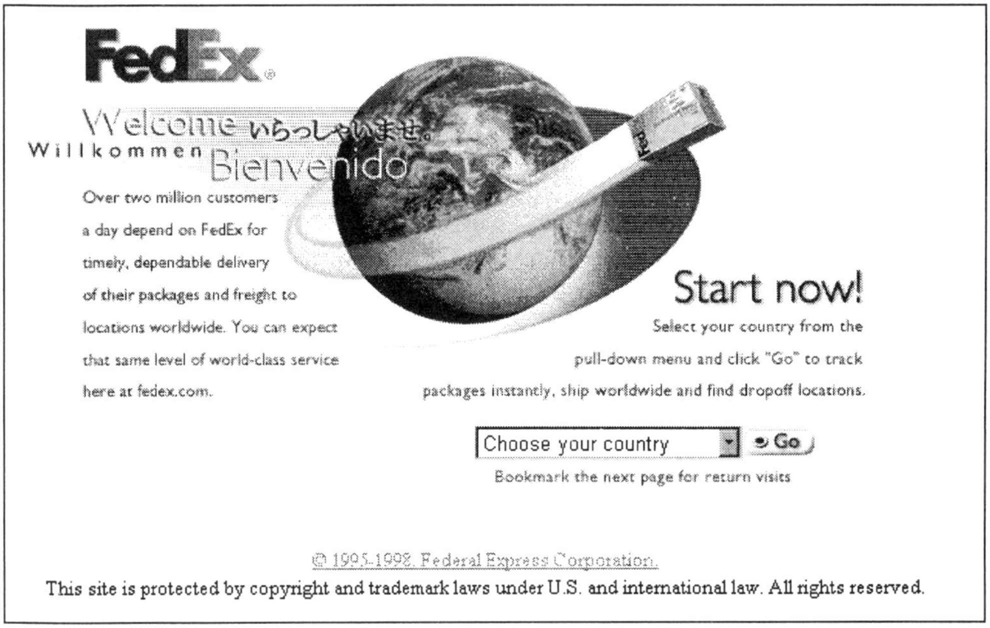

Abbildung 3-5: Beispiel FedEx.

Das Prinzip der Kundenbeteiligung hat sich auch Federal Express zunutze gemacht. In der Website von Federal Express kann der Kunde heute seine Sendungsnummer eingeben und erhält Angaben über den gegenwärtigen Standort der Sendung. Für den Kunden ist es bequemer – er trifft nicht auf ein Besetztzeichen bei der Telefonanfrage, Federal Express hat einen Grossteil der Telefonorganisation reduzieren können (vgl. Abbildung 3-5).

Die Kundin, die bei Amazon.com Bücher einkauft, übernimmt einen Teil der Arbeit, die in einer Buchhandlung von Mitarbeitern durchgeführt wird (z.B. Titelsuche, Empfehlungen zum Titel etwa anhand von Rezensionen), selbst. Das trägt offensichtlich der Interessenlage der Kunden Rechnung – es geht schneller, bequemer, zu einem Zeitpunkt, den man selbst bestimmen kann, für den Unternehmer bedeutet es weniger Aufwand und damit ggf. die Möglichkeit, Preise zu reduzieren.

In gleicher Weise werden bei schon genannten Beispielen, etwa den „massgeschneiderten" Jeans oder dem individuell zusammengestellten PC, die Kunden am Geschäftsprozess beteiligt.

Ein beabsichtigter Zusatzeffekt bisher schon genannter Reorganisationspotentiale ist es, die **Bindung des Kunden** an den Geschäftsprozess des Unternehmers zu **verstärken**. Er soll zum „Stammkunden" werden und nicht zur Konkurrenz abwandern. Die Bindung wird häufig über Zusatzleistungen, die sich nicht auf die Einzeltransaktion, sondern auf die Transaktionen über einen längeren Zeitraum beziehen, erreicht.

Im Handel ist es seit langem üblich, dass neben möglichen Rabatten bei einer einzelnen Bestellung ein Jahresbonus für das gesamte Bestellvolumen eines Jahres angeboten wird.

Ein ähnliches Prinzip ist bei den neuen Reservationssystemen für Flugreisen, die Anfang der 80er Jahre von American Airlines und United Airlines eingeführt wurden und heute zum Standard geworden sind, sichtbar: In den frequent flyer programs erhält man pro Flug Bonuspunkte, die ab einer vorgegebenen Punktesumme z.B. für einen kostenlosen Flug eingelöst werden können. Erst die neuen Reservationssysteme erlaubten das Nachführen des Bonuspunktestandes mit geringem Aufwand. Bei der Swissair hat das frequent flyer program die Bezeichnung Qualiflyer; eingeschlossen in das Qualiflyer-Programm ist nicht nur das Fliegen mit der Swissair und ihren Partner-Airlines, sondern z.B. auch das Übernachten in Swisshotels (vgl. Abbildung 3-6).

Abbildung 3-6: Das frequent flyer program bei der Swissair.

Der Schweizerische Bankverein (und die heutige UBS) bieten eine ähnliche Vorgehensweise im UBS KeyClub an: Bei Inanspruchnahme von UBS-Bankdienstleistungen sammelt der Kunde Punkte, für die ab vorgegebenen Summen Zusatzleistungen angeboten werden. Auch hier ist das Nachführen des Punktstandes erst mit ausgereiften Informationssystemen wirtschaftlich machbar (vgl. Abbildung 3-7).

Und natürlich basiert die „Goldpunktekarte" des Kaufhauses LOEB in Bern auf der gleichen Überlegung: Die Kundin erhält für einen Einkauf von Fr. 25.— einen Goldpunkt, für eine Karte mit 10 Goldpunkten werden Fr. 5.— beim Einkauf in einem LOEB-Geschäft vergütet.

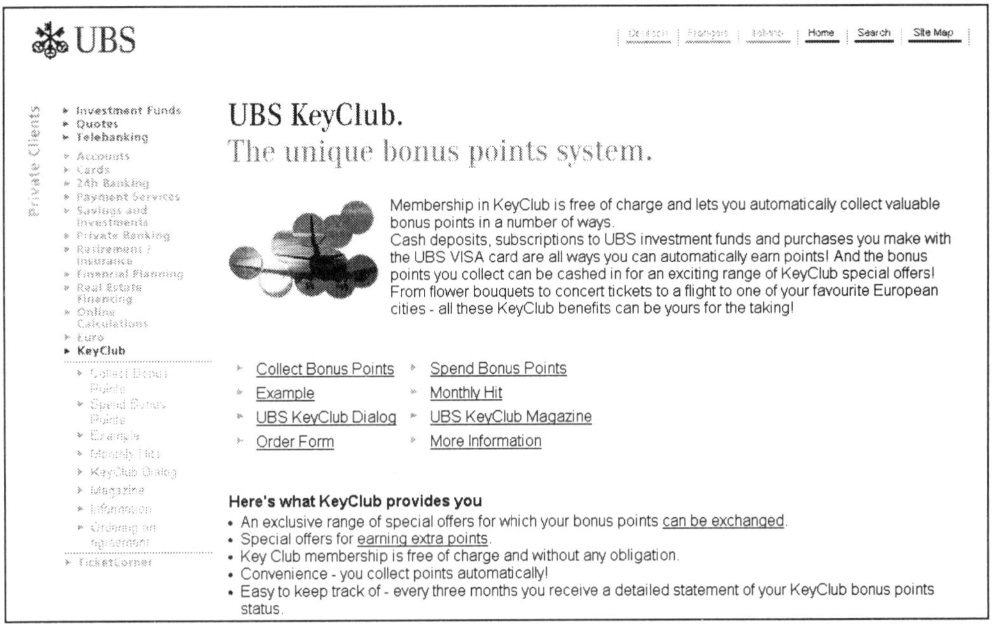

Abbildung 3-7: Der UBS KeyClub.

Eine etwas andere Art der Kundenbindung praktiziert Amazon.com: Die Kundin kann ihr Interessenprofil angeben, und Amazon.com informiert über Email, wenn eine neue Publikation erscheint, die das Interessenprofil trifft. Vermutlich erlischt dieser Service, wenn längere Zeit bei Amazon.com nicht mehr bestellt wird.

Zeitstrukturen, in denen das Ergebnis des Geschäftsprozesses erzielt wird, **unterliegen einem Drang zur Verkürzung**. Wir Kunden entwickeln offensichtlich eine Präferenz für den Unternehmer, der uns schneller ein neues Automodell präsentiert, einen PC liefert, eine Zusage für eine Lebensversicherung gibt. Aber auch der Unternehmer hat ein Interesse, seine Geschäftsprozesse zu beschleunigen, z.B. um ein neues Programm als erster auf den Markt zu bringen oder Lagerbestände, die schnell an Wert verlieren, zu minimieren.

Die Schweizerische Lebensversicherung CS Life hat 1994 den Geschäftsprozess zum Abschluss einer Lebensversicherung auf 60 % der ursprünglichen Durchlaufzeit verkürzt; dies geschah durch verstärkten Einsatz von Informations- und Kommunikationstechnik im Geschäftsprozess. Das Unternehmen argumentiert, dass die „underwriting time" ein wichtiges Erfolgsmerkmal in der Lebensversicherungsbranche sei; die CS Life habe durch Verkürzung dieser Zeit ihre Marktposition wesentlich verbessern können.

Einen ähnlichen Effekt nennen Banken bei der Bearbeitung einer Kreditanfrage und Leasingfirmen für die Bearbeitung von Leasinganfragen; eine Reorganisation nach der Komplexität der Anfrage (Schnelldurchlauf für einfache Anfragen, längere Durchlaufzeit für komplizierte Fälle) bringt häufig wesentliche Durchlaufzeitverbesserungen.

Das Internet hat u.a. wesentliche Veränderungen in der Entwicklung neuer Software gebracht. Teile der Neuentwicklung werden auf mehrere Arbeitsgruppen aufgeteilt, die u.U. in verschiedene Zeitzonen – im Extremfall so, dass 24 Stunden eines Tages mit Arbeitszeit aufgefüllt werden können – arbeiten und ihre Zwischenergebnis über Internet zusammenfügen und testen können.

Diese „asynchrone" Gruppenarbeit wird inzwischen auch in anderen Branchen kopiert, z.B. beim Design von technischen Geräten oder in der Treuhandbranche, dort insbesondere von international tätigen Firmen.

Dell Computer hat mit der Zusage einer kurzen Lieferzeit für die PCs sicherlich einerseits einer Kundenpräferenz entsprochen. Gleichzeitig kann der Unternehmer Michael Dell aber seine Lagerbestände, die in Anbetracht der raschen technischen Entwicklung schnell an Wert verlieren, minimieren und damit wirtschaftlicher arbeiten.

Das letzte hier zu nennende Reorgaisationspotential ist die **Globalisierung**. Auch in diesem Fall haben Pionierunternehmen gezeigt, dass die Leistung eines Geschäftsprozesses nicht nur lokal, regional und national Kunden findet, sondern dass die Leistung auch global auf Nachfrage trifft. Die wohl gravierendste Veränderung zur Globalisierung ist in den letzten Jahren durch das Internet eingetreten. Natürlich gibt es seit vielen Jahren global tätige Firmen – etwa das Schweizer Unternehmen Novartis – und globale Marken – z.B. Coca Cola. Das Internet hat neben dieser klassischen Globalisierung den Unternehmern vieler Branchen neu die

Möglichkeit einer Globalisierung gegeben, und dies in einer Zeitstruktur, die eine wesentliche schnellere Globalisierung ermöglicht als in den klassischen Beispielen.

Ein Beispiel aus der Vor-Internetzeit ist CNN als globale TV-Station. Herausragende politische Ereignisse – die Niederschlagung der Studentenrevolte in China oder der Irakkrieg – haben der Idee einer globalen TV-Station für Nachrichtensendungen schnell zum Erfolg verholfen, den andere Stationen – etwa BBC – nun zu kopieren versuchen. CNN nutzt übrigens inzwischen auch erfolgreich das Internet, um seinen TV-Kunden weitere Informationen zur Verfügung zu stellen (vgl. Abbildung 3-8).

Abbildung 3-8: CNN.

Printmedien dehnen ihre globale Präsenz heute dadurch aus, dass Printinhalte und eventuell weiter Hintergrundinformationen ins Internet gestellt werden. In der Branche herrscht keine Einigkeit darüber, ob damit wirtschaftliche Erfolge zu erzielen sind. Der Tageszeitung Wall Street Journal mit den Ablegern Wall Street Journal Europe und Asian Wall Street Journal ist es gelungen, bis Mitte 1998 mehr als 250'000 zahlende Abonnenten für die Internet-Version zu gewinnen; bei dem Wirtschaftsjournal The Economist kann man als Abonnent der Printversion kostenlos auf Internetinhalte diesen Journals zugreifen. Im Gegensatz zur Printversion steht im Internet meist ein umfangreiches Archiv zur Verfügung, in dem der Kunde recherchieren kann (vgl. Abbildung 3-9).

Abbildung 3-9: Wall Street Journal.

Amazon.com kommt auch bzgl. der Globalisierung eine Pionierrolle zu. Der Buchhandel, überwiegend eine lokale Branche mit wenigen regional und national tätigen Unternehmen, ist durch Amazon.com zu einer globa-

len Branche geworden, in die nun auch einige Konkurrenten von Amazon.com, z.B. Barnes & Noble oder Bertelsmann, hineindrängen.

Auch auf einigen Beschaffungsmärkten löst das Internet eine Globalisierung aus. Firmen schreiben im Internet Beschaffungsaufträge aus; Anbieter u.U. aus aller Welt können ihre Offerten über Internet einreichen.

3.2.2 Regulation

Während bei der Selektion mehr die Aussensicht auf den Geschäftsprozess Ansatzpunkte für eine Reorganisation lieferte, konzentriert sich die Regulation stärker auf die Binnensicht: Teilaufgaben und Teilabläufe von Geschäftsprozessen werden in Frage gestellt.

Wir wollen hier folgende Fragen nachgehen:

- Sind Teile von Geschäftsprozessen noch erforderlich?
- Werden neue Teilaufgaben und Abläufe für Geschäftsprozesse benötigt?
- Sind Eigenschaften der Aufgaben von Geschäftsprozessen (Strukturiertheit, Flexibilität, Häufigkeit, Ähnlichkeit, Spezifität) änderbar?
- Lässt sich die Koordination in Geschäftsprozessen verbessern?

Durch Änderung des Ergebnis von Geschäftsprozessen werden möglicherweise **Teile eines Geschäftsprozesses überflüssig**; dies kann jedoch bei der Evaluation übersehen werden.

In deutschen Universitäten richteten sich die von den Studenten zu bezahlenden Semestergebühren auch nach der Zahl der belegten Lehrveranstaltungsstunden. Dieser Anteil wurde zu Beginn der 70er Jahre pauschaliert, so dass sich eine genaue Ermittlung des von der Zahl der Lehrveranstaltungsstunden abhängigen Betrages erübrigte. Bei einer externen Evaluation einer süddeutschen Universität stellt man mehrere Jahre nach der Pauschalierung fest, dass immer noch der variable Anteil ermittelt, aber nicht mehr weiterverwendet wurde.

Durch Änderung des Ergebnis eines Geschäftsprozesses können aber auch **neue Teilaufgaben** und damit verbunden **neue Abläufe von Geschäftsprozessen** erforderlich werden.

Ein Schweizer Softwarehaus wird von seinen Kunden aufgefordert, den Softwareentwickungsprozess nach der ISO-9000-Normenfamilie zertifizieren zu lassen. Damit fallen u.a. neue Teilaufgaben zur konstruktiven und analytischen Qualitätssicherung an, die in den Ablauf des Geschäftsprozesses eingebaut werden müssen. Um konkurrenzfähig zu bleiben, führt das Softwarehaus die Ergänzungen des Geschäftsprozesses durch und lässt sie von der Firma SQS als einer amtlich zugelassenen Abnahmestelle zertifizieren.

Arbeitsteilung – historisch häufig nach Funktionen unterteilt (mit entsprechenden Kooridnationsproblemen) – kann insbesondere dann, wenn die Koordination durch leistungsfähige Informations- und Kommunikationssysteme gesichert wird, **geändert werden.** Möglicherweise bietet sich eine Veränderung von der Komplexität der Aufgabe (einfache Fälle, komplizierte Fälle) zu jener nach Kundengruppen (Firmenkunden, Privatkunden) an. Ferner kann die reine Sequenz von arbeitsteilig zu leistenden Teilaufgaben zu einer fast simultanen Durchführung der Teilaufgaben verändert werden.

Die im Abschnitt 2.3.2 genannte Bearbeitung eines Kreditantrags kann aufgrund der verfügbaren Informations- und Kommunikationssysteme von der (zeitaufwendigen) Sequenz in einen fast simultanen Ablauf geändert werden.

Bei den **Eigenschaften von Aufgaben** (Strukturiertheit, Veränderlichkeit, Häufigkeit, Ähnlichkeit, Spezifität) gibt es bei einer Reorganisation **wünschenswerte Änderungsrichtungen.** Generell wird man danach trachten, die **Strukturiertheit** von Aufgaben in Geschäftsprozessen zu **erhöhen**, um aus der aufwendigen Einzelfallbehandlung zum wirtschaftlicheren Routinefall zu kommen.

Einige Firmen, die Softwareprodukte auf dem Markt anbieten, sind bei der Beratung der Kunden dazu übergegangen, Antworten auf häufig gestellte Kundenfragen („frequently asked questions"; faq) für die Kunden im Internet bereit zu halten; auf diese Weise lässt sich der Beratungsprozess weniger aufwendig abwickeln (vgl. Abbildung 3-10).

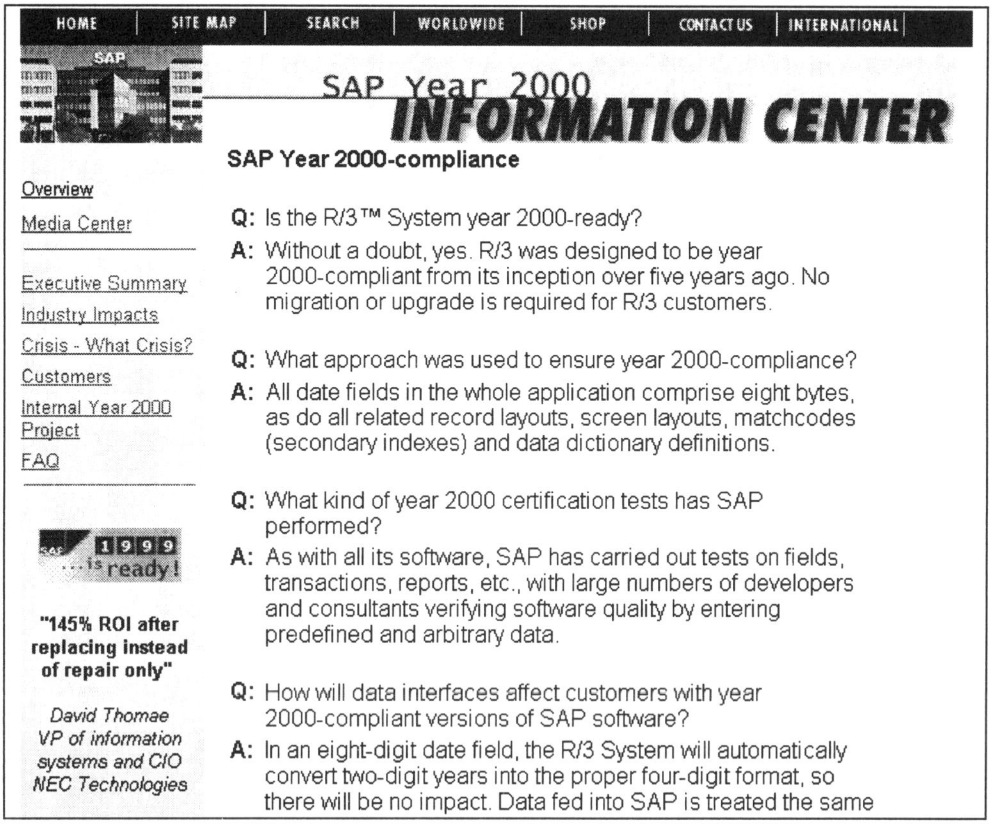

Abbildung 3-10: Die FAQ-Seite von SAP International.

Auch die **Veränderlichkeit** der Aufgabe, die im Geschäftsprozess abgewickelt wird, und damit die **Flexibilität** des Leistungsbündels ist nach Möglichkeit **hoch** zu gestalten.

Ein Programm zur Auftragsabwicklung könnte die bei den Aufträgen zu berücksichtigenden Rabattsätze fest im Programm eingebaut haben oder sie im Bedarfsfall von einer Datei lesen und bei der Ausführung des Programms verwenden. Bei einer Änderung der Rabattsätze muss im ersten Fall das Programm geändert werden (was aufwendig ist und Folgefehler nach sich ziehen kann), im zweiten -- und damit flexibleren – Fall wird nur die Datei geändert.

Die Häufigkeit, mit der die Aufgaben ausgeführt wird, richtet sich nach dem Bedarf der Kunden, kann also nicht willkürlich vom Unternehmer geändert werden. Allerdings kann sich der Unternehmer Gedanken machen, ob der Geschäftsprozess möglicherweise in mehreren Regionen gleichzeitig abläuft und durch Zusammenlegung die **Häufigkeit ansteigt.** Eventuell kann er den Geschäftsprozess auch an einen Partner abgeben, der schon derartige Geschäftsprozesse mit einem grossen Mengengerüst betreibt und eine Übernahme mit wenig Aufwand anbietet.

Viele europaweit tätige Firmen haben Betreuungsprozesse für ihre Kunden zusammengelegt und häufig wegen der dort günstigen Kostensituation in Irland domiziliert. Aufgrund eines eingehenden Telefongesprächs kann das Herkunftsland identifiziert und der Anruf an eine Kundenbetreuerin gleicher Sprache geleitet werden.

Die Firma IBM hat die technische Betreuung für ihre Mitarbeiter (etwa bei Benutzungsproblemen mit PC-Software) für mehrere europäische Länder in Holland konzentriert. Da die „Binnensprache“ der IBM Englisch ist, kann auch die Betreuung der Mitarbeiter englisch erfolgen.

Die schon erwähnten Call Center übernehmen für Dritte Dienstleistungsaufgaben, etwa das Verkaufen von Produkten oder die Betreuung der Kunden.

Sind **Aufgaben** und Geschäftsprozessabläufe für unterschiedliche Ergebnisse **ähnlich**, so lässt sich, wenn der Unternehmer die unterschiedlichen Ergebnisse erfolgreich vermarkten kann, ebenfalls die Häufigkeit eines Geschäftsprozesses erhöhen, und der Aufbau zusätzlicher Geschäftsprozesse erübrigt sich.

Mit Standardsoftware profitieren Softwareanbieter davon, dass Geschäftsprozesse bei unterschiedlichen Unternehmen nicht gleich, aber ähnlich ablaufen. So kann der Unterschied zwischen einer Auftragsabwicklung bei einem Elektrogrosshändler und demjenigen bei Uhrenglashersteller durch Parameteränderung in der Standardsoftware realisiert werden.

Amazon.com verkauft neben Büchern inzwischen auch Tonträger und demnächst auch Software. Geschäftsprozesse für die genannten Produkte laufen ähnlich ab, so dass sich separate Geschäftsprozesse erübrigen.

Bietet ein Unternehmer seinen Kunden eine sehr **spezifische Leistung**, verbunden mit einem sehr spezifischen Geschäftsprozess, an, so kann er möglicherweise seinen Markterfolg vergrössern, weil kaum ein Konkurrent diese spezifische Leistung ebenfalls anbietet. Der Unternehmer wird also ein Interesse entwickeln, Leistung und Geschäftsprozess auf der Absatzseite möglichst spezifisch zu gestalten, die Spezifität also zu erhöhen. Dagegen möchte der Unternehmer auf der Beschaffungsseite möglichst wenig spezifisch sein, um aus den Angeboten mehrerer Lieferanten das für ihn günstigste auswählen zu können. Bei der Spezifität sind demnach auf Absatz- und Beschaffungsseite unterschiedliche Ausprägungen beim Reorganisieren anzustreben.

Eigentlich alle Unternehmer, die begonnen haben, ihre Geschäftsprozesse über Internet abzuwickeln, haben zunächst eine sehr spezifische Leistung angeboten. Inzwischen hat sich jedoch die Konkurrenz von Unternehmern mit gleicher Leistung und gleichartigen Geschäftsprozessen im Internet stark vergrössert. Mass-customizing-Anbieter, wie z.B. Amazon oder Dell, haben immer noch eine sehr spezifische Leistung und einen darauf abgestimmten Geschäftsprozess; es ist jedoch damit zu rechnen, dass der Erfolg dieser Unternehmen neue Konkurrenten anzieht.

Einige Geschäftsprozesse können in der Reorganisation davon profitieren, dass die **Koordination verbessert** wird. Hier ist insbesondere wieder die Nutzung von Informations- und Kommunikationssystemen zur Verbesserung der Koordination zu nennen. Geschäftsverwaltungssysteme (engl. workflow management systems) machen alle Abläufe von Geschäftsprozessen im Bürobereich transparent und erlauben auf diese Weise eine stark verbesserte Koordination. Nicht erledigte Aufgaben werden sichtbar, ebenso Überlastungen von Mitarbeitern und Terminabweichungen. Bei entsprechender zusätzlicher Nutzung von Kommunikationssystemen können Arbeitsplätze beliebig verlagert werden, ohne dass die Koordination leidet.

Die Aussendienstmitarbeiter der IBM-USA haben keinen festen Arbeitsplatz mehr. Sie arbeiten aber mit einem Geschäftsverwaltungssystem, das die Koordination untereinander und mit den Kunden sicherstellt. Alle Aktivitäten sind in dem Geschäftsverwaltungssystem transparent und können mit Planwerten verglichen werden.

Der Geschäftsprozess Softwareentwicklung wird in einer Reihe von grossen Firmen ebenfalls durch ein workflow management system unterstützt. Alle Entwickler sind mit ihren Softwareentwicklungsaufgaben darin eingebunden, ebenfalls Zwischenergebnisse und die dazugehörige Terminsituation. Die sachlich und terminliche Koordination der Teilaufgaben gelingt problemlos, obwohl z.B. die einzelnen Softwareentwicklergruppen an ganz unterschiedlichen Orten arbeiten.

3.2.3 Allokation

Ist der Ablauf eines Geschäftsprozesses reorganisiert, so werden Ressourcen für die Durchführung des Geschäftsprozesses zur Verfügung gestellt. Der damit neu für die Reorganisation eröffnete Freiheitsgrad der Allokation von Ressourcen macht sich insbesondere den Fortschritt der Ressourcen zunutze, um eine höhere Wirtschaftlichkeit zu erreichen; dies gilt für alle Arten von Ressourcen. Sofern Geschäftsprozesse nicht an bestimmte Orte und Zeiten gebunden sind, ist auch hierin ein Freiheitsgrad bei der Ressourcenzuordnung zu sehen. Schliesslich hat die Motivation der Mitarbeiter wesentliche Auswirkungen bei der Allokation von Ressourcen.

Der **Fortschritt der Ressourcen** ist in erster Linie auf technischen Gebieten zu sehen. Vergleichbare Technik verändert über der Zeit das Preis/Leistungsverhältnis, z.B. wird Computerleistung pro Jahr um 20 bis 30 % preisgünstiger. Es kommt jedoch auch ganz neue Technik hinzu, man denke an das Internet, die PDAs (personal digital assistant) oder das Handy. Bei der Software gibt es für immer mehr Gebiete Standardsoftware, welche die wesentlich teurere und mit weiteren Mängeln behaftete Individualsoftware ersetzt. In Anbetracht dieser Entwicklung kann es zu einem häufigen Wechsel bei der Zuordnung von Ressourcen kommen.

In Geschäftsprozessen eingesetzte PCs werden häufig schon nach zwei bis drei Jahren ersetzt, weil Geräte mit bedeutend besserem Preis/Leistungsverhältnis auf dem Markt gekommen sind.

Die Kombination von Handy und Notebook-PC sichert das Übertragen von Dokumenten über Internet. Mitarbeitern von Treuhandunternehmen werden diese Geräte zur Verfügung gestellt, um auch auf der Reise, z.B. in der SBB, Dokumente empfangen und senden zu können.

Viele Unternehmen haben rechtzeitig vor dem Jahr 2000 ihre Individualsoftware durch Standardsoftware ersetzt. Sie ist preisgünstiger als Individualsoftware und macht damit den Geschäftsprozess wirtschaftlicher, darüber hinaus hat der Lieferant der Standardsoftware zugesichert, dass sein Produkt das Jahr 2000 ohne Probleme übersteht, was bei der Individualsoftware nicht sicher ist.

Man sollte aber auch nicht übersehen, dass Fortschritte der Ressourcen auch für Mitarbeiter gelten. Neue Aus- und Weiterbildungsangebote führen zu neuen Qualifikationen, die eine bessere Wirtschaftlichkeit beim Ressourceneinsatz bedeuten können.

Die in der Schweiz seit 1994 eingeführte 4-jährige Berufslehre Informatik führt zu einer Qualifikation, die in vielen Geschäftsprozessen über der Zeit Mitarbeiter, die sich eine vergleichbare Qualifikation durch Umschulung und Praxiserfahrung erworben haben, mit wirtschaftlichem Vorteil für den Unternehmer ersetzen wird.

Viele Geschäftsprozesse sind in der Abwicklung nicht orts- und zeitgebunden. Falls komparative Vorteile dies rechtfertigen, ist eine Verlagerung an andere Orte, in anderen Zeiten oder gar Zeitzonen sinnvoll.

Seit langem bekannt sind Produktionsverlagerungen in Ostblockländer oder nach Asien. Z. B. wird ein Grossteil der Computermäuse des Schweizer Unternehmens Logitech in Asien hergestellt.

US-amerikanische Verlage lassen die Mutation von Kundendaten am Computer von Mitarbeitern in anderen Zeitzonen durchführen. Neben geringeren Arbeitskosten kann man auch in USA-Nachtzeiten preisgünstigere Computerkapazität nutzen.

Die Kommunikationsnetze, insbesondere Internet, lassen Telearbeit und den Status von freien Mitarbeitern wieder aufleben. Mitarbeiter können zu beliebigen Zeiten und von beliebigen Orten sich über Internet in Geschäftsprozesse einschalten.

Besonders dann, wenn sich Geschäftsprozesse unter Wahrnehmung komparativer Vorteile orts- und zeitmässig ohne Koordinationsverluste auseinanderziehen, ist sicherzustellen, dass die Motivation der Mitarbeiter nicht leidet, sondern eher durch geeignete Massnahmen erhöht wird. Einmal ist darauf zu achten, dass das Anspruchsniveau der Mitarbeiterin mit dem Tätigkeitsangebot im Einklang steht, z.B. die Einlagerung einer Datenerfassung in eine interessante Teilaufgabe eines Geschäftsprozesses. Darüber hinaus kann man die Motivation des Mitarbeiters mit Anreizen auf das gemeinsame Ergebnis des Geschäftsprozesses ausrichten. Hierzu gehört auch das Delegieren von Verantwortung, die zu einem „empowerment" der Mitarbeiter führen kann.

Die Grossrechnerproduktion findet bei einigen Herstellern in Mitarbeitergruppen statt. Um die Qualität des Produktes sicherzustellen, werden während der Produktion Fehlerstatistiken geführt und die Mitarbeiter über ein Bonussystem an einer geringen Fehlerquote beteiligt.

3.3 Vorgehen beim Reorganisieren

Um die Reorganisationspotentiale für den Geschäftsprozess nutzbar zu machen, empfiehlt sich ein projektartiges Vorgehen, in dem der Geschäftsprozess in den Schritten Selektion, Regulation und Allokation neu organisiert wird. Dabei können die in den bisherigen Abschnitten genannten Reorganisationspotentiale als eine Art Checkliste benutzt werden.

Ein Reorganisationsprojekt muss mit motivierten Mitarbeitern durchgeführt werden können. Dazu ist es notwendig, dass der Unternehmer das Projekt initiiert und die Mitarbeiter – möglicherweise neben externen Experten – an der Aufdeckung des Reorganisationspotentials beteiligt werden. Die Umsetzung – also die Reorganisation des Geschäftsprozesses – muss in einem überschaubaren Kalenderzeitrahmen (6 bis 12 Monate) erfolgen können, damit die Motivation aller Beteiligter nicht in eine Geduldsprobe ausartet; ggf. muss man sich auf die Umsetzung der

Geduldsprobe ausartet; ggf. muss man sich auf die Umsetzung der ergiebigsten Reorganisationspotentiale beschränken.

3.3.1 Fallstudie SWISSAIR[127]

Einleitung

Die **Informations- und Kommunikationstechnologie** bietet durch ihre fortlaufende Entwicklung nicht nur neue Möglichkeiten innerhalb der EDV, sondern kann das gesamte Unternehmen verändern. Gerade international tätige Unternehmen besitzen somit ein grosses Gestaltungspotential für die Veränderungen der Geschäftsprozesse innerhalb des Unternehmens und zwischen den Marktpartnern.

International tätige Firmen, die mit globalen Informations- und Kommunikationssystemen arbeiten, haben die Chance erkannt und nutzen ihre Vorteile, indem sie ihre Geschäftsprozesse neu strukturieren. Statt dem Abbau des früheren unflexiblen Kolosses wandeln sich die Unternehmen in einem Umbauprozess: Sie werden zu einem **'virtuellen' Unternehmen,** bei dem die Geschäftsprozesse umstrukturiert werden.

Die globalen Informations- und Kommunikationssysteme zeichnen sich durch folgende **Eigenschaften** aus:

- Informations- und Kommunikationsanwendungen sind von nahezu allen Arbeitsplätzen des international tätigen Unternehmens zugänglich.
- Damit werden Randbedingungen bezüglich Ort und Zeit einer Durchführung von Geschäftsprozessen aufgehoben und erhebliche Restrukturierungsmöglichkeiten eröffnet.
- Die technische und organisatorische Seite globaler Informations- und Kommunikationssysteme unterliegt einer unternehmensweiten Wirtschaftlichkeitsbetrachtung, die im Normalfall zu einer Minimierung von Hardware- und Softwareplattformen sowie zu einer Konzentrati-

[127] Diese Fallstudie ist 1994 vom Institut für Wirtschaftsinformatik der Universität Bern in Zusammenarbeit mit der SWISSAIR erarbeitet worden. Alle Rechte liegen bei der SWISSAIR sowie dem Institut für Wirtschaftsinformatik.

on von Produktionsstätten („wirtschaftliche Betriebsgrösse") führt und beträchtliche Kosteneinsparung mit sich bringt.

Viele Geschäftsprozesse im Unternehmen sind heute zu wesentlichen Teilen durch solche Informations- und Kommunikationssysteme gekennzeichnet und eröffnen **Restrukturierungsmöglichkeiten** durch

- Verlagerung
- Integration
- Konzentration von Geschäftsprozessen (vgl. Abbildung 3-11).

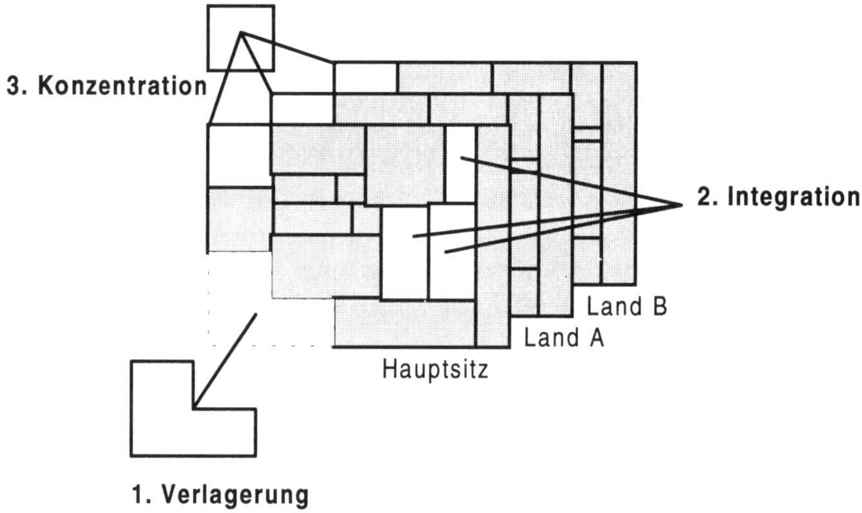

Abbildung 3-11: Restrukturierungspotential von Geschäftsprozessen.

Neben der Integration und der Konzentration der Geschäftsprozesse will das vorliegende Beispiel die Möglichkeit der **Verlagerung** eines Geschäftsprozesses als allgemeine Information und den Entscheidungsprozess im speziellen aufzeigen.

Die vorliegende **Fallstudie** beinhaltet Schritte und Massnahmen, die bezüglich

- origineller Lösungsansätze

- unternehmerischer Entscheide
- personalpolitischer Entscheide und Konsequenzen
- ablauforganisatorischer und technischer Rahmenbedingungen
- Erfahrungen in der globalen Zusammenarbeit

Denkanstösse - wenn nicht sogar konkrete Anwendungsüberlegungen für Betriebe mit ähnlich weltumspannendem Wirkungsfeld liefern kann.

Die Fallstudie basiert auf Informationen von Herrn **Hans R. Kienle, dem Leiter Verkehrsabrechnung Swissair,** die im Rahmen eines Vortrages „Der Zeit voraus? - neuartige Unternehmenskonzepte in der Praxis“ vom 6. Dezember 1993 am BWI ETHZ und einem persönlichen Interview vom 16. Dezember 1993 in Balsberg weitergegeben wurden.

Swissair

Die Aktiengesellschaft Swissair wird als schweizerische Fluggesellschaft der Luftverkehrsbranche zugeordnet. Sie beinhaltet mehrere Tochtergesellschaften und Minderheitsbeteiligungen aus den Branchen Verpflegung, Transport, Immobilien, Hotellerie und Diverse. Mit der Bezeichnung **Swissair-Gruppe** werden neben der Swissair Bctciligungs AG (SBAG) die folgenden Verkehrsgesellschaften mit ihren Geschäftsfeldabgrenzungen verstanden:

- Swissair: Schweizerische Luftverkehr Aktiengesellschaft
- Crossair: Aktiengesellschaft für europäischen Regionalluftverkehr
- Balair: Schweizerische Gesellschaft für Bedarfsluftverkehr
- CTA: Compagnie de Transport Aérien

Ende 1992 bediente die **Swissair** 109 Städte in 66 Ländern und deckte dabei alle Kontinente ab. Die gesamte Flugzeugflotte umfasst 110 Flugzeuge der verschiedensten Hersteller, wobei 60 davon der Swissair-Flotte zuzuordnen sind. In einem Jahr werden hierbei rund 200'000 Flugstunden absolviert. Dabei werden rund 7,5 Mio. Passagiere und 250'000 Tonnen Fracht und Post an ihren Bestimmungsort geflogen (vgl. Tabelle 3-1). Dies ergibt eine Auslastung von insgesamt 60%.

Für diese **Verkehrsleistungen** beschäftigt die Swissair gesamthaft 25'800 Mitarbeiter mit einem Aufwandsposten von etwa zwei Milliarden

Schweizer Franken und investiert jährlich 792 Millionen Schweizer Franken in Anlagen.

Anzahl Flugstunden	207'549
Streckenpassagiere	7'475'040
Strecken-Fracht und Post (in Tonnen)	244'697
Auslastung des regelmässigen Linienverkehrs	61,7%
Sitzauslastung	60,3%

Tabelle 3-1: Verkehrsleistungen der Swissair-Fluggesellschaft 1992.

Für das Verständnis des vorliegenden Entscheides ist es nützlich, die **Ertrags- und Aufwandseite** der Swissair genauer zu betrachten (vgl. Abbildung 3-12). Hieraus wird die grosse Bedeutung der Verkehrserträge mit 72% und die starke Belastung durch die Personalkosten mit 37% ersichtlich.

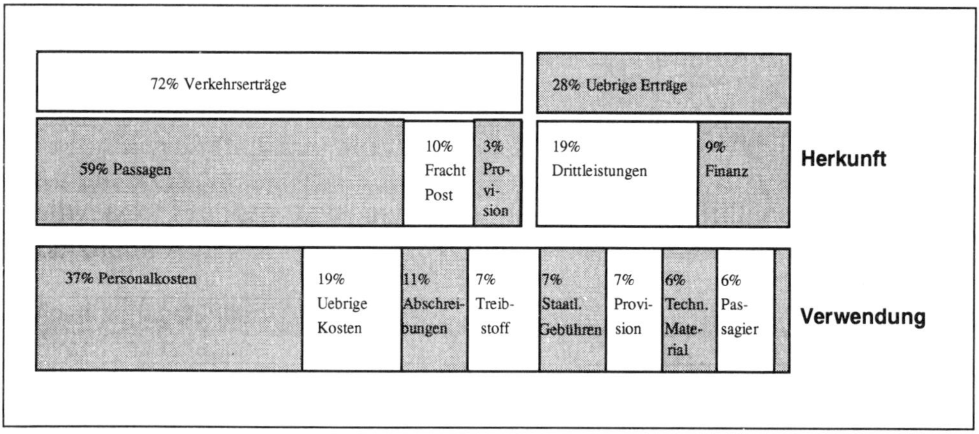

Abbildung 3-12: Der Ertragsfranken der Swissair 1992.

Die **Organisation** der Swissair teilt sich in die Bereiche Personal und Organisation, Finanzen, Aussenbeziehungen, Marketing und Betrieb auf und ist somit mit anderen Industriebetrieben vergleichbar (vgl. Abbildung 3-13).

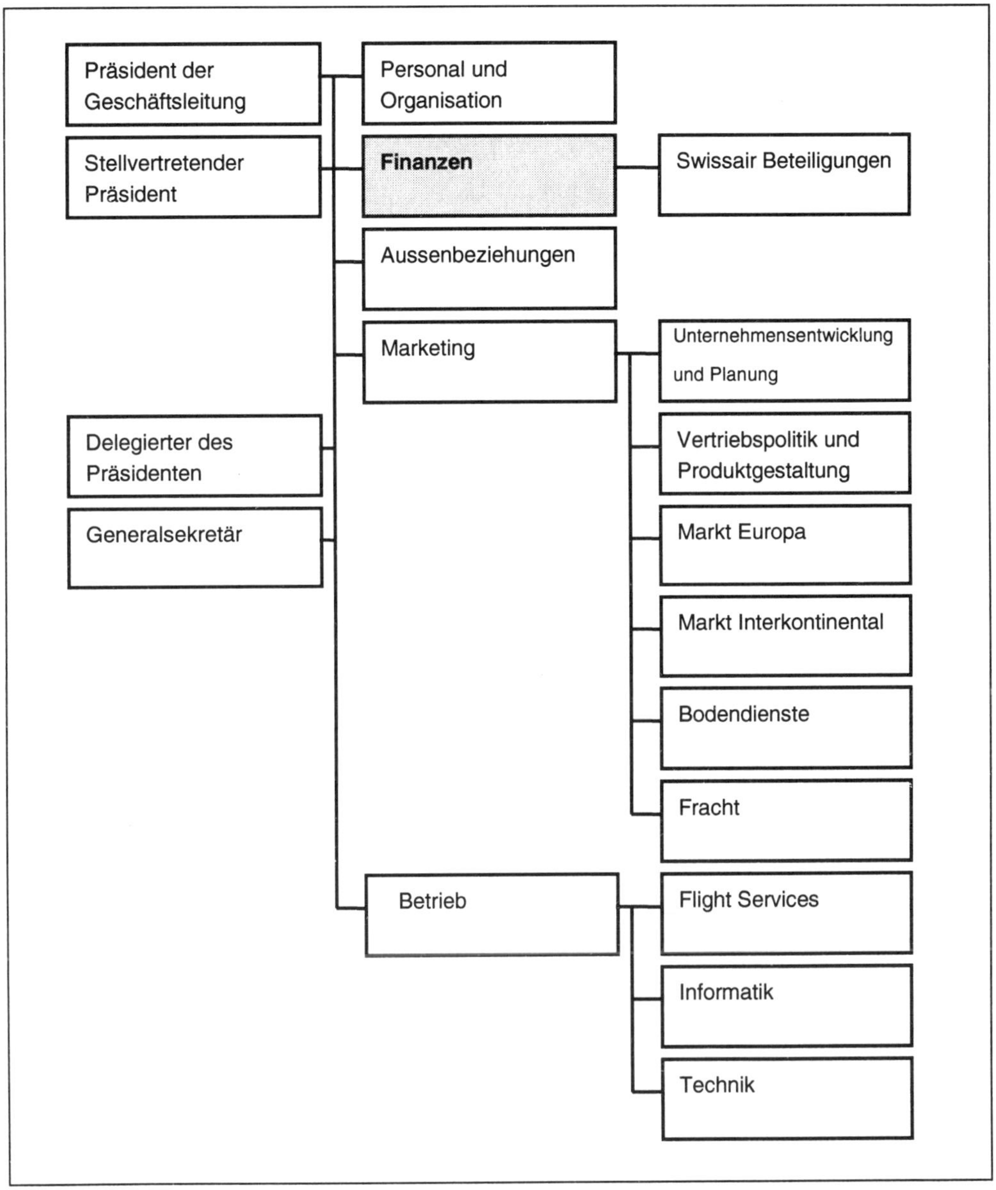

Abbildung 3-13: Organigramm der Swissair gemäss Betriebsstruktur 1993.

Verkehrsabrechnung

Die Verkehrsabrechnung - oder in englischer Bezeichnung **'revenue accounting' -** ist eine nur in Fluggesellschaften bekannte Aufgabe. Die Erträge des Kerngeschäftes einer Fluggesellschaft bestehen aus dem Transport von Passagieren, Fracht und Post und werden im revenue accounting ermittelt und überprüft. Diese Zahlen dienen dabei nicht nur der internen Statistik und Erfolgsrechnung, sondern es gilt vor allem, die erbrachten Leistungen an andere Fluggesellschaften geltend zu machen.

Die Organisationsstelle **Verkehrsabrechnung** ist somit gemäss Organigramm der Finanzstelle untergeordnet und entsprechend dem Leistungsauftrag für folgende vier Punkte verantwortlich:

1. Für die **Erfolgsrechnung** werden die weltweit erbrachten Verkehrserträge (Passagiere, Fracht und Post) aufbereitet und ausgewiesen.
2. Für die **Bilanzierung** sind die mit den Erträgen in Beziehung stehenden Rückstellungen und Reserven zu analysieren und zu bewerten.
3. Für die kurz-, mittel- und langfristigen **Führungsmittel** sind alle Kennziffern bezüglich Verkehr und Ertrag bereitzustellen.
4. Aus dem **Interlinienverkehr** resultierende Gutschriften bzw. Belastungen anderer Fluggesellschaften sind zu ermitteln und abzurechnen.

Beachtlich ist das **Volumen** der Verkehrsabrechnung, das bei der Planung und Realisation der Auslagerung nach Aussagen von Herrn Kienle von grösster Bedeutung war. Mit einem Personalbestand von rund 200 Personen wurden pro Jahr für den Umsatz von 4 Mrd. CHF in der Verkehrsverrechnung

- 8 Mio. Verkaufsdokumente
- 6 Mio. Abflugdokumente
- 2 Mio. verrechnete Dokumente

bearbeitet.

Die ermittelten Daten stellen auch ein Führungsmittel für das Management dar, bei dem neben zahlreichen Spezial- und Adhoc-Auswertungen die folgenden **Termine** von grosser Wichtigkeit sind:

- vierzehntäglich: Ertragsschätzung
- monatlich: Kurzfristige Erfolgsrechnung
- jährlich: Jahresabschluss und Korrekturen

Nach der geographischen Auslagerung dieser Datenverarbeitung nach Bombay sind ebenso fest vorgegebene Übergabe- und Übernahmetermine für das 'Processing' auf den Hauptcomputer, welche teilweise auf die Stunde genau eingehalten werden müssen, hinzugekommen.

Neben der Bereitstellung der Verkehrserträge zu Handen von Erfolgs- und Bilanzrechnung werden die Abrechnungsdaten auch als Führungsmittel aufgrund der Steuerdaten eingesetzt. Der intensivste Teil der Verkehrsabrechnung besteht jedoch aus der Ermittlung und Berechnung der **Interlinienvergütungen**.

Die Komplikation liegt primär in der Tatsache, dass von den getätigten Verkäufen rund ein Viertel der Teilstrecken nicht mit Swissair, sondern fremden Gesellschaften abgeflogen werden. Dadurch entsteht eine Schuld gegenüber diesen Transporteuren, die bis auf 10 Jahre hin seine Gültigkeit nicht verliert (vgl. Abbildung 3-14).

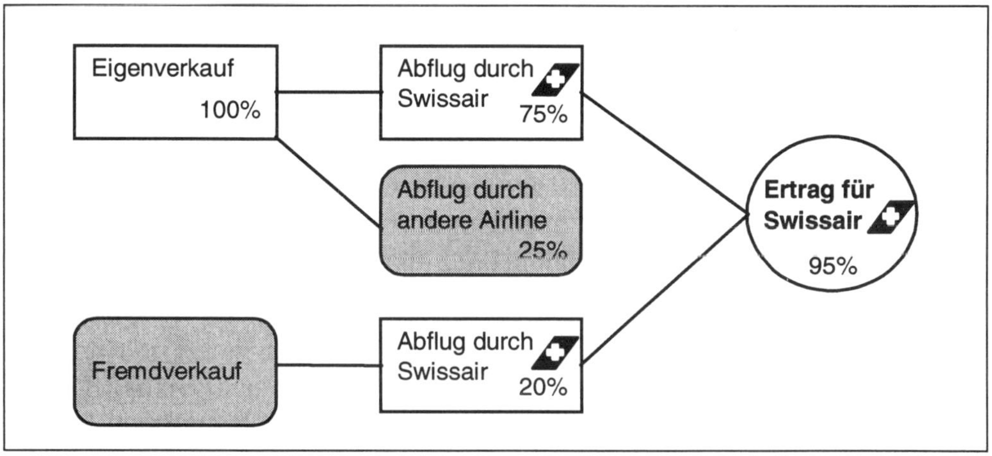

Abbildung 3-14: Interline-Abrechnung der Swissair.

In einem ähnlichen Volumen transportiert die Swissair Passagiere und Frachten, die bei anderen Gesellschaften zur Zahlung gelangt sind. In der Bilanz sind dies in der Grössenordnung von knapp einer Milliarde noch nicht benutzte Transportdokumente, die im Umlaufvermögen und in den Rückstellungen beinhaltet sind.

Daraus entsteht ein kompliziertes, multilaterales Verrechnungsprozedere, das unter dem Namen **Interline-Abrechnung** den Ausgleich zwischen den verschiedenen Fluggesellschaften zum Ziel hat. Die Verrechnungsinformationen (in der Abbildung 3-14 dunkel dargestellt) gelangen erst in Verarbeitung, wenn die Swissair ein fremdes Ticket zum Transport entgegennimmt oder eine andere Gesellschaft mittels Flight-Coupon ihre Forderung gegenüber der Swissair geltend macht. Der Ausdruck 'Erlösrechnung' für die Verkehrsabrechnung umschreibt somit diese Aufgabe in treffender Weise. Bei diesem Vorgang sind viele Abgleichungs- und Transformationsprozesse mit etlichen Regeln und fluglinienspezifischen Abkommen zu beachten.

Die Verantwortung der **Kontrolle** und Plausibilisierung obliegt jeweils der zahlungsverpflichtenden Fluggesellschaft. Der Interpretationsspielraum und die ungewollten Fehlermöglichkeiten bei der Leistungsverrechnung mit anderen Airlines erfordern eine genaue Kontrolle. Allein die Rückweisungen und Korrekturen ungerechtfertigter Forderungen können nach Angaben von Herrn Kienle eine Verbessserung in der Grössenordnung von 30 Mio. CHF ergeben und bilden deshalb einen sehr wichtigen Faktor.

Die Abbildung 3-15 gibt einen Überblick über den **Produktionsprozess** der Verkehrsabrechnung der Swissair. Aus dem Verkauf gelangen operationelle Daten bezüglich Tickets- und Zahlungsarten und die spezifischen Flugdaten aus dem Verkehr zur Verkehrsabrechnung. Zur Verarbeitung braucht es verschiedene Steuerdaten, die unter anderem Tarife, Währungsumrechnungen und spezielle Abkommen beinhalten. Aus diesem Verarbeitungsprozess entstehen Produkte wie die Verkehrserträge als Fakturen, Management-Information oder Buchhaltungsvorgänge.

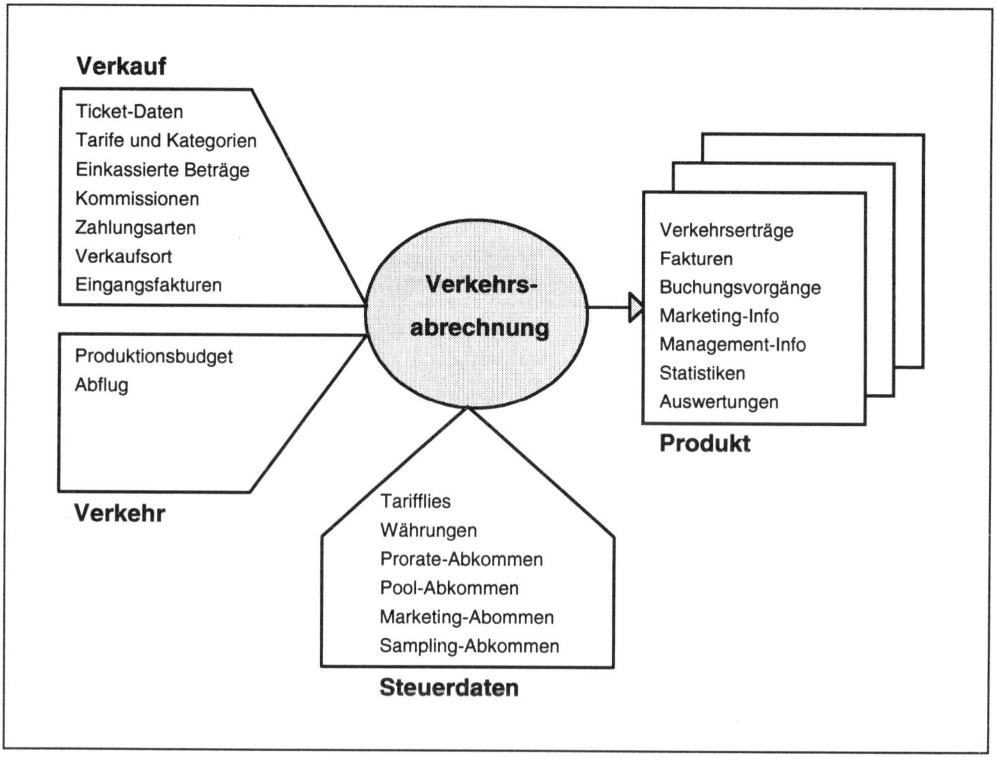

Abbildung 3-15: Verkehrsabrechnung: Von Daten zur Information.

Dieser Verarbeitungsprozess geschieht in einem grossen Verbund verschiedener **Computeranwendungen und Telekommunikationsmittel** (vgl. Abbildung 3-16). Die Verkehrsabrechnung greift in fast sämtliche Systeme und Grossrechner, besonders in die Finanz- und Verkehrssysteme, ein. Dieser Umstand des technologischen Verbundes wird durch die internationale Tätigkeit einer Fluggesellschaft verstärkt. Die vorgelagerten Erfassungsstellen erreichen die Zahl 160'000 und entsprechen den weltweit angesiedelten Verkaufsstellen. Die Flugdaten von über 106 Stationen gelangen zudem in Verarbeitung. Der Daten- und Dokumentenverkehr mit der Verkehrsabrechnung ist also weltumfassend anzusiedeln.

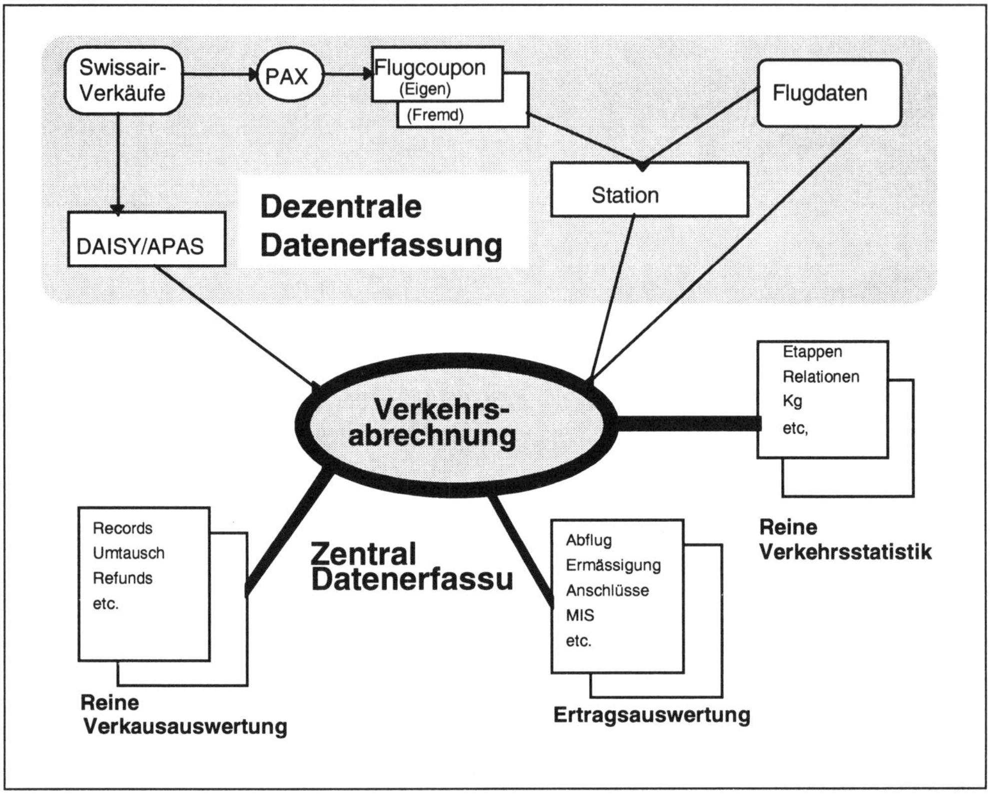

Abbildung 3-16: Auswertungsverfahren der Verkehrsabrechnung.

Mit den heutigen Möglichkeiten der Telekommunikation wird rasch ersichtlich, dass dieser Geschäftsprozess **keinem Ortszwang** untersteht. Zu beachten bleibt, wie Herr Kienle betont, dass trotz des hohen Automatisierungsgrades ein beträchtlicher Aufwand an manueller Arbeit mit entsprechendem Personalaufwand zu leisten ist. Die ATP (Airline Ticket Boarding Passes) beispielsweise gibt es seit längerer Zeit. Sie erlauben es, dank dem integrierten Magnetstreifen, beim Einstiegs-Gate die Daten direkt zu erfassen.

Das Projekt MOVE

Das **Umfeld der Luftverkehrsbranche** - somit auch der Swissair - befindet sich in einer schwierigen Situation, die besonders durch folgende Faktoren gekennzeichnet ist:

- verschärfter Wettbewerb durch Kapazitätsausweitung
- Preiszerfall durch Liberalisierung
- rezessive Nachfrageschwächung

„Daneben ist zu beachten, dass im Flugverkehr oft aus Konkurrenzgründen geschaffene Produkteinnovationen oder -alternativen kein zusätzliches Kunden-Potential aktivieren, sondern vor allem hohe Kosten verursachen“ unterstreicht Herr Kienle.

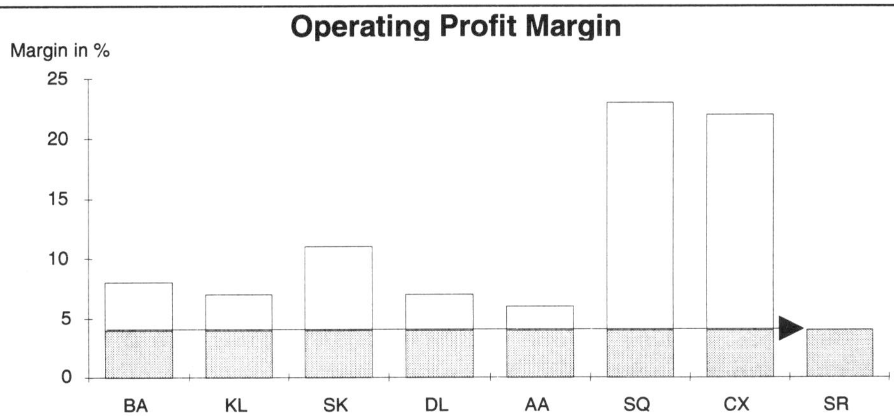

Legende: BA = British Airways; KL = KLM Royal Dutch Airlines; SK = SAS Scandinavian Airlines; DL = Delta Air Lines; AA = American Airlines; SQ = Singapore Airlines; CX = Cathay Pacific Airways; SR = Swissair.

Abbildung 3-17: Vergleich der Operating Profit Margin in Prozent für verschiedene Airlines 1989.

1989 zeigte das Geschäftsjahr noch ein sehr positives Ergebnis. Die **wirtschaftliche Leistungsfähigkeit** der Swissair jedoch war - gekennzeichnet durch das schwierige Umfeld - im Konkurrenzvergleich in einem schwachen Zustand. Diese Faktoren sind gemäss Herrn Kienle im Vergleich des Flugbetrieb-Erfolges im Jahre 1989 mit einigen europäischen und internationalen Fluggesellschaften ersichtlich (vgl. Abbildung 3-17).

Ein weiteres Indiz kann in der Entwicklung des Break-Even im Vergleich zu anderen IATA (International Airtransport Association)-Airlines gesehen werden. Die Swissair liegt mit rund vier Prozent deutlich oberhalb der Nutzschwelle verglichen mit dem Durchschnitt der IATA-Gesellschaften (vgl. Abbildung 3-18). Das Management war also gefordert, einschneidende Massnahmen zur Sicherung der Zukunft in die Hand zu nehmen.

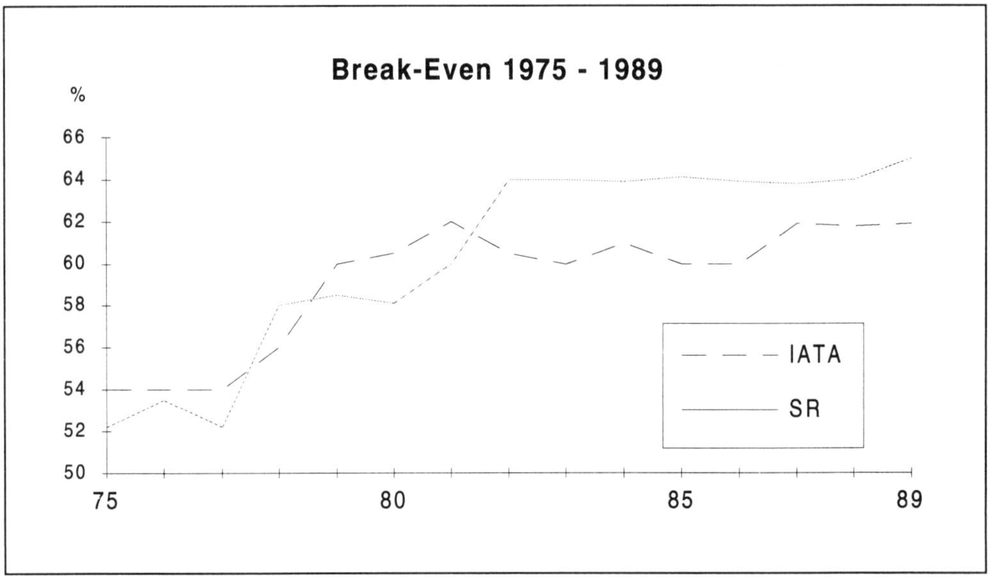

Abbildung 3-18: Break-Even im Vergleich zu IATA-Airlines.

Herr Kienle weist daraufhin, dass 1989 - im Vergleich zur Konkurrenz mit entsprechenden Problemen bezüglich der Produktivität - die überdurchschnittlich **hohen Personalkosten** ein wesentlicher Nachteil war.

Mit damals rund 45% Personalkosten im Vergleich zu den Verkehrserträgen liegt die Swissair an der Spitze der grösseren europäischen Gesellschaften (vgl. Abbildung 3-19).

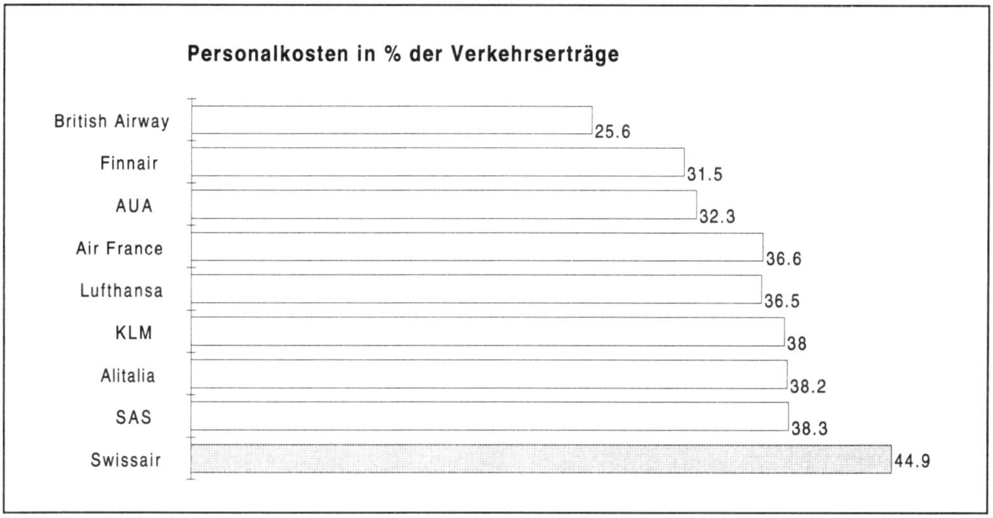

Abbildung 3-19: Personalkosten im Vergleich zu den Verkehrserträgen.

Ausgehend von den geschilderten Einflüssen und Entwicklungstendenzen wurde anfangs 1990 das Projekt 'MOVE' lanciert. 'MOVE' steht für **'Major Operational Value Enhancement'** und soll zudem assoziativ auf die dringlich erforderliche Bewegung und Beweglichkeit für die Zukunft hinweisen.

Die **'MOVE'-Zielsetzung** lautet: Verbesserung des Brutto-Ergebnisses um 250 - 300 Mio. CHF pro Jahr. Dieses Ziel soll mit Veränderungen der Kosten- und Ertragsstruktur durch mittel- bis langfristige Massnahmen erreicht werden. Mit den Massnahmen für die Reduktion oder Eliminierung der beschriebenen negativen Entwicklungstendenzen soll mittel- bis langfristig eine Ergebnisverbesserung erreicht werden. Somit steht 'MOVE' klar im Gegensatz zu früheren kurzfristig ergebniskorrigierenden Aktionen.

Für die Zielerreichung ist folgende **Projektorganisation** verantwortlich, welche aus zwei Entscheidungsgremien und mehreren Arbeitsgruppen besteht (vgl. Abbildung 3-20).

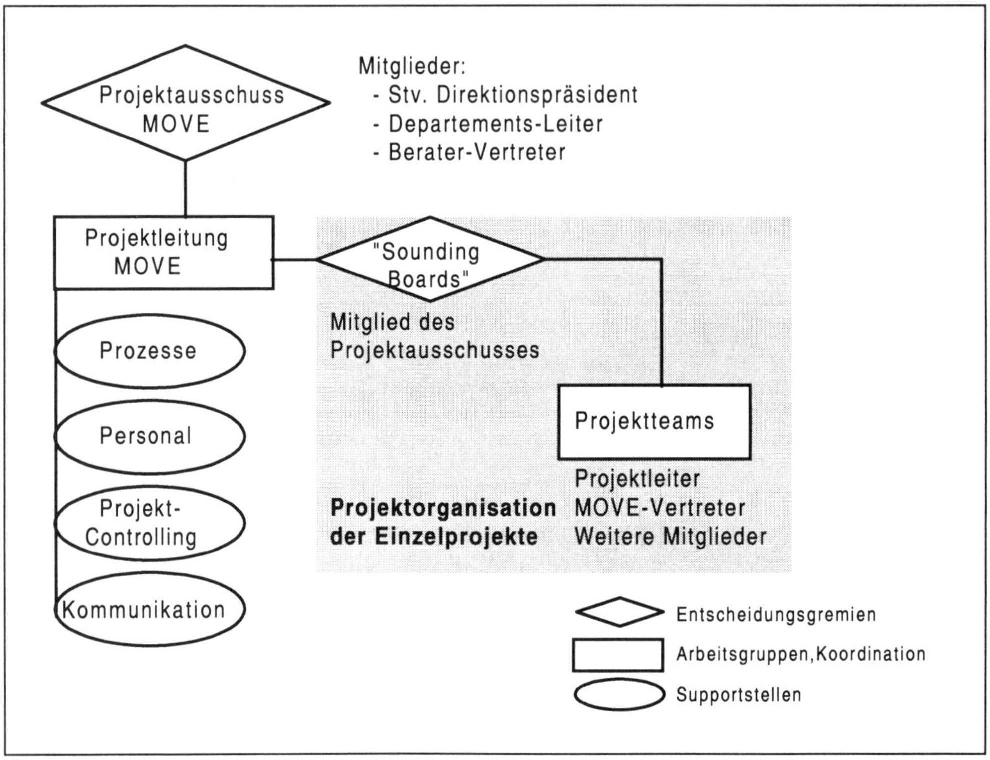

Abbildung 3-20: Projektorganisation MOVE.

Die erste Entscheidungsinstanz bildet der **'Projektausschuss MOVE'**, welcher vom stellvertretenden Direktionspräsidenten geleitet wird und in welchem die Leiter der einzelnen Departemente vertreten sind. Dieser Ausschuss ist verantwortlich für alle strategischen Entscheide und für die Initialisierung einzelner Projekte. Diese einzelnen Detailprojekte haben wiederum als zweites Entscheidungsgremium eine oberste Aufsichtsinstanz namens 'Sounding Board'. Diese Instanz wird durch die Arbeitsgruppe **'Projektleitung MOVE'** koordiniert und ist gegenüber dem ersten Entscheidungsgremium rapportpflichtig. Der 'Projektleitung MOVE' stehen für diese Aufgabe verschiedene Supportfunktionen für die Beschaffung personeller Resourcen, die Steuerung der Prozesse sowie der Kommunikation und das Controlling des Projektes zur Seite.

In den zwanzig **Projektteams** ist jeweils ein Process Owner als Projektleiter und ein 'MOVE'-Vertreter als sein Stellvertreter nebst weiteren Mitgliedern vorhanden. Die Projekte versuchen sowohl auf der Ertrags- als auch der Kostenseite Verbesserungen anzubringen. Die Projektorganisation ist 1993 bis auf die Komponenten des noch wirksamen Projektcontrolling aufgelöst worden, nachdem die quantitativen Ziele erreicht und sogar übertroffen wurden.

Mit der Unterstützung durch die Beraterfirma McKinsey führte man in einer **ersten Phase** eine Analyse der Ertragsmechanik und Kostenstruktur bei den verschiedenen Linienstellen durch. Hieraus wurden Potentialgebiete diagnostiziert und Schwerpunkte für Verbesserungen auf der Kosten- und Ertragsseite definiert. Dabei lassen sich praktisch in allen Geschäftsbereichen Ansatzmöglichkeiten finden. In einer **zweiten Phase** werden rund 20 Projekte mit detaillierten Massnahmen zur Verwirklichung der definierten Verbesserungen erarbeitet und planerisch für die Realisierungsphase vorbereitet. Die ausgearbeiten Massnahmen sind schliesslich in der **dritten Phase** konsequent umgesetzt und die erzielten Resultate laufend kontrolliert worden.

Bei diesem selektiven Vorgehen hat man den Schwerpunkt vor allem auf das **Personal der nicht direkt produktiven Bereiche** gesetzt. Als nicht direkt produktiv gelten jene Bereiche, die nicht mit dem Kunden in Kontakt kommen und primär für interne Empfänger, d.h. solche mit Supportcharakter, arbeiten. Vom gesamten Personalbestand sind dies immerhin 23% oder rund 4700 Personalpositionen, die sich mit ungefähr 460 Mio. CHF Personalkosten zu Buche schlagen.

Die nicht direkt produktiven Stellen bestimmen den Einsatz ihrer Ressourcen und die Zielsetzungen weitgehend selbst. Die Leistungen sind zudem im Gegensatz zu den anderen Bereichen nicht durch Vorschriften oder Produktionsabläufe bestimmt. Somit ist es schwierig, die Leistungen und Ziele der beschriebenen Stellen zu quantifizieren. Im Rahmen des Projektes 'MOVE' wählte die Swissair die Methode der **Faktorkosten-Nutzen-Analyse (FNA).** Dieses Verfahren beachtet für die einzelnen

Bereiche sowohl die Faktorkosten im Sinne der direkten Kosten als auch den jeweiligen Nutzen der erbrachten Leistungen. Die Analyse der FNA wird in den Bereichen des Verkaufs und der Systemplanung EDV sowie bei Stellen mit weniger als zehn Mitarbeitern nicht angewendet. Mit dem Ziel, den Nutzen der Leistungen zu steigern bzw. die Leistungen auf das erforderliche Mass zu reduzieren oder rationeller zu erbringen, setzt man die FNA-Analyse bei rund 3000 Personen ein, unter anderem auch bei jenen der Verkehrsabrechnung. Die möglichen Ansätze zur Nutzensteigerung lassen ohne weitere Abhandlung der FNA-Methode folgende **Entscheidungsmöglichkeiten** offen (vgl. Abbildung 3-21):

1. Erhöhter Leistungsumfang mit überproportionaler Nutzensteigerung
2. Reduktion der Leistung
3. Rationellere Leistungserbringung

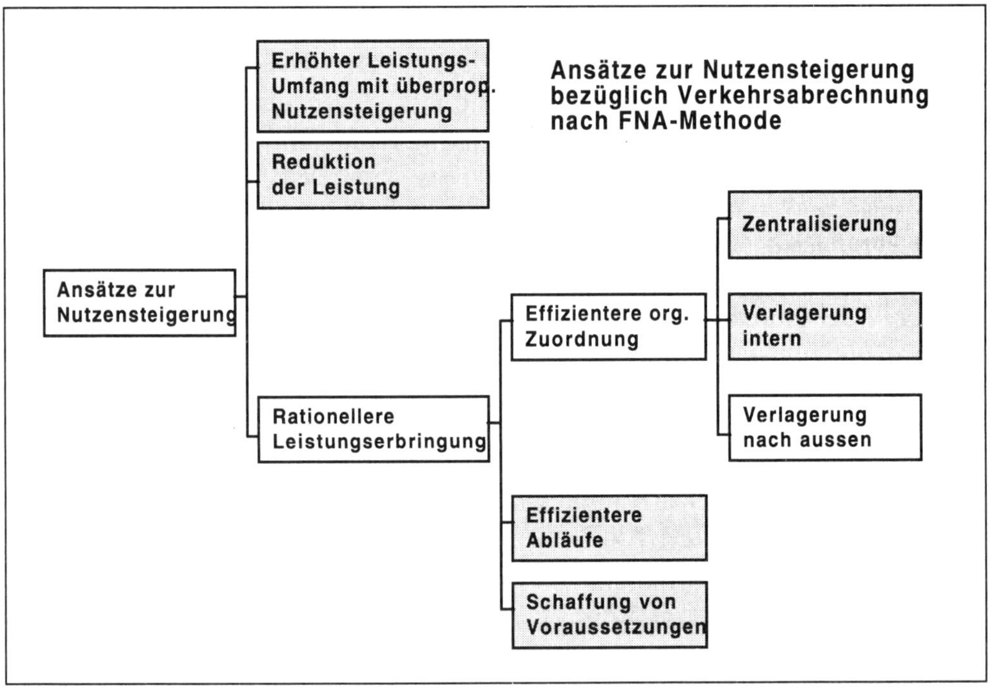

Abbildung 3-21: Ansätze zur Nutzensteigerung nach FNA-Methode.

Auslagerung der Verkehrsabrechnung

In diesem Abschnitt soll der Ablauf der **Entscheidungsfindung** für die Auslagerung der Verkehrsabrechnung bis zur Implementierung dargestellt und erläutert werden. Dieses Teilprojekt von 'MOVE' hat zwar nicht die grössten Einsparungen gebracht, ist aber unter dem Gesichtspunkt unternehmerischer und technischer Konsequenzen beachtenswert.

Die Ansätze zur Nutzensteigerung lassen sich für die Verkehrsabrechung in einem einfachen **Entscheidungsbaum** in folgender Form darstellen.

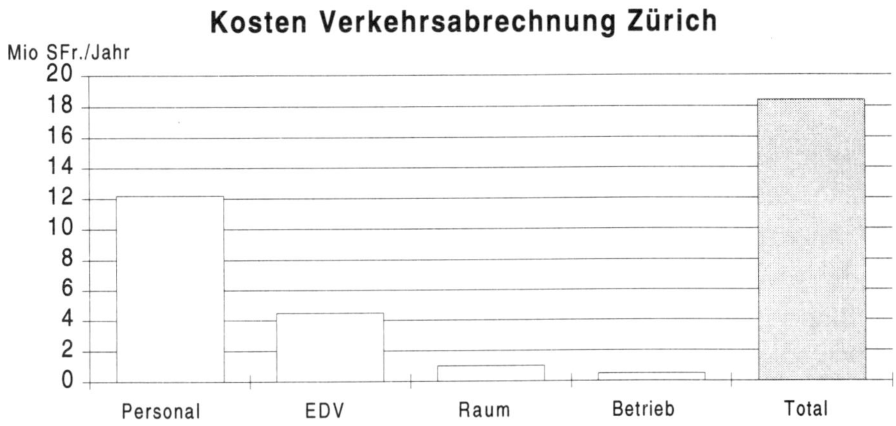

Abbildung 3-22: Kosten Verkehrsabrechnung Zürich.

Laut Herrn Kienle können für die Abteilung Verkehrsabrechnung folgende **Aussagen** gemacht werden:

1. Eine Erhöhung oder Reduktion der Leistung kommt nicht in Frage, da das zu verarbeitende Volumen von aussen bestimmt wird.
2. Eine rationellere Leistungserbringung ist möglich durch effizientere EDV-Abläufe und den verbesserten Einsatz der Mittel. Die Überprüfung ergibt jedoch ein relativ kleines Einsparungspotential (ca. 2 Mio. CHF pro Jahr).

3. Die rationellere Leistungserbringung lässt aber durch eine effizientere organisatorische Zuordnung im Sinne von Verlagerung nach aussen hohe Einsparungen erwarten.

Als Basis für die Ermittlung des Einsparungspotentials dient die damalige **Kostenstruktur**, wobei die rund 13 Mio. Personalkosten den Hauptteil ausmachen (vgl. Abbildung 3-22).

Somit wird der Entscheid für die **Verlagerung der Verkehrsabrechnung** nach aussen ins Auge gefasst. Als zusätzliche Vorgabe wird angesichts der Komplexität des Vorhabens und den zu erwartenden personalpolitischen Konsequenzen in der Schweiz eine Netto-Einsparung von mindestens 5 Mio. CHF pro Jahr erwartet. Die Verlagerung nach aussen ist für die Swissair unter anderem dadurch vertretbar, dass der Verkauf ihres Produktes weltweit und zum grössten Teil im Ausland geschieht. Damit kann auch die Herstellung eines Teils des Produktes wie bei anderen Industrien im Ausland geschehen.

Die **Standortsuche** wird unter Beachtung der technischen Bedingungen getätigt. Gesamthaft werden zehn Standorte in Süd- und Osteuropa, Südafrika und im Fernen Osten nach dem in Tabelle 3-2 abgebildeten Kriterienkatalog beurteilt.

Personal	Verfügbarkeit
	Kosten
Verkehrssituation	Anzahl Flüge
	Flughafennähe
	Zollformalitäten
Organisation	Infrastruktur
	Kommunikation
	Schnittstellen
Polititk	Risiken
	Politische Situation

Tabelle 3-2: Kriterienkatalog für die Standortsuche.

Als **Alternativen** sind folgende Standort-Konzepte erarbeitet worden:

1. Bombay
2. Johannesburg

3. Singapur (im Verbund mit Singapur-Airlines)

Da in **Bombay** die Personalkosten sehr günstig, gut ausgebildete Mitarbeiter rekrutierbar und schon 170 Swissair-Mitarbeiter vorhanden sind, wird der Standort Bombay ausgewählt. Zudem ist ein Teil des zentralen 'Reject-Center' als erster Auslagerungsversuch schon in Bombay angesiedelt, womit gute Erfahrungen vorhanden sind. Dieses Reservations-System ist verantwortlich, unlogische oder falsche Flugreservationen zu plausibilisieren, zu korrigierien und gegebenenfalls zu retournieren. Die Auslagerung anfangs der 80er Jahre geschah ebenso aus personalpolitischen Gründen, wobei damals das fehlende Personal in der Schweiz die Ursache war.

Das Konzept von Singapur muss aufgrund des fehlenden Interesses von Singapur fallengelassen werden. Die Vorteile von Johannisburg werden durch die dennoch relativ hohen Personalkosten und die politische Situation aufgehoben.

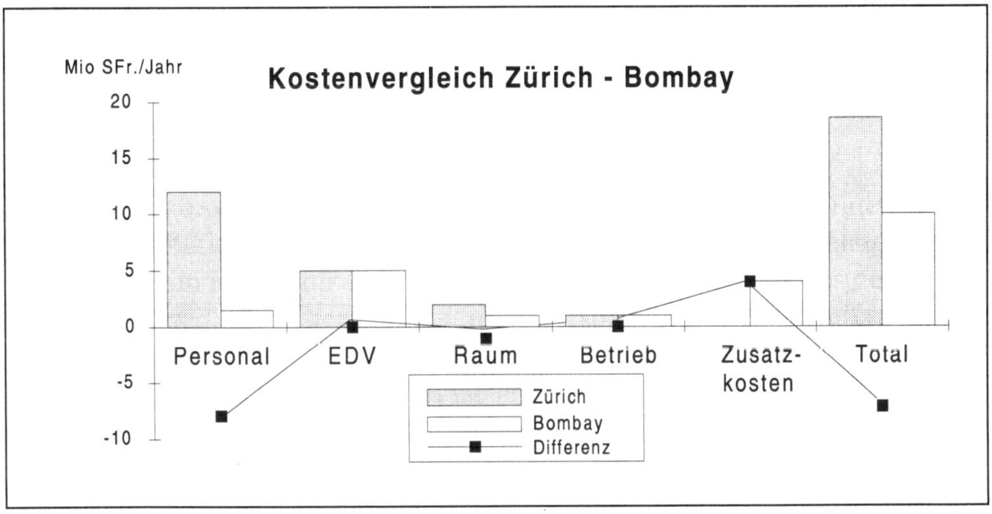

Abbildung 3-23: Kostenvergleich Zürich - Bombay.

Die **Auslagerung** ist technisch und personell möglich, und die vorgeschriebenen Ergebnisverbesserungen sind erwiesen. Das Projekt sieht vor, dass die Bearbeitung der Daten und Dokumente extern in Bombay geschieht, während die Leitung und der Zentralrechner weiterhin in der

Schweiz angesiedelt sind. Die Gegenüberstellung der Standorte Zürich und Bombay zeigt wohl einen erheblicheren Mehrkostenanteil aufgrund der Daten- und Dokumententransporte auf. Die Personalkosten-Einsparungen erbringen aber einen Anteil von 8 bis 9 Mio. CHF (vgl. Abbildung 3-23).

Da der Entscheid für die Verlagerung nach Bombay im Rahmen des Gesamtprojektes 'MOVE' vollzogen wurde, sind die effektiven Kosten für den Auslagerungsprozess nicht erfasst worden. Herr Kienle schätzt diese aber auf höchstens 2 Mio. CHF aufgrund der gesamten Restrukturierungstätigkeiten.

Die Beschlussfassung zur Realisation des Projektes erfolgt durch den MOVE-Projektausschuss am 8. Juli 1991. Der **Terminhorizont** erstreckt sich vom Planungsbeginn bis zum vollständig ausgebauten Betrieb in Bombay über ca. 4 Jahre (vgl. Abbildung 3-24). Erstaunlich ist die rasche Gründung der hierfür notwendigen indischen Tochterfirma innerhalb von fünf Monaten und die erste Ausbildungsphase nach weiteren neun Monaten.

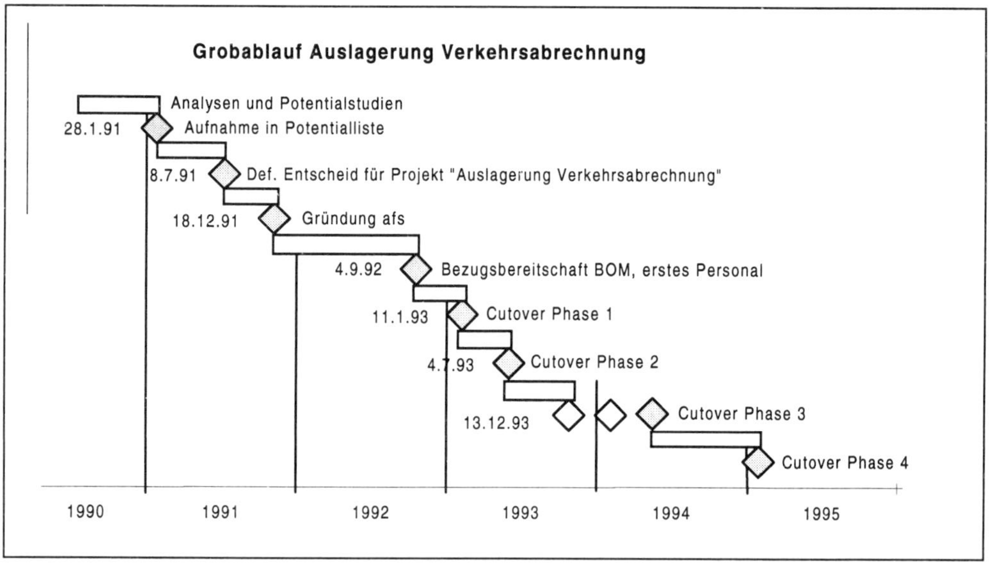

Abbildung 3-24: Grobablauf des Terminplanes.

Nach der erforderlichen Vorbereitungsphase wird das Projekt für die Implementation in vier **Ausbildungs-Phasen** aufgeteilt. Für sämtliche Phasen mussten die EDV-Abläufe neu angepasst werden oder werden bei dieser Gelegenheit optimiert. Herr Kienle betont, dass das gesamte Projekt nicht eine reine Auslagerung darstellt, sondern eine extreme Kombination von Auslagerung und Erneuerung.

Die damalige gesetzliche Situation in Indien schrieb für ausländische Firmen vor, dass Neugründungen nur durch Joint-Ventures mit indischen Firmen erlaubt sind. (Diese Auflage ist inzwischen aufgehoben worden.) Nach einem Evaluationsprozess wird als Partner eine Tochterfirma des Industrie-Imperiums TATA, die **TATA Consultancy Services (TCS)**, gewählt. Bei der TCS handelt es sich um eine der grössten indischen EDV-Entwicklungsfirmen mit weltweitem Wirkungsfeld.

Am 18. Dezember 1991 wird in Indien die Gesellschaft **'Airline Financial Services' (AFS)** mit 75% Beteiligung und Service-Vertrag durch Swissair sowie 25% Beteiligung und Management-Vertrag durch TCS gegründet. Der Abschluss der einzelnen Verträge erweist sich als langwierig und bedingt besondere Verbindungen und Kenntnisse der örtlichen Gegebenheiten. Er konnte aber - dank intensivster Arbeit - innerhalb von 5 Monaten vollzogen werden.

Als Standort wird eine von der indischen Regierung eingerichtete **zollfreie Zone** ausgewählt. Die Rekrutierung von Personal in genügender Zahl und erforderlicher Qualität ist dank den Erfahrungen des bereits angesiedelten Swissair-Personals problemlos realisierbar. Das Personal besteht aus rund 160 Hochschulabsolventen (MBA), was jedoch im Vergleich zu Schweizer Verhältnissen dem Kaufmännischen Angestellten entspricht.

Nebst dem Transport der gesamten neu eingekauften EDV-Anlage von der Schweiz nach Bombay muss auch das **Know-how** transferiert werden. Aus dem bestehenden Personal werden zwanzig Ausbilder selektioniert und in Methodik und Instruktion ausgebildet. An dieser Stelle müssen laut Herrn Kienle vor allem emotionale Hürden genommen werden, da den mit dieser Aufgabe betrauten Sachbearbeitern zugemutet wird, ihr Wissen und Können weiterzugeben, um sich dann selber überflüssig zu machen. Diesen Mitarbeitern wird aber eine Weiterbeschäftigung nach dem Projektende am Hauptsitz zugesichert.

Die **Ausbildung** des indischen Personals geschieht aufgrund der Komplexität der Materie in drei Phasen und wird im Juli 1994 beendet. Direkt in Bombay werden nebst der allgemeinen und fachspezifischen Wissensvermittlung möglichst viele realistische Verhältnisse mit zum Teil Parallelbetrieb geschaffen.

Aus den **technischen Rahmenbedingungen** ist ersichtlich, dass an die Verfügbarkeit und Leistungsfähigkeit der Kommunikationsmittel hohe Anforderungen gestellt werden. Die Swissair verfügt mit 'SITA' über ein bereits weltweit installiertes Kommunikationsnetz, an das auch die 'afs' angeschlossen wird. Die 'afs' ist zudem durch zwei unabhängige Linien via Satellit mit Zürich online verbunden.

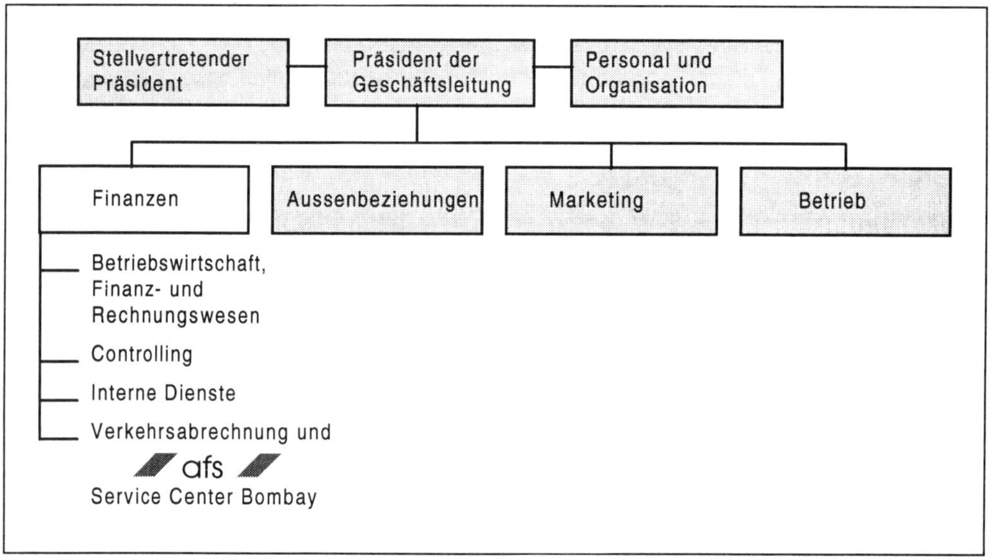

Abbildung 3-25: Organigramm der Swissair.

Die Leitung der Verkehrsabrechnung in der Schweiz sowie die Verwaltung der neuen Tochterfirma 'afs' wird wegen des Volumens von rund 4 Mia. CHF pro Jahr, der hohen Verlustsensibilität und der Bedeutung als Lieferant von Führungszahlen neu zentral im **Verantwortungsbereich**

des Finanzchefs angesiedelt. Somit steht die Verkehrsabrechnung in gleicher Reihe wie das Finanz- und Rechnungswesen und das Controlling (vgl. Abbildung 3-25).

Bei der Auslagerung der Verkehrsabrechnung nach Bombay erweist sich für Herrn Kienle der Abbau der Ursprungsorganisation in Zürich als **grösster Nachteil** des Projektes. Dieser unausweichlichen Problemstellung wurde deshalb auch von Projektbeginn an grösste Aufmerksamkeit geschenkt. Nebst dem Sozialplan wird mit jedem Mitarbeiter ein persönliches Gespräch geführt und ein Entwicklungsprofil für mögliche Versetzungen und Weiterbildungen erstellt. „Leider hat die gesamtwirtschaftliche Entwicklung die Unterstützungsbemühungen und die Lage der Betroffenen wesentlich schwieriger gemacht", sagt Herr Kienle.

Mit der Gründung der Tochterfirma 'afs' für die Verkehrsabrechnung besteht nun die Möglichkeit, die verschiedenen Aufgaben und Daten zentral zu verwalten. Damit verbessert sich nicht nur die Qualität der Verkehrsabrechnung, sondern man ist für **neue Aufgaben** sehr flexibel geworden. Das Konzept des 'Qualiflyer' der Swissair z.B. konnte gemäss Herr Kienle ohne Probleme realisiert werden. Durch die Zentralisierung und Verselbständigung der Verkehrsabrechnung besteht neu die Möglichkeit der engen Zusammenarbeit von Analytiker und Informatiker innerhalb der 'afs' . Nachdem die Wünsche der Marketing-Abteilung bekannt waren, konnte praktisch über Nacht das 'Qualiflyer-Konzept' aufgebaut werden. In Zürich wäre diese Zusatzbelastung aus zeitlichen und personellen Gründen nicht möglich gewesen.

Die Registrierung der Kunden und das Mailing wird neu in Bombay verwaltet. Ebenso wird das schon ausgelagerte und in Bombay vorhandene Reservationssystem (Reject Center) ab ersten Februar 1994 in die 'afs' eingegliedert, womit sich bezüglich Datentransfer neue Möglichkeiten bieten. Dieser Umstand wird durch den schnellen Ausbildungsgang in Bombay verstärkt. In naher Zukunft wird die 'afs' zudem auch Drittleistungen verschiedener Branchen anbieten und verarbeiten.

Aus den bisherigen Erfahrungen bei der Vorbereitung und Implementierung der Auslagerung der Verkehrsabrechnung nach Bombay macht

Herr Kienle folgende **Aussagen**, welche in entsprechend abgewandelter Form grösstenteils allgemeingültigen Charakter besitzen:

1. Das Projekt muss von A bis Z **strukturiert** sein und straff geführt werden.
2. Der einmal festgelegte und bewilligte **Kreditrahmen** muss ohne Einschränkungen verfügbar sein.
3. Der Projektleiter muss mit umfassenden **Entscheidungsbefugnissen** ausgestattet sein, auch wenn diese nicht in jedem Fall den Regeln der laufenden Betriebsführung entsprechen (aussergewöhnliche Aufgaben erfordern manchmal aussergewöhnliche Verhaltensweisen).
4. Die **Terminvorgaben** sollten so eng wie möglich gehalten und entsprechend überwacht werden.
5. Der **Know-how-Transfer** ist als anspruchsvollster Teil der ganzen Implementation anzusehen. Das jahrelang aufgebaute 'Gewusst-Wie' ist meist nur in den Köpfen gespeichert.
6. Die **Widerstände** bei den durch solche Projekte betroffenen Mitarbeitern sind nicht zu unterschätzen, und es sind rechzeitig gegensteuerende organisatorische und personelle Massnahmen einzuleiten und dauernd aufrechtzuhalten.

Zu beachten ist, dass eine solche Auslagerung nur unter gewissen Kriterien möglich ist. Dazu kann man folgende Faktoren zählen:

- Fachlich

Die Auslagerung des Geschäftsbereiches darf keine grosse Bindung an die Muttergesellschaft oder an wichtige Geschäftsprozesse haben. Ebenso ist die geographische Abhängigkeit zu einem Lieferanten oder Käufer zu vermeiden.

- Technisch

An die Kommunikationsmittel sind hohe Leistungsfähigkeiten und Anforderungen zu stellen. Gerade dieser Punkt bedarf im Entscheidungsprozess einer hohen Aufmerksamkeit, ansonsten kann sich das Projekt ins Unerwünschte verteuern.

- Personelles

Alle Angestellten müssen vom betreffenden Land sein, um einerseits die Akzeptanz zu sichern und andererseits die Kosten niedrig zu halten.

- Politisch

Die Entscheidung für eine Auslagerung muss sowohl mit der eigenen Unternehmenspolitik als auch durch die allgemeine wirtschaftliche Politik vertretbar sein. Eine Auslagerung darf nicht bewirken, dass gleichzeitig die Kundennähe verloren geht.

- Organisatorisch

Die Auslagerung eines Geschäftsprozesses muss durch organisatorische Änderungen begleitet werden. Einerseits gilt es, die EDV-Bedingungen durch die Veränderung neu zu beurteilen und gegebenenfalls neu zu gestalten. Alle potentiell möglichen Geschäftsprozesse für die Auslagerung müssen in Betracht gezogen und genaustens analysiert werden.

Die Auslagerung ist sodann in möglichst kompakter Form zu gestalten und in eine neuen Organisationsform zu bringen. Die Ideallösung ist sicherlich die Gründung einer Tochterfirma, womit einerseits die Verlagerung eine definitivere und zugleich akzeptablere Form erhält. Andererseits kann die neue Organsationsform somit auch Einfluss auf andere Geschäftsprozesse gewinnen.

Mit der neuen Organisationsform erhält das bisherige Management zusätzliche oder sogar neue Aufgabengebiete. Der ehemalige EDV-Verantwortliche kann somit zum Produktions- und Finanz-Verantwortlichen einer Gesellschaft werden, der auch das Marketing für den Verkauf der erbrachten Leistungen beherrschen muss. Es vollzieht sich also ein Wandel vom operativen zum strategischen Gebiet.

3.3.2 Fallstudie SBG [128]

Das Wettbewerbsumfeld

Die Rekordgewinne im Schweizerischen Bankgewerbe der letzten Jahre dürfen nicht darüber hinwegtäuschen, dass der Konkurrenzdruck in dieser Branche nach wie vor hoch ist und die einzelnen Institute sich in einem harten Zeit-, Kosten- und Qualitätswettbewerb behaupten müssen. Der gesättigte und segmentierte Markt schafft in den einzelnen Banken einen strategischen und organisatorischen Handlungsbedarf. Die Schnelligkeit und die qualitative Gestaltung der Dienstleistungen sind kritische Erfolgsfaktoren geworden.

Im Zug dieser Anstrengungen ist es in der Bankbranche zu einer verstärkten Zusammenarbeit von Regionalbanken und zu vermehrten Übernahmen von kleinen Bankinstituten durch Grossbanken gekommen.

Damit die Bankinstitute langfristig wettbewerbsfähig bleiben, d.h. den Marktanteil halten und wenn immer möglich ausbauen können, konzentrieren sie sich intern auf folgende strategische Ziele:

- Effizienzsteigerung durch verbessertes Kostenmanagement,
- Markt- und Kundenorientierung,
- Zielgruppenbanking,
- Differenzierte Geschäftsstellenstrategie.

Ähnliche Ziele hat das „Lean-Banking", welches im Konzept vor allem effizientere Kostenstrukturen als oberstes Ziel anstrebt. Mit schlankeren Strukturen soll die Produktivität gesteigert werden, neue Verkaufs- und Beratungsformen mit verstärkter Kundenorientierung werden eingeführt. Die einzelnen Bankeninstitute ausserhalb der Universalbankenebene konzentrieren sich allgemein stärker auf ihre Kernkompetenzen.

---

[128] Diese Fallstudie ist 1994 vom Institut für Wirtschaftsinformatik der Universität Bern in Zusammenarbeit mit der Schweizerischen Bankgesellschaft (SBG) erarbeitet worden. Alle Rechte liegen bei der SBG sowie dem Institut für Wirtschaftsinformatik der Universität Bern.

Auf der Ebene der Universalbanken werden organisatorische Strukturen überarbeitet und bereinigt. Während man früher in vielen Banken wie generell im gesamten Dienstleistungsgewerbe bei Reorganisationen eher bei der Aufbauorganisation ansetzte, findet heute eine starke Fokussierung auf ablauforganisatorische und prozessorientierte Strukturen statt. Geschäftsprozesse werden neu definiert, reorganisiert und teilweise redimensioniert, d.h. Teilprozesse ohne ausreichenden Anteil an der Wertschöpfung fallen weg.

Von sämtlichen Bankbereichen ist in den letzten Jahren vor allem das Privatkundengeschäft, auch Retail-Banking genannt, zunehmend unter Wettbewerbsdruck geraten. Kosten- und Wirtschaftlichkeitsüberlegungen haben das Retail-Geschäft in Bewegung gebracht. Hierzulande herrscht generell die Auffassung, die Schweiz sei im Retail-Geschäft „overbanked" und dies gerade in einem Bereich, der nicht mehr wächst und in dem der Konkurrenzdruck am höchsten ist. Schweizer Banken beginnen nun, sich stärker um ihre Privatkunden zu kümmern und gleichzeitig ihre Kostenstruktur zu verbessern. Erste Anstrengungen in diese Richtung können Bankkunden in Form von neuen Produkten und aktualisierten Spesenverrechnungen beobachten. Es ist ein erklärtes Ziel der Grossbanken, dass der Kunde sein Geld nicht auf verschiedenen Instituten anlegt, sondern sich wenn möglich auf eine einzige Bank konzentriert.

Eine Quersubventionierung des Retail-Banking durch die Gewinne anderer Geschäftsbereiche hat keine Zukunft mehr. Als Verbesserung der Situation steht nicht nur die Akquisition neuer Kunden im Vordergrund, sondern vor allem auch die Optimierung im Rahmen der bestehenden Kundenstruktur.

Auch das Berufsbild des Retail-Bankers hat sich im Zug der Reorganisation im Privatkundengeschäft stark verändert. Das Missverhältnis seiner Tätigkeit von 70% Administration und 30% Kundenkontakt soll korrigiert werden. Durch die verstärkte Automatisierung setzt man Ressourcen frei, die für neue Arten der Kontaktgenerierung genutzt werden können. Das Schalterpersonal bedient damit seine Kunden nicht mehr zufällig und in einer reaktiven Weise, sondern frühzeitig, aktiv und mit einer gezielten Strategie.

Das Projekt Marketing 2000

In der SBG hat man die Tendenzen im Markt schon früh erkannt und in verschiedenen Projekten darauf reagiert. Die markanteste und umfassendste Anpassung an zukünftige Strukturen erfolgt im Projekt Marketing 2000.

Im Rahmen der Strategieplanung in der SBG (Neuorientierung) wurde das Projekt Marketing 2000 Ende 1988 ins Leben gerufen. Nach ausgedehnten Grundlagenarbeiten und Detailkonzepten folgte in den Jahren 1992, 1993 und 1994 die Umsetzungsphase. Schritt für Schritt werden nun die Auswirkungen dieses Projektes für die Kunden und Mitarbeiter der Bank spürbar.

Das Gesamtprojekt Marketing 2000 ist als Matrix-Organisation aufgebaut worden; Abbildung 3-26 zeigt die entsprechende Projektorganisation. Die zwei wichtigsten Zielsetzungen des Projektes lauten:

- **Optimale Erfüllung der Kundenerwartung:** Das Projekt ist nicht ein reines Effizienzsteigerungsprogramm auf der Kostenseite, sondern beinhaltet eine starke Marketingkomponente; stark betroffen davon ist das Retail-Banking.
- **Konzentration der Kräfte:** Im bestehenden Distributionsnetz bietet die SBG nicht mehr sämtliche Dienstleistungen an jedem Standort an, d.h. Individualgeschäfte werden auf die Wirtschaftsräume und damit das Know-how auf die richtigen Orte konzentriert. Daneben strebt man eine Trennung von Distributions- und Produktionsapparat an, indem die Verarbeitung des Vergütungsverkehrs auf acht und diejenige der Wertschriftenverwaltung auf vier Standorte in der Schweiz zentralisiert wird.

Aus dieser Zielsetzung sind verschiedene Kernprojekte entstanden, die im einzelnen folgenden Inhalt aufweisen:

1. Bildung der drei Kundensegmente Privatkunden, Firmenkunden und Anlagekunden.
2. Einteilung des Niederlassungsnetzes in 49 Wirtschaftsräume sowie Konzentration der Logistik und der Verarbeitung.

3. Unterstützung der Führung mit Instrumenten des betrieblichen Rechnungswesens (Profit-Center-Rechnungen, Auswertungen nach Kundensegmenten und Produktesparten).

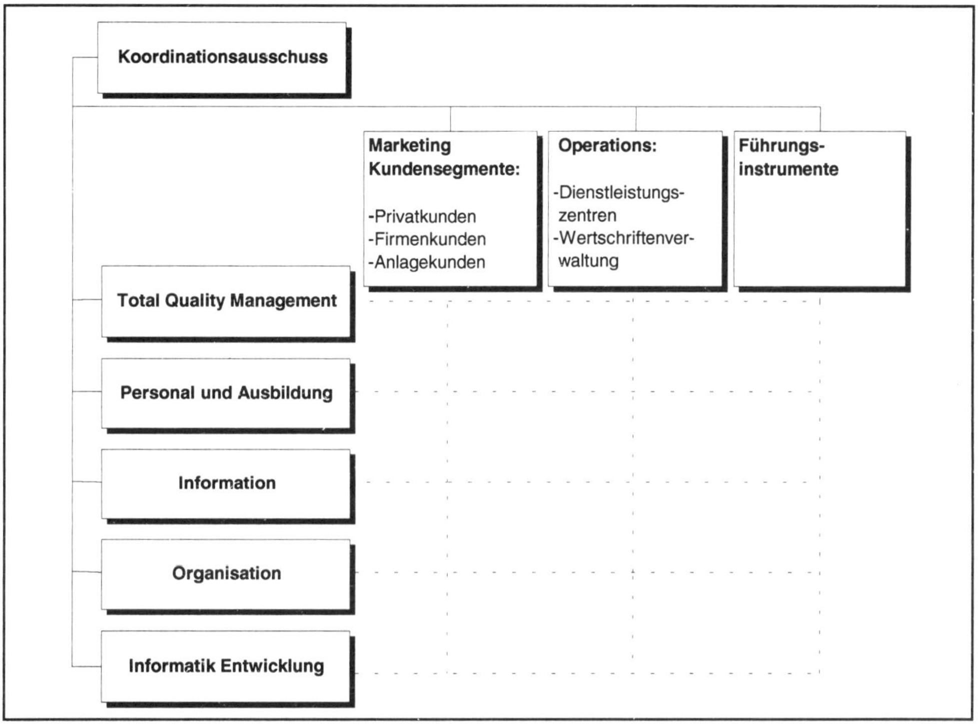

Abbildung 3-26: Projektorganisation Marketing 2000.

Die Einheiten der Region Schweiz sind in 5 Ressorts zusammengefasst. Jedes Ressort wird von einem Mitglied der Geschäftsleitung geführt. Die Ressortleiter nehmen ihrerseits eine dreifache Führungsverantwortung wahr, indem sie eine Kundensegmentverantwortung, eine Produkteverantwortung und zugleich auch Linienverantwortung übernehmen. Die Region Schweiz mit der Eingliederung in den SBG Konzern ist in Abbildung 3-27 dargestellt.

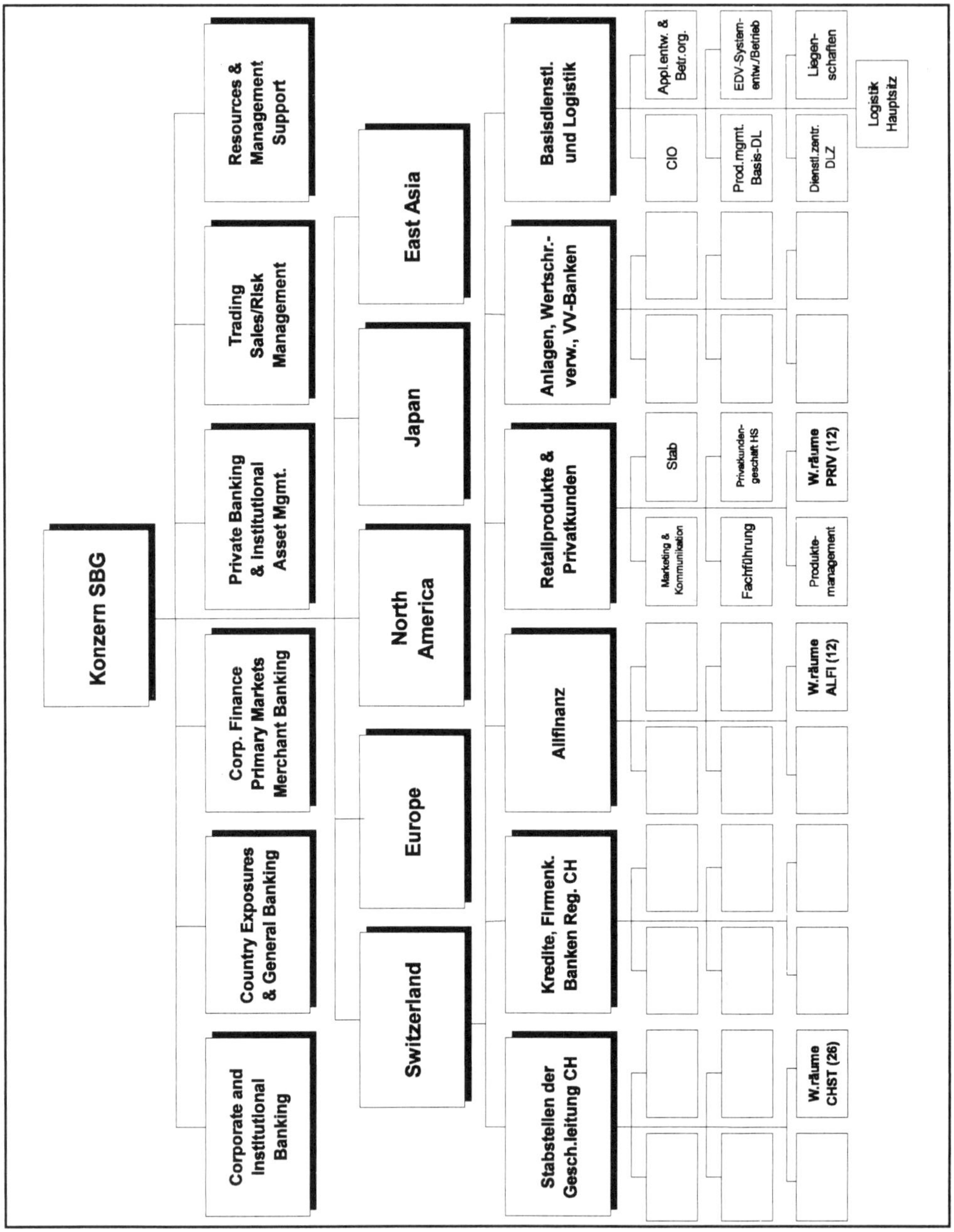

Abbildung 3-27: Organigramm SBG-Konzern (1994).

Die Auswirkungen des Projekts Marketing 2000 sind nicht nur in der Aufbau- sondern auch in der Ablauforganisation der SBG sichtbar. Während früher die Ablauforganisation schwergewichtig auf die rationelle Bearbeitung von Geschäftsfeldern ausgerichtet war, ist man heute in der Lage, auf bereichsübergreifende Geschäftsprozesse Einfluss zu nehmen. Dies bestätigt auch Herr Gasser, Verantwortlicher für Business-Process-Redesign (BPR) in der Betriebsorganisation der Bank:

„Mit Marketing 2000 hat man Strukturen geschaffen, welche die Fokussierung auf einen Geschäftsprozess ebenfalls unterstützen. Ich denke an den Einsatz von Produktmanagern, die für ihre Produkte und die Abwicklungsprozesse verantwortlich sind, oder an die Kundensegmentierung, die gezielt Bedürfnisse aufdeckt und den Geschäftsprozessen eine bessere Ausrichtung auf diese Segmente erlaubt. Nach der Strategie und der Gliederung des Konzerns in Regionen und Sparten und mit Marketing 2000 für die Region Schweiz sind wir nach den Strukturaspekten nun in der Phase, wo Geschäftsprozesse sehr aktuell sind und sicher auch wieder Auswirkungen auf die Strukturen haben.“

Neben organisatorischen Veränderungen ergeben sich aus dem Projekt Marketing 2000 auch technische Auswirkungen. An der Front setzt sich eine Automatisierungstendenz fort, die generell im Bankgeschäft zu beobachten ist. Die SBG führt in ihren Verkaufsräumen ein Drei-Zonen-Konzept ein: In einer Selbstbedienungszone stehen Indoor- und Outdoor-Automaten, die sich nicht nur zum Bargeldbezug eignen, sondern vermehrt zur allgemeinen Informationsvermittlung eingesetzt werden. Daneben gibt es eine Quick-Desk-Zone zur Abwicklung von schnellen Geschäften und eine Beratungszone, in der man mit dem Kunden diskrete und längere Gespräche führen kann.

Parallel zu diesen primären Massnahmen zu Marketing 2000 wurden einige Koordinationsprojekte in den Gebieten Personal, Ausbildung und Informatik lanciert. Ein Total Quality-Projekt mit einem vollamtlichen Projektleiter ist ebenfalls ins Leben gerufen worden. Ausgehend von diesem TQM-Projekt wurden in der bestehenden Struktur Nullmessungen durchgeführt, wobei sechs Messgrössen interessierten:

- *Kundenorientiert*: Kundenzufriedenheit, Kundenverlust.

- *Prozessorientiert*: Abwicklungsverlust, Aufwand zur Korrektur fehlerhafter Ausführungen.
- *Mitarbeiterorientiert*: Mitarbeiterzufriedenheit, ungewollt verlorene Mitarbeiter.

Aus den Resultaten werden kurzfristige Qualitätsziele erarbeitet und im längerfristigen Bereich Massnahmen für das Produktmanagement und die Kundensegmentierung vorbereitet. Es handelt sich dabei um einen qualitäts- und controllingorientierten Ansatz, wobei das Ziel eines nachvollziehbaren Quality-Ratings des Wirtschaftsraums nicht aus den Augen verloren gehen soll.

Das Projekt kann auch zu einem punktuellen Reengineering von Geschäftsprozessen führen, doch Herr Marty als Leiter des TQM-Projektes ist hinsichtlich dieser Veränderungen eher skeptisch: „Wieviel an Geschäftsprozessveränderungen herausschaut und wieviel unter dem Stichwort ‚Verbesserung' und ‚Optimierung' erarbeitet wird, ist schwierig zu prognostizieren. Ich glaube nicht daran, dass man diesbezüglich grosse Schritte unternehmen kann. Der Erfolg liegt wahrscheinlich in der kontinuierlichen Leistungsverbesserung, die Organisation muss lernfähig gemacht werden."

Das Retail-Banking im Umbruch

Der Megatrend im Bankengeschäft, Strukturen zu vereinfachen, Geschäftsprozesse zu optimieren und die Komplexität zu reduzieren, setzt sich auch im Privatkundengeschäft durch. Die Kernfrage lautet auch hier: „Welche Leistungen sind wirklich erforderlich und wie sollen diese erbracht werden?" Neben der Anpassung der Organisation erfolgt in vielen Banken eine Bereinigung der Produkt- und Dienstleistungspalette sowie der Wertschöpfungsstruktur; die Profitabilität im Privatkundengeschäft soll damit gesteigert werden. Ausländische Beispiele haben gezeigt, dass das Kleinkundengeschäft durchaus profitabel betrieben werden kann; falls der Bereich Retail stabile Erträge erwirtschaftet, wirkt er zudem als Ausgleich zum instabileren Handelsgeschäft.

Doch die Kundenbasis ist in der SBG immer noch zu schmal. Auch der Ressortleiter des Retail-Banking, Herr Haltiner bestätigt, dass der Weg zum profitablen Retail-Banking nur über mehr Volumen führt. So hat auch die SBG ihr Retail-Geschäft neu strukturiert und ihre Privatkunden segmentiert.

Der Bereich Retailprodukte und Privatkunden wird in der SBG seit Anfang 1992 als eigenständiges Ressort geführt. Zuvor war das Retail-Banking der Kommerz-Abteilung angegliedert. Der Geschäftsbereich ist unterteilt in „Marketing & Kommunikation", „Produktmanagement, Fachführung & Netzsupport" und „Informatik & Organisation". Die Fachführung ist quasi wie eine Projektorganisation aufgebaut. Darin enthalten sind Bereiche wie Informationstechnologie, Controlling und Ausbildung.

Als erster Schritt zu neuen Formen im Retail-Banking wurden die Privatkunden neu in drei Hauptkategorien eingeteilt:

- Private mit kleinem und mittlerem Einkommen,
- Selbständigerwerbende und
- Kleinfirmen.

Das Retail-Banking grenzt sich nun organisatorisch klar vom Anlagekunden- und Kreditgeschäft ab. Als Abgrenzungskriterien dienten vor allem numerische Grössen wie Einkommen oder Konten- bzw. Depotsaldi. Eine strikte Trennung der Segmente ist jedoch nicht möglich, es müssen weitere Kriterien hinzugezogen werden, wie zum Beispiel die Abdeckung der Kundenbedürfnisse mit standardisierten Produkten. Diese Meinung vertritt auch Herr Gmür, Ausbildungsleiter im Privatkundengeschäft: „Ich kann mir vorstellen, dass auf der Kreditseite ein kleinerer Kunde nicht in das Retail passt, weil er nicht standardisiert bearbeitet werden kann. Es kann aber auch einmal ein grösserer Kunde in Zukunft in diesen Topf hineingehören, der sagt: Ich bin total glücklich mit standardisierten Produkten, ich brauche und will nicht mehr, das geht für mich schnell und ist vom Preis her für mich sinnvoll."

In den Fronteinheiten werden Teams als Betreuungseinheit eingesetzt. In jedem Team gibt es einen Senior als Leader, daneben existieren Betreuer und ein bis zwei Juniors. Diese sollen eine Einheit bilden, die zusammenarbeitet, so dass Synergien entstehen und auch das berufliche Know-how weitergegeben wird. Im Gegensatz zum Firmen- und Anlagenkundengeschäft ist ein Privatkunde nicht auf einen einzigen Betreuer angewiesen, deshalb bereitet es keine Schwierigkeiten, wenn nun ein Team das Kunden-Portfolio betreut. Damit ist eine Kulturveränderung eingetreten, die im Veränderungsprozess länger dauert als die blosse Strukturbereinigung.

Die Abgrenzung Individualkunden zu Retailkunden und die Einteilung der Region Schweiz in Wirtschaftsräume hat personelle und technische Veränderungen bewirkt. Das vorhandene Know-how wurde konzentriert, und somit waren wirtschaftlich sinnvolle technologische Investitionen möglich. Herr Gmür drückt diesen Sachverhalt wie folgt aus: „Für teure Spezialisten in kleinster Zahl an kleinen Orten war die Aufrechterhaltung des Know-hows schwierig gewesen, weil es sehr teuer ist, diese mit der nötigen technologischen Infrastruktur auszurüsten. Jemand hatte vielleicht einen Depotbestand mit zwei bis drei Kunden, die echt zu ihm passten, und der Rest hätte ins Retail gehört. Das ist aus betriebswirtschaftlichen Überlegungen nicht mehr sinnvoll gewesen."

Der Ansatzpunkt im Privatkundengeschäft der SBG besteht darin, im Sinn einer verstärkten Kundenorientierung ein neues Verhalten am Markt zu zeigen. Verantwortlich dafür sind die verschiedenen Geschäftsstellen; gesteuert und unterstützt wird dies von Zürich aus über verschiedene Kernprojekte in den Themengebieten Ablauforganisation, Kommunikation, Verkaufsräume, Produkte, Ausbildung, Database-Marketing und Informationstechnologie als Verkaufsunterstützung.

Die technische Unterstützung im Privatkundengeschäft ist ein zentraler Aspekt des Marketing 2000. Mit Database-Marketing und einer IT-Verkaufsunterstützung wird versucht, die Produktivität im Retail-Banking zu verbessern. Dem Database-Marketing liegt eine Sammlung der Kundendaten zugrunde, die vom Kundenbetreuer im aktiven Verkauf verwendet werden und auch für gezielte Marketing-Aktionen, Informationen über die Produktentwicklung, Statistiken, Kundenverhalten, Führungsinformationen und für Kontrollinstrumente einsetzbar sind. ABACUS, das Transaktionssystem der SBG Schweiz, wurde ursprünglich nicht als Marketing-System konzipiert, sondern als rationelles Buchungsinstrument, worin auch Objekt- und Kundendaten gesammelt werden. Darauf aufbauend sind bereits Applikationen im Sinn von Zwischenlösungen aufgebaut worden, die helfen, erste Schritte in Richtung von gezielten Marketing-Aktionen zu tun. Database-Marketing strebt jedoch noch höhere Ziele an:

Kundensegmente sind bereits heute schon vorhanden, wie z.B. „Jugendliche“, „Erwachsene A“ und „B“, „Senioren A“ und „B“ sowie Subsegment-Gruppen nach Alter. Der jeweilige Durchschnittssaldo kann auch bereits errechnet werden; doch in Zukunft benötigt der Verkäufer an der Front weitere Informationen. Wenn ein Kunde vor ihm steht, muss er wissen, welche Produkte er bereits nutzt und welche nicht bzw. worauf er anzusprechen ist. Herr Gmür kennt als Ausbildungsleiter im Privatkundengeschäft die Vision der zukünftigen IT-Frontunterstützung: „Uns schwebt eine Verbindung von einem Verkäuferarbeitsplatz mit einer PC-Bildoberfläche vor, womit man papierlos arbeiten kann. Das Database-Marketing liefert ihm die nötigen Informationen und liefert gleichzeitig auch Informationen an den Chef zur Selektion und zur Messung des Erfolges von Verkaufsaktionen, z.B. hinuntergebrochen auf Teams. Hier haben wir heute erste Lösungen, doch wir stossen immer wieder an Grenzen. Die nötigen Zusatzapplikationen fehlen, damit gewisse neue Informationen generiert werden können.“

Produktestrategie

Neben den traditionellen Angeboten aus der Anlageberatung und dem Firmenkundengeschäft kommen nun Schritt für Schritt neue Produkte auf den Markt. „Liberty“, als Beispiel für ein neues Kontopaket, verbindet die Einführung neuer Gebühren und Dienstleistungspreise mit den Vorzügen eines modernen Produktes. Auf der Seite der Hypotheken sind ebenfalls Veränderungen im Gang. Eine Hypothek im Retail darf nicht dieselbe sein wie im Firmenkundengeschäft; Projekte zur Verbesserung dieser Praxis sind bereits in Vorbereitung.

Die Bank hat entschieden, standardisierte Produkte nur noch mit Standardmethoden und Individualprodukte mit Individualmethoden zu bearbeiten. Die Informationstechnologie wird deshalb auf diesem Weg eine grosse Rolle spielen. Im Credit-Scoring z.B. gibt das System anhand von Kundendaten eine Bandbreite des Kredits vor, ohne teure vorgängige Analysen für relativ kleine Kreditbeträge. Ein erstes Modell dazu existiert bereits für einfache Überzugslimiten auf einem Privatkonto; hier kann die SBG Erfahrungen sammeln. In der Schweiz gibt es im Gegensatz zum Ausland solche Modelle noch nicht; dazu müssen demografische Daten verfeinert werden. Im Moment kann derjenige, welcher den Kredit bearbeitet, diesen auch über- oder untersteuern; die Bank ersetzt nun das Vieraugen-Prinzip durch ein System und zwei Augen, die einen Kreditfall bearbeiten.

Im Sinn der verstärkten Kundenbeziehungen wurden in der Schweiz vermehrt Marktbearbeitungsaktionen durchgeführt; jeder Kunde bekam ein Foto seines Betreuerteams und erhielt vermehrt Mailings. Auch Telefon-Marketing wurde intensiver eingesetzt.

Im Zug dieser Anpassungen hat sich das Berufsbild des Retail-Bankers verändert. Herr Gmür, Ausbildungsleiter des Privatkundengeschäfts schildert die Entwicklung der Leistungsanforderungen in diesem Bereich folgendermassen: „Früher war der Bankkassier ein hoch angesehener Beruf, ein Generalist. Dann hat man im Zeichen des ausgetrockneten Personalmarktes eine Arbeitsteilung betrieben, die dazu führte, dass sich der Kunde für drei Produkte an drei verschiedene Schalter wenden musste, weil jemand nur noch ein Produkt verkaufen konnte.“ Dieses Bild entspricht in etwa dem Stand von 1978. „Heute ist wiederum der Generalist gefragt, der eine umfassende Beratung leisten kann. Der Retail-Banker verkauft heute Produkte, die man früher am Schalter nicht verkauft hat. Der hat früher die Leute zum Spezialisten weitergeleitet. Das erklärt auch, weshalb wir die Kleinfirmen ins Retail hineingenommen haben. Wenn z.B. der Handwerker aus Zofingen herkommt und für 30'000 Franken eine neue Maschine kaufen will, so können wir ihn nicht nach Aarau zum Spezialisten schicken.“

Das Teilprojekt Geschäftsprozessanalyse

Nach der aufbauorganisatorischen Strukturierung, die sich durch Marketing 2000 ergeben hat, überarbeitete die SBG in einem zweiten Schritt ihre ablauforganisatorischen Strukturen neu. In der Anfangsphase der Analyse einzelner Geschäftsprozesse war es für die Repräsentanten der Bank bereits klar, dass Rückwirkungen auf die Aufbauorganisation durchaus denkbar sind, da es sich hier um einen rekursiven Vorgang handelt.

Die Abteilung Betriebsorganisation der SBG trat innerhalb der Bank als Anbieter für Geschäftsprozessoptimierungen auf; so auch gegenüber dem Geschäftsbereich Retailprodukte & Privatkunden, deren bestehende Geschäftsprozesse ein Problem darstellten. Die Projektleitung für die Geschäftsprozessanalyse in diesem Bereich hatte ebenfalls die Betriebsorganisation, welche das Projekt stark gefördert hat.

Die Geschäftsprozessanalyse wurde schwergewichtig im Jahr 1993 vorgenommen. Die Zielsetzung war auf eine markt- und kundenorientierte Optimierung der bestehenden Geschäftsprozesse ausgerichtet. Die Kernpunkte lauteten:

- **Steigerung des Kundennutzens** durch bedürfnisgerechte Qualität,
- **Kostenverminderung** in den einzelnen Geschäftsprozessen,
- **Verkürzung der Durchlaufzeit**.

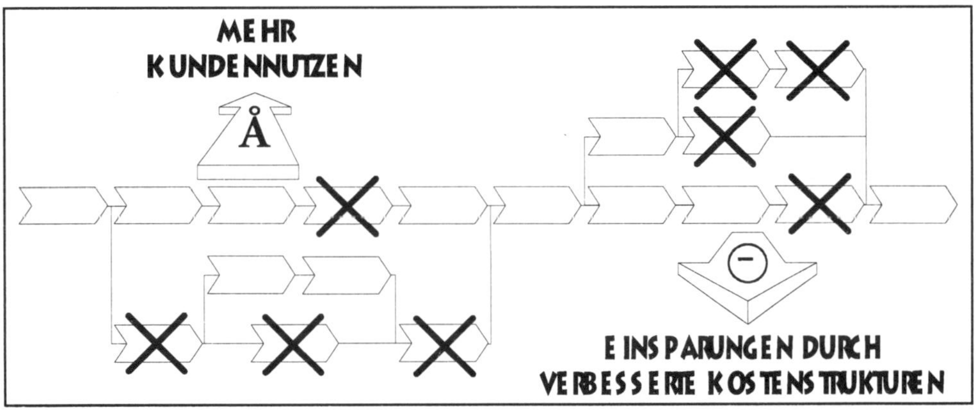

Abbildung 3-28: Auswirkungen der Geschäftsprozess-Optimierung.

Abbildung 3-28 zeigt die Elemente der Zielsetzung integriert in eine Geschäftsprozesskette. Leerzeiten, Doppelarbeiten, Prozessschleifen, nicht erfolgskritische Prozessbestandteile und Handlungen, die keinen Nutzen stiften, werden eliminiert bzw. reduziert.

Dies schafft für den internen oder externen Kunden einen Nutzenzuwachs und verbessert gleichzeitig die Durchlaufzeit sowie die Kostenstruktur des Geschäftsprozesses.

Vorgehen

In einem ersten Schritt wurden die vorhandenen Geschäftsprozesse im Privatkundengeschäft eruiert; dabei konzentrierte man sich klar auf die Abwicklungsprozesse. Führungs-, Akquisitions- und Marketingprozesse wurden in dieser Untersuchung nicht berücksichtigt, weil in diesen Bereichen andere Projekte parallel lanciert worden waren.

Es ging nun darum, Abläufe, Schwachstellen und mögliche Potentiale transparent zu machen. Nach der Definition und Auswahl der Geschäftsprozesse wurden diese nach folgenden Kriterien priorisiert:

Interne Faktoren:

- Absolutes Potential (Ressourcenverbrauch des Geschäftsprozesses in der ganzen Schweiz),
- Relatives Potential (Grober Quervergleich über alle Geschäftsprozesse hinweg).

Externe Faktoren:

- Nutzniesser des Geschäftsprozesses (Prozessleistung: Prozesse mit einem hohen Anteil an Nutzen bzw. Leistung, die dem Kunden nichts bringt, werden erfasst),
- Negative und positive Qualitätsabweichungen gegenüber den Kundenbedürfnissen.

In der eigentlichen Analyse der Geschäftsprozesse betrachtete man zwei bis drei Prozesse parallel; kurzfristige Massnahmen wurden rasch ausgelöst und die resultierenden SOLL-Prozesse an das gleichzeitig operierende Team 'Document Management' weitergeleitet. Daneben orientierte eine Zusammenfassung über aufbau- und ablauforganisatorische Auswirkungen auf das Privatkundengeschäft.

Herr Gasser, der Projektleiter im Workflow-Management der Bank erinnert sich an die Vorgehensweise der Geschäftsprozessanalyse:“Wir haben versucht, einen Überblick zu erhalten über die Leistung eines Geschäftsprozesses, d.h. über dessen Output; auf der anderen Seite aber auch über die limitierenden Faktoren, d.h. über die Vorgaben an einen Geschäftsprozess (z.B: Sorgfaltspflicht-Vereinbarung, Bankengesetz oder interne Grundsatzentscheidungen, die einen Prozess in ein Kleid zwingen). Danach fand ein erster Workshop des Kaders mit Kreativitätsthemen statt, in dem Lösungsansätze in der Breite gesucht wurden. Beteiligt waren Personen aus der Technik (EDV: Team Document-Management/Workflow-Management), Personen aus einer Niederlassung und Fachverantwortliche (Produktmanager, Fachstellen), welche die Geschäftsprozesse von den Produkten her betreuen und die Niederlassungen unterstützen. Nach den Workshops standen uns mehrere Wege offen, und Detailabklärungen waren vorzunehmen. Nach der Entstehung einer konsolidierten Meinung fand ein zweiter Workshop statt, in dem die Lösungen dem höheren Kader vorgestellt wurden, um dabei zu eruieren, ob sich unsere Vorstellungen mit deren Wünschen decken. Auf der anderen Seite wurde auch die Machbarkeit noch einmal mit der EDV abgcklärt. Anschliessend wurde der Zustand fixiert.“

Resultate und Auswirkungen

Das primäre Resultat der Geschäftsprozessanalyse ist ein umfassender Bericht mit Beschreibungen der IST- und SOLL-Prozesse. Für komplexe Fälle dokumentierte man IST- und SOLL-Prozesse mit Hilfe eines Flow-Charts. Die Überlegungen der Projektmitarbeiter gingen vom Kundenbedürfnis aus; in diesem Sinn hat man nicht IST-Prozesse auf ihre Schwachstellen hin untersucht und optimiert, sondern das Ziel war die Erarbeitung einer SOLL-Lösung und die Offenlegung von Potentialen, um eventuell weitere Projekte auszulösen.

Ein Vergleich zwischen einem SOLL- und einem IST-Prozess zeigt das Beispiel der Kundeneröffnungen in der Abbildung 3-29 und folgende. Bei der Erarbeitung der SOLL-Lösungen waren Personen aus den Abteilungen 'Document-Management' und 'Workflow' beteiligt. Diese waren in ihrem konzeptionellen Denken nicht von der bestehenden Systemkonfiguration geprägt; somit wurden zukunftsweisende Lösungsvorschläge nicht von technischen Machbarkeitsüberlegungen im Keime erstickt, und der manuelle Anteil der Aktivitäten konnte zumindest auf dem Papier erheblich gesenkt werden.

Abbildung 3-29: Kundeneröffnungen: Vereinfachter IST-Ablauf.

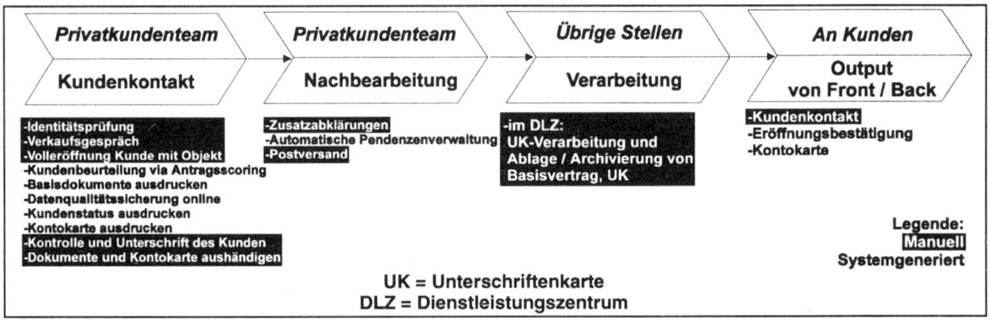

Abbildung 3-30: Kundeneröffnungen: Vereinfachter SOLL-Ablauf.

Der IST-Prozess ist geprägt durch einen hohen manuellen Anteil. Zu den vorhandenen Medienbrüchen wird ein grosser Teil der Daten erst in der Nachbearbeitung definitiv erfasst. Daneben gibt es Papiertransporte und einen sehr hohen Anteil an Nachbearbeitung.

Die Zielvorstellung für den SOLL-Prozess ist in den Augen von Herrn Gasser eine alte Weisheit: „Die Erfassung der Daten sollte so komplett wie nur möglich zu Beginn des Geschäftsprozesses erfolgen, im direkten Kundenkontakt. Daten sollten nur einmal erfasst und weitergeleitet werden. Eine solche definitive Erfassung bedingt natürliche eine andere Unterstützung. Das Motto ist nun dasjenige, dass im Augenblick, in dem der Kunde das Privatkundenteam, bzw. den Kundenberater verlässt, für letzteren der Fall bereits abgeschlossen ist. Falls noch etwas übrigbleibt, müssen die Pendenzen vom System überwacht werden, aber grundsätzlich sollte es so sein, dass der Kunde beim Verlassen der Bank komplett ausgerüstet ist und der Geschäftsfall für den Kunden und die Bank erledigt ist. Es hat dann schon noch gewisse Dinge im Hintergrund, z.B. das Unterschriftenkarten-Scanning lohnt sich dezentral nicht, weil es eine gewisse Kontrollmöglichkeit beinhaltet und ein zentrales Basisdokument darstellt. Andere Sachen könnten aber getrost geändert werden. In der Nachbearbeitung sehen wir einen grossen Teil der Einsparungen, daneben auch in den übrigen Stellenverarbeitungen ausserhalb des Privatkundengeschäfts."

Die Abbildungen auf den Seiten 205, 206, 207 und 208 zeigen die Flow-Charts zu obigen vereinfachten Darstellungen der Kundeneröffnungen, wiederum unterteilt in IST- und SOLL-Ablauf. In dieser SBG-spezifischen Sicht wird deutlich, dass auch ein neu geschaffener Geschäftsprozess in die bisherige Systemumgebung eingefügt werden muss. Die dargestellten Schnittstellen zum Transaktionssystem ABACUS illustrieren zudem, dass die bestehende informationstechnische Infrastruktur den Anstrengungen in Richtung Business-Process-Reenginering eine Grenze setzen kann.

Die Geschäftsprozessanalyse im Privatkundengeschäft der SBG war auch mit einigen Problemen behaftet. Der Auftraggeber für die beschriebene Optimierung war die Fachführung des Bereiches Retailprodukte und Privatkunden. Diese setzte ihrerseits die Betriebsorganisation unter einen hohen Zeitdruck. Das Privatkundengeschäft litt unter dem Umstand, dass der administrative Anteil in der Auslastung ihrer Angestellten zu hoch war, und trachtete diesbezüglich nach einer möglichst raschen Entlastung. Ein Effizienzsteigerungs-Projekt im Bereich der Fachführung und Unterstützung des Privatkundengeschäfts hatte ähnliche Zielsetzungen kurzfristiger Natur.

Die Betriebsorganisation als bankinternes Profit-Center stand mit ihrem Projekt deshalb schon früh mit anderen Projekten ähnlichen Inhaltes in Konkurrenz.

Der Zeitdruck führte dazu, dass z.B. der Einbezug der Kunden nicht stattgefunden hat. Diese Tatsache ist es auch, die Herrn Gasser am meisten gestört hat: „Wir sind relativ rasch unten auf den einzelnen Geschäftsprozessen angelangt, die ja eigentlich Produktprozesse oder vielleicht Funktionsprozesse sind; man hat also die Sicht sehr schnell vom Kundenbedürfnis zu den Geschäftsprozessen gewechselt. Im Nachhinein gesehen ist dieser Zustand unbefriedigend."

Daneben wirkte sich der fehlende Einbezug der Produktmanager nachteilig auf die Optimierung der Geschäftsprozesse aus. Herr Gasser, der die Produktmanager eigentlich als Process Owner der analysierten Abwicklungsprozesse sieht, analysiert die damalige Lage folgendermassen: „Die Produktmanager arbeiteten sehr intensiv an ihren neuen Produkten. Sie waren demzufolge noch nicht sensibel für Geschäftsprozesse."

Die neuen Geschäftsprozesse werden nun im Rahmen eines grösseren Projekts des Privatkundengeschäfts integriert, welches generell die Marktbearbeitung und Geschäftsprozesse zum Inhalt hat. Die SBG rechnet damit, dass auf Ende 1994 die ersten dieser Prozesse bereit sind, damit sie anfangs 1995 realisiert werden können.

Die wichtigste Erfahrung aus diesem Projekt ist für Herrn Gasser, der zusammen mit seinem Projektteam einige radikale Veränderungen in vorhandenen Geschäftsprozessen geprüft hat, diejenige, dass vorhandene Strukturen oftmals eine Grenze für Business Process Reeengineering sein können (interne Bedingungen): „Die Herausforderung war sicher die, etwas Neues im bestehenden System anzupacken", zieht der Projektleiter Bilanz. „Das Ganze hat Grenzen, man arbeitet nicht auf der grünen Wiese. Man kann im Endeffekt doch nicht alles verwirklichen, was man gerne möchte, und auf der anderen Seite muss man trotzdem so offen sein und etwas suchen, das einen fundamentalen Wechsel darstellen kann."

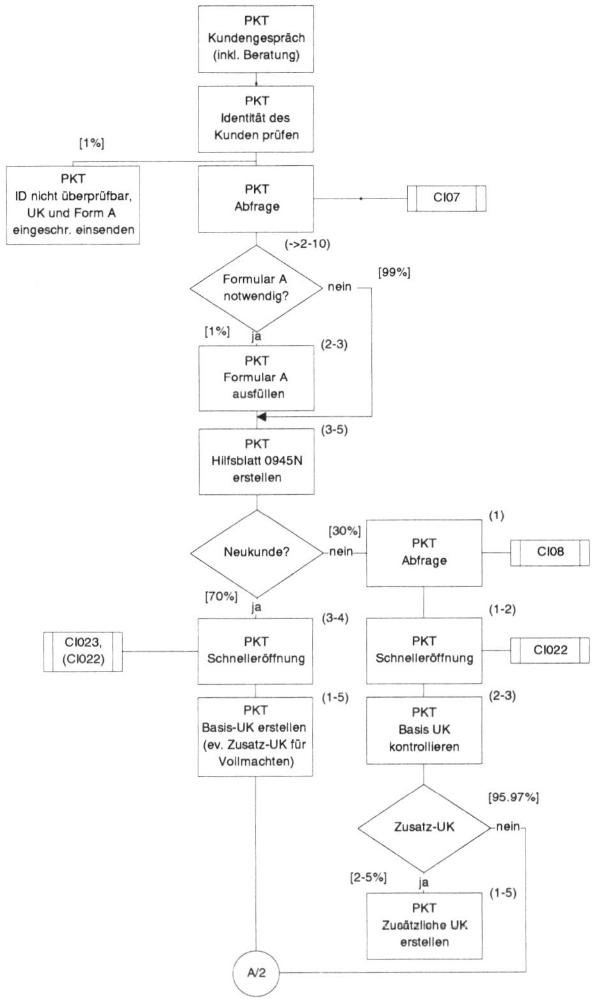

▭ :	Schnittstelle zu ABACUS
PKT:	Privatkundenteam
Formular A:	betr. Sorgfaltspflicht
UK:	Unterschriftenkarte
[Zahl%]	Wahrscheinlichkeiten
(Zahl)	Zeit zur Bearbeitung (in Minuten)

Abbildung 3-31: IST-Prozess „Persönliche Kontoeröffnung /1".

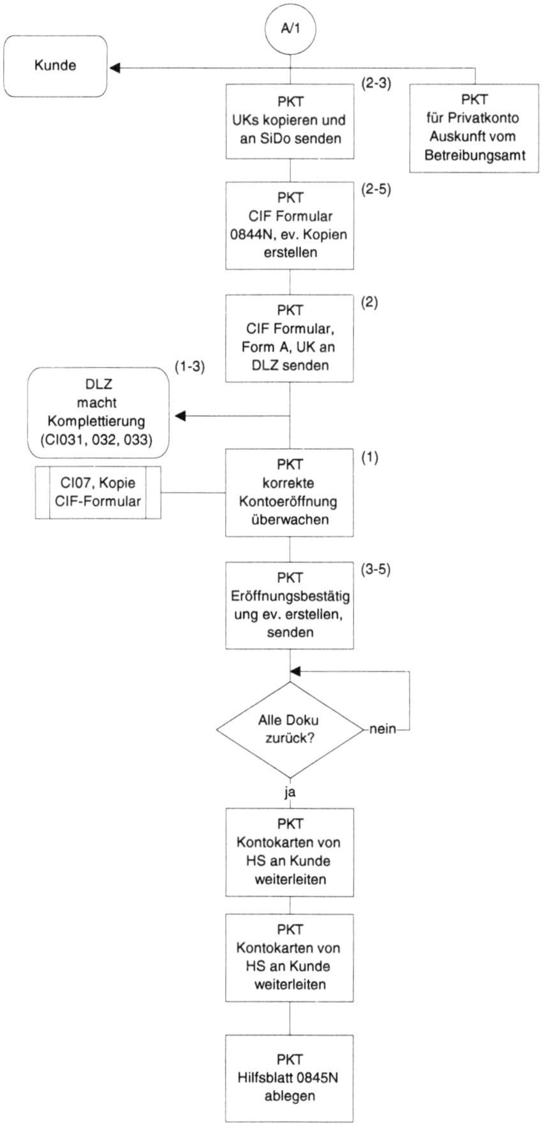

SIDO: Sicherheitsdokumentation
DLZ: Dienstleistungszentrum
CIF: Customer-Information-File

Abbildung 3-32: IST-Prozess „Persönliche Kontoeröffnung /2".

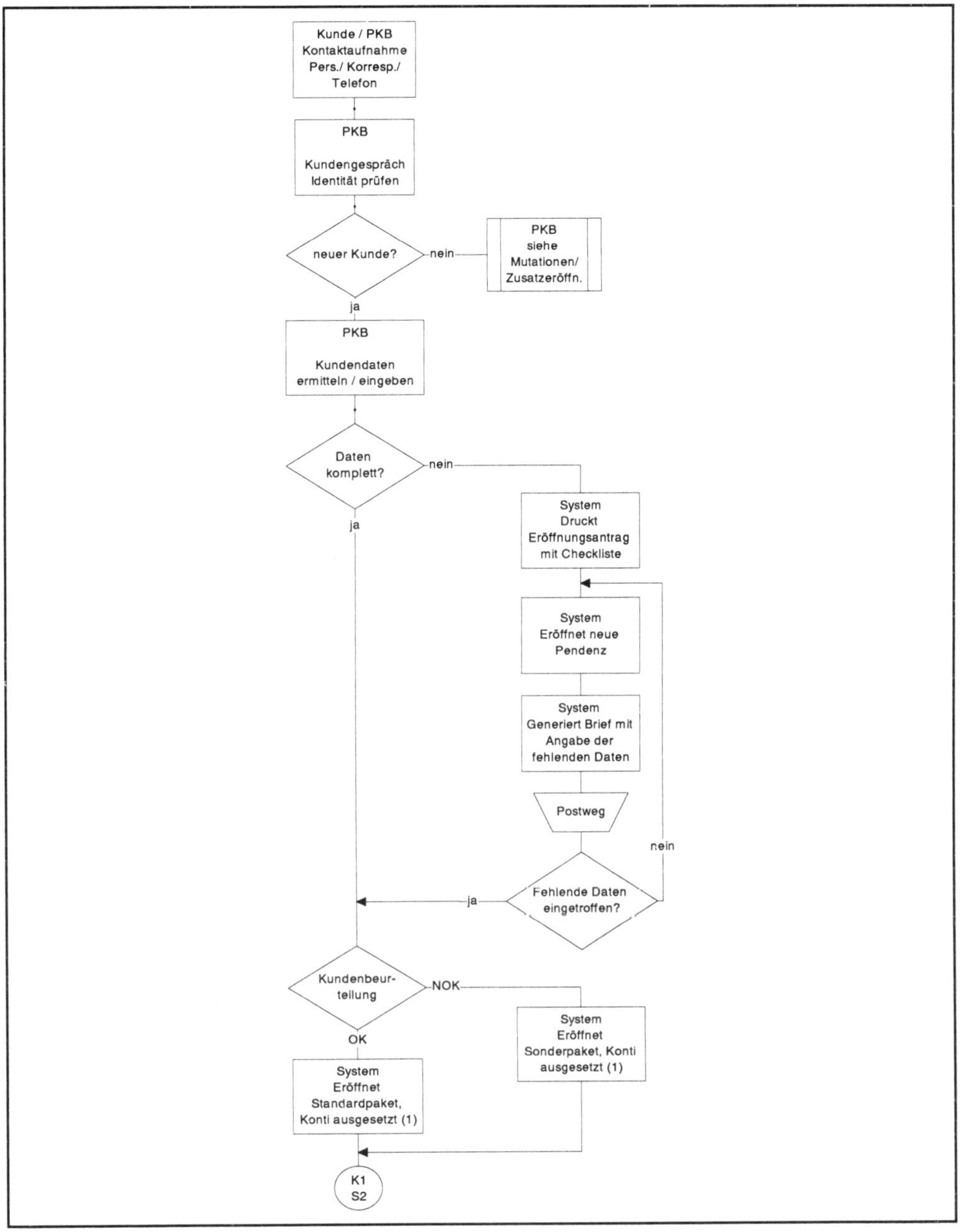

Abbildung 3-33: SOLL-Prozess „Neueröffnung Kunde/Konto /1“.

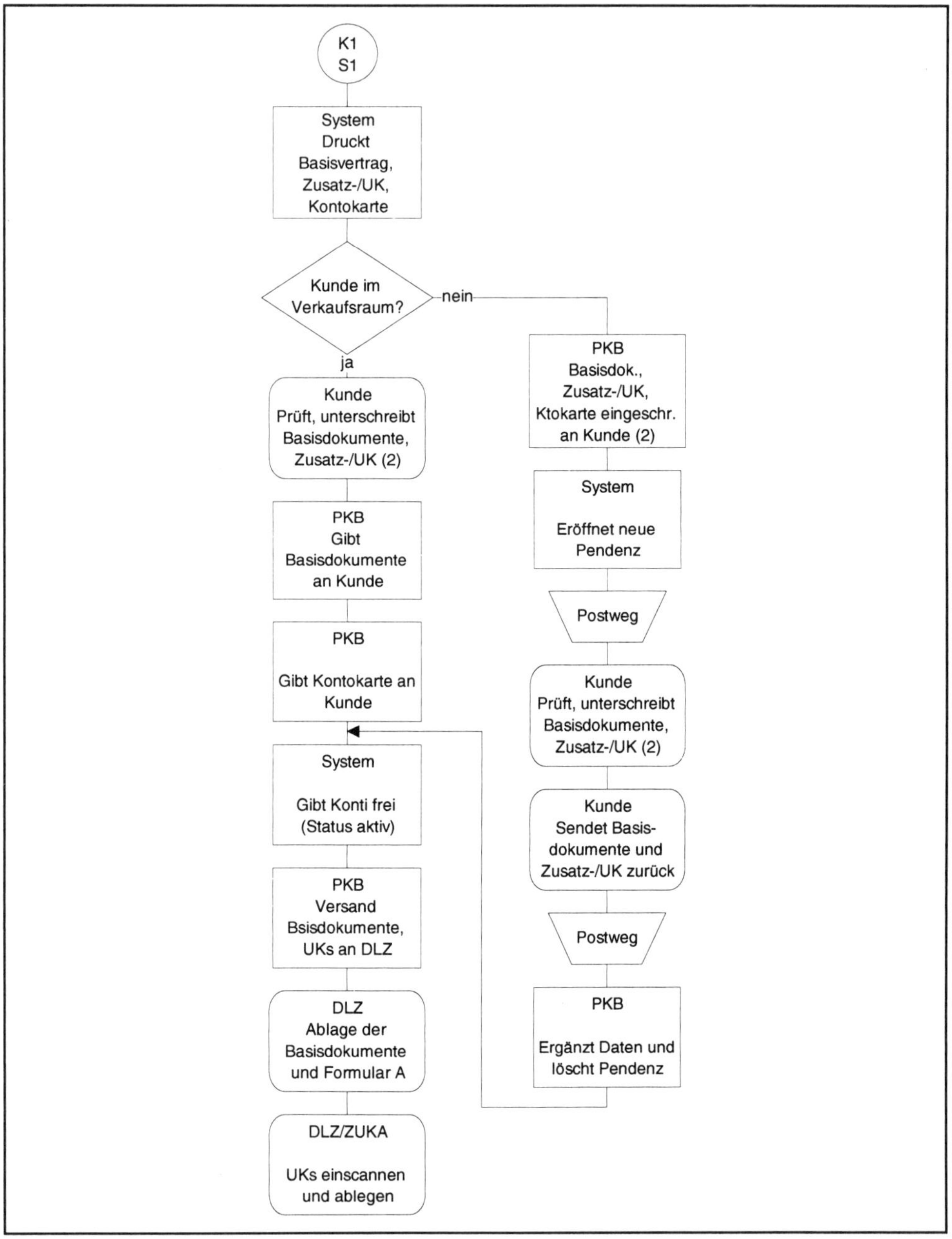

Abbildung 3-34: SOLL-Prozess „Neueröffnung Kunde/Konto /2".

4 Zuordnung von Geschäftsprozessen zu unternehmerischen Einheiten

Unter unternehmerischer Einheit soll ein Unternehmen verstanden werden, das die zur Geschäftstätigkeit in einer Branche erforderlichen Geschäftsprozesse in eigener Regie oder zusammen mit Partnern betreibt und durch eine Rechtsform, z.B. eine Aktiengesellschaft, die der Sicherheit des Geschäftsverkehrs dient, gekennzeichnet ist.

Unternehmen können in unterschiedlichem Detaillierungsgrad Tätigkeitsgebieten zugeordnet werden. In einer groben Unterteilung kann man Unternehmen des **primären Sektors**, z.B. Landwirtschaftsbetriebe, des **sekundären Sektors**, z.B. Maschinenbauunternehmen, und **des tertiären Sektors**, z.B. Versicherungsunternehmen, unterscheiden. Tabelle 4-1 zeigt eine Unterteilung des tertiären Sektors in **Wirtschaftszweige**. Die Unterscheidung zwischen Wirtschaftszweigen und **Branchen** ist fliessend. Innerhalb einer Branche werden häufig Betrachtungen zur Wettbewerbssituation angestellt. Man vergleicht z.B. die umsatzstärksten Unternehmen einer Branche (vgl. Tabelle 4-2).

Name des Wirtschaftszweiges	**Beschäftigte in 1'000**
Handel, Reparatur von Automobilen; Tankstellen	85
Handelsvermittlung und Grosshandel	193
Detailhandel; Reparatur von Gebrauchsgütern	358
Gastgewerbe	232
Landverkehr; Transport in Rohrfernleitungen	97
Schiffahrt	3
Luftfahrt	18
Nebentätigkeit für den Verkehr; Reisebüros	47
Nachrichtenübermittlung	104
Kreditgewerbe	128
Versicherungsgewerbe	57
Mit Kredit- u. Vers. verbundene Tätigkeiten	12
Immobilienwesen	18
Vermietung beweglicher Sachen	4
Informatikdienste	33
Forschung und Entwicklung	10
Erbring. von Dienstleistungen für Unternehmen	269

Name des Wirtschaftszweiges	Beschäftigte in 1'000
Öffentl. Verwalt.; Landesvert., Sozialversicherung	143
Unterrichtswesen	211
Gesundheits- und Sozialwesen	364
Abwasserreinigung und Abfallbeseitigung u.ä.	12
Interessenvertretung und sonstige Vereinigungen	37
Unterhaltung, Kultur und Sport	47
Persönliche Dienstleistungen	44

Tabelle 4-1: Die Wirtschaftszweige des tertiären Sektors in der Schweiz (mit Beschäftigtenzahlen in Tausend 1996).[129]

Firma	Umsatz 1996 (in Mio. Fr.)	Umsatz 1995 (in Mio. Fr.)
1. Migros (Micasa / Interio)	401.3/227.7	404/235
2. Möbel Pfister	476.4	498
3. Ikea	304[2]	249[2]
4. Conforama	215[1]	200[1]
5. TopTip (Coop)	184	167
6. Diga Möbel	119	120
7. Lipo Möbelposten	110[1]	100[1]
CASA X – Manor Habitat	63.2	77.4
8. Möbel Hubacher	-	80[1]
9. Möbel Märki	65[1]	-
Gesamtmarkt (in Mrd. Fr.)	**3.7**	**3.7**
[1]Schätzung „HandelsZeitung"; [2]Geschäftsjahr 1996/97;		

Tabelle 4-2: Die Top Ten der Schweizer Möbelbranche.[130]

Für jedes in einer Branche tätige Unternehmen kann man nun die erforderlichen Geschäftsprozesse auflisten und sie in Managementprozesse, Kernprozesse und Supportprozesse unterteilen, wie dies in Kapitel 2 geschehen ist.

In der klassischen Betrachtung sind zwischen dem Unternehmen (mit seinen Geschäftsprozessen), den Lieferanten und den Kunden des Unternehmens feste Grenzen gezogen: Das Unternehmen bezieht von seinen Lieferanten Produkte und Dienstleistungen, erstellt in seinen eigenen

[129] BfS (1997), S. 152.
[130] Handelszeitung (1998), S. 24.

Geschäftsprozessen Leistungen und bietet sie seinen Kunden an. In neueren Ansätzen beginnen sich die Grenzen zu verwischen.[131] Lieferanten übernehmen als Partner Geschäftsprozesse des Unternehmens, auch Kunden können in die Geschäftsprozesse eingebunden werden. Damit entsteht aus dem Unternehmen ein Unternehmensnetzwerk.

4.1 Klassische Zuordnungen

Das in einer Branche tätige Unternehmen, etwa ein Lebensmittel-Detailhandel, bezieht von seinen Lieferanten Waren, betreibt seine eigenen Managementprozesse, z.B. die Planung des Sortiments, Kernprozesse, z.B. die kundenorientierte Plazierung der Waren in Ladenlokalen, und Supportprozesse, z.B. das Nachfüllen der Ware im Regal. Dabei hat sich eine Arbeitsteilung zwischen Lieferanten, Unternehmen und Kunden eingespielt: Gemäss Branchengewohnheit liefern die Lieferanten Ware an, das Unternehmen übernimmt die Waren an der „Unternehmensgrenze“, betreibt seine eigenen Geschäftsprozesse, und die Kundin – wenn es ein Selbstbedienungsladen ist - hat sich daran gewöhnt, die Waren für den täglichen Einkauf selbst aus dem Regal zu entnehmen und nach der Bezahlung den Laden zu verlassen, also die „Unternehmensgrenze“ zu überschreiten.

Alle für die Geschäftstätigkeit in einer Branche erforderlichen Geschäftsprozesse in eigener Regie zu betreiben, heisst nun nicht, alles selber zu machen: Der Lebensmittelhändler hat seine Ladenkasse bei einem qualifizierten Lieferanten eingekauft, das Versicherungsunternehmen hat das Papier, auf dem die Verträge gedruckt werden, nicht selbst hergestellt. In einer arbeitsteiligen Wirtschaft werden Ressourcen, z.B. Maschinen, und Material für Leistungen von Geschäftsprozessen, z.B. Papier, auf dem Verträge gedruckt werden, aus einem funktionierenden Beschaffungsmarkt bezogen.

In einer Reihe von Branchen haben sich Beschaffungsmärkte über der Zeit so weiterentwickelt, dass nicht nur Material, z.B. Papier, und Produkte, z.B. Maschinen, angeboten werden, sondern auch zusätzliche

[131] Vgl. z.B. Picot et al. (1996).

Dienstleistungen, die bisher häufig Supportprozesse in Unternehmen darstellten.

Früher wurden im Beschaffungsmarkt für Fahrzeuge lediglich Fahrzeuge angeboten, die Unternehmen richteten daraufhin selbst Supportprozesse zur Fahrzeugreparatur und –pflege ein. Als Zwischenschritt bildete sich eine eigene Branche, Fahrzeugreparatur– und –pflegewerkstätten, die Unternehmen anboten, die Supportprozesse ausserhalb des Unternehmens abzuwickeln. Heute bieten Fahrzeughersteller an, den Unternehmen Fahrzeuge einschliesslich Reparatur- und Pflegeleistungen, möglicherweise einschliesslich der zugehörigen Finanzierung, zur Verfügung zu stellen, so dass Supportprozesse nicht mehr in den Unternehmen stattfinden.

Eine gleichartige Entwicklung beginnt sich bei Computern zu zeigen. Bis vor einigen Jahren kauften Unternehmen PCs ein und mussten sich selbst um Reparatur und Pflege kümmern. Heute gibt es zunehmend Angebote aus dem Beschaffungsmarkt, den Unternehmen PCs einschliesslich Reparatur- und Pflegeleistungen zur Verfügung zu stellen. Gleiches gilt bei vielen anderen Geräten in Unternehmen, vom Kopierer bis zur Telefonanlage.

Neben der Entwicklung, Supportprozesse an den Beschaffungsmarkt abzugeben, also „Grenzen“ zwischen Unternehmen und Lieferanten zu verschieben, gibt es auch bei Kernprozessen Veränderungen, die durch bewusstes unternehmerisches Handeln herbeigeführt werden.

Bis in die 80er Jahre konnte man bei einigen sehr grossen Unternehmen beobachten, dass sie bewusst in mehreren Branchen – mit den jeweiligen Management-, Kern- und Supportprozessen – tätig waren. Als Argument wurde angeführt, dass man auf diese Weise Einzelrisiken von Branchen in konjunktureller und struktureller Hinsicht durch eine Art Durchschnittsbildung über mehrere Branchen mindern könne.

Das Haus Siemens wurde per 1. Oktober 1969 in die sechs Unternehmensbereiche Bauelemente, Datentechnik, Energietechnik, Installationstechnik, Medizinische Technik und Nachrichtentechnik, die fünf Zentralabteilungen Betriebswirtschaft, Finanzen, Personal, Technik und

Vertrieb sowie in Zweigniederlassungen und Auslandsgesellschaften gegliedert. 1989 wurden die Unternehmensbereiche neu geordnet und in 15 Bereiche zusammengefasst: Energieerzeugung; Energieübertragung und -verteilung; Anlagentechnik, Antriebs-, Schalt- und Installationstechnik; Automatisierungstechnik; Daten- und Informationstechnik; Private Kommunikationssysteme; Öffentliche Kommunikationsnetze; Sicherungstechnik; Verkehrstechnik; Automobiltechnik; Medizinische Technik; Halbleiter; Passive Bauelemente und Röhren; Peripherie- und Endgeräte.[132]

In den 90er Jahren hat sich diese Ansicht offensichtlich geändert. Veränderungen von Unternehmen, die sich heute beobachten lassen, gehen eher in Richtung auf konzentrierte Tätigkeiten in wenigen Branchen, wobei Grenzen zwischen Unternehmen häufig durch Fusion und/oder Verkauf neu gezogen werden.

Aktuelle Fusionen oder Fusionsabsichten machen diesen Trend deutlich, z.B. zwischen Daimler und Chrysler im Automobilbereich, zwischen dem Schweizerischen Bankverein und der Schweizerischen Bankgesellschaft zur UBS im Bankenbereich, zwischen Ciba-Geigy und Sandoz zum Unternehmen Novartis im Pharmabereich mit der Ausgliederung der Spezialitätenchemie in jeweils eigene Unternehmen, deren Fusionsabsichten wieder zurückgestellt wurden. Auch das Haus Siemens hat Ende 1998 angekündigt, die bisherige Tätigkeit in einer Reihe unterschiedlicher Branchen durch „Desinvestitionen", d.h. Verkäufe von Unternehmensteilen, stärker zu konzentrieren.

In einigen Branchen hat sich über der Zeit die „**vertikale Integration**", das Ausmass, in dem Unternehmen den gesamten Wertschöpfungsprozess vom Material bis zum Endprodukt und dem Vertrieb an Kunden innerhalb der eigenen Unternehmensgrenzen betreiben, geändert. Eindrücklichstes Beispiel ist die Computer-Industrie (vgl. Abbildung 4-1 und Abbildung 4-2); als Argument für die Desintegration werden einerseits das Marktwachstum, andererseits aber auch die hohen Aufwendungen für Forschung und Entwicklung in den einzelnen „layers", die von

---

[132] Feldenkirchen (1997), S. 297 ff.

einem Unternehmen allein nicht mehr getragen werden können, angeführt.

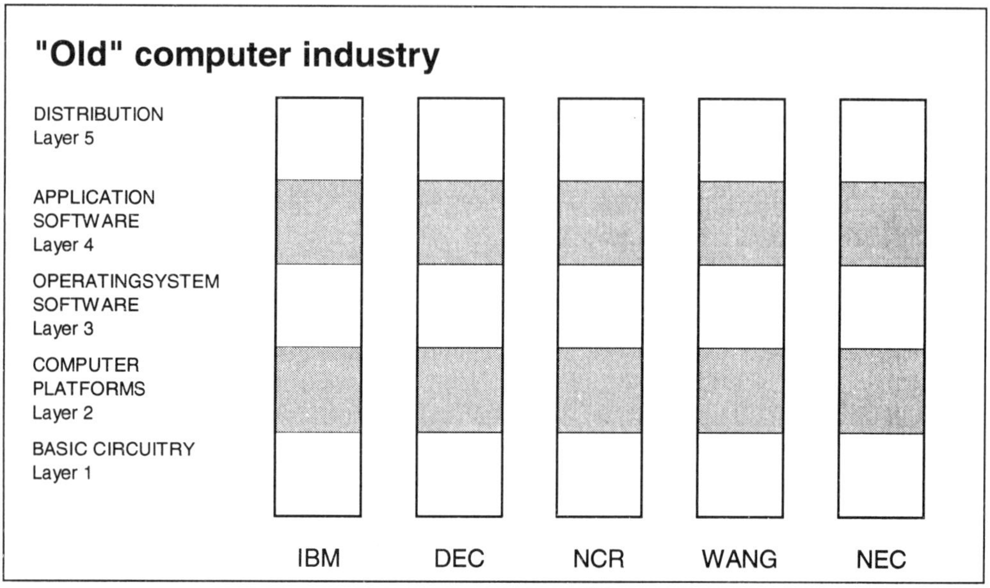

Abbildung 4-1: The "old" computer industry.[133]

Services & Distribution	Anderson Consulting, Ernst & Young, KPMG, Price Waterhouse
Business Solutions Software	Baan, Oracle, PeopleSoft, SAP
Databases	Microsoft, IBM, Oracle
Operating Systems	IBM, HP, Sun, Microsoft
Computer Platforms	Compaq, Digital, HP, IBM, SNI, Sun

Abbildung 4-2: The "new" computer industry.[134]

[133] Anon. (1993).
[134] Anon. (1993).

Vergleichbare Entwicklungen haben auch schon seit längerer Zeit in anderen Branchen Platz gegriffen, etwa in der Automobilindustrie, wo die „Fertigungstiefe", das Ausmass, in dem der Produktionsprozess innerhalb der eigenen Unternehmensgrenzen abläuft, kontinuierlich reduziert wurde (ein immer grösserer Teil wird Lieferanten überlassen); gleichzeitig werden Fahrzeugvertrieb und –wartung anderen Unternehmen („Vertragswerkstätten") übertragen.

4.2 Innovative Zuordnungen

Seit einigen Jahren beginnen sich bei der Zuordnung von Geschäftsprozessen zu unternehmerischen Einheiten Unternehmensgrenzen zu verwischen. Es bilden sich mehr partnerschaftliche Beziehungen zwischen Lieferanten, Unternehmen und Kunden heraus, die es gestatten, Geschäftsprozesse über bisherige Unternehmensgrenzen hinweg zu betreiben. Die sich dadurch ergebenden unternehmerischen Strukturen werden als Unternehmensnetzwerke bezeichnet.

In einigen Unternehmen der Automobilbranche, z.B. bei VW, hat auf den ersten Blick lediglich eine Rationalisierung im Beschaffungsmarkt stattgefunden: Die Zahl der Lieferanten ist um den Faktor 10 reduziert worden. Bei genauerem Hinsehen haben die verbleibenden Lieferanten einen anderen Status; sie sind als „Systemlieferanten" sehr viel stärker in Forschungs- und Entwicklungsprozesse des Automobilherstellers einbezogen und lagern ihrerseits die Beschaffung von einzelnen Teilen für das von ihnen zu liefernde System, z.B. die Hinterachse einer PW-Modells, an „Teilelieferanten" aus. Ungeachtet einer rechtlichen Selbständigkeit sind sie mittel- bis langfristige Partner des Automobilherstellers geworden, Forschungs- und Entwicklungsgeschäftsprozesse werden arbeitsteilig durchgeführt.

Seit mehr als 10 Jahren ist das **IT-Outsourcing** populär[135]: Geschäftsprozesse der Informationsverarbeitung, in vielen Fällen Supportprozesse für ein Unternehmen, werden an den Beschaffungsmarkt abgegeben.

---

[135] Mertens/Knolmayer (1998), S.17 ff.

Der erste IT-Outsourcingfall in der Schweiz fand 1994 statt: Das US-amerikanische Unternehmen EDS übernahm in einem 7-Jahresvertrag die Umstellung vorhandener Informationssysteme in der Schweizerischen Industrie Gesellschaft auf eine integrierte Standardsoftware.

Für solche langfristigen Partnerschaften wurde auch der Begriff „cosourcing“ geprägt, um anzudeuten, dass beide Partner anteilig Verantwortung für die gemeinsam durchgeführten Geschäftsprozesse tragen. Inzwischen beginnt sich der Begriff des IT-Outsourcing zum Business Process Outsourcing zu wandeln (vgl. Abbildung 4-3).

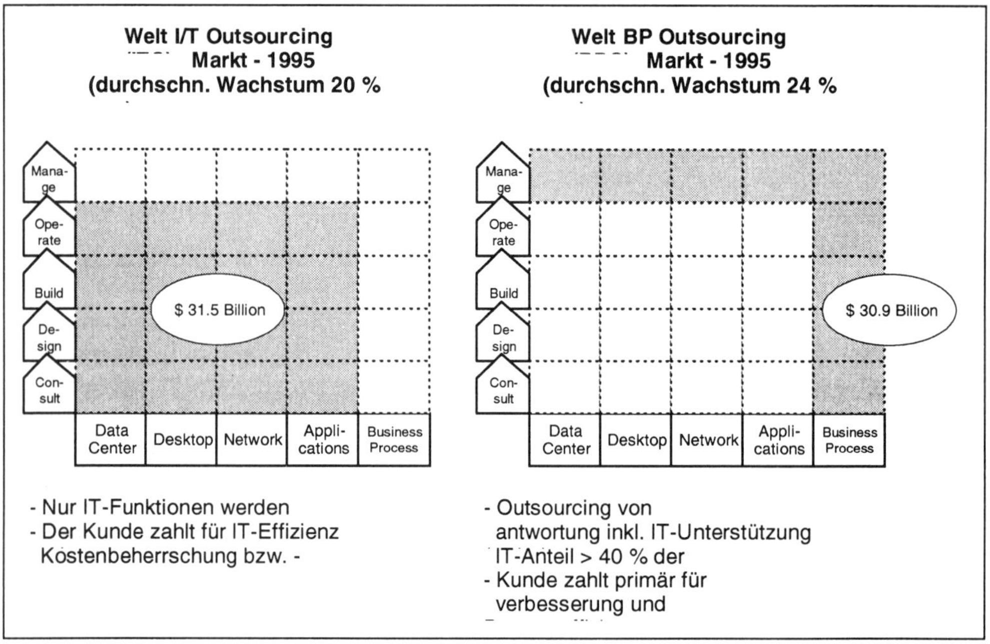

Abbildung 4-3: IT-Outsourcing und Business Process Outsourcing.[136]

Unternehmensnetzwerke, in denen Geschäftsprozesse arbeitsteilig abgewickelt werden, sind heute in stark ausgeprägter Form in der IT-Branche zu finden.

[136] Siemens Business Services (Hrsg.), Vortragsfolien.

Bei der Firma Microsoft ist die Produktion der Software (Datenträger mit Programmen, Benutzerdokumentation) weltweit an drei Orten konzentriert. Der europäische Raum wird von dem Produktionszentrum in Dublin / Irland versorgt. Microsoft stellt nur den Originalcode für die Programme zur Verfügung, alle Geschäftsprozesse zur Massenproduktion der Software (Kopieren der Datenträger, Übersetzen der Benutzerdokumentation in die Sprachen der Vertriebsländer, Drucken der Benutzerdokumentation, Verpacken des Produkts bestehend aus Datenträger und Benutzerdokumentation, Lagern der Produkte, Distribution in die Vertriebsländer) erfolgen durch Partner in einem Unternehmensnetzwerk, das von Microsoft gesteuert wird.[137]

Um die integrierte betriebliche Standardsoftware SAP R/3 beim Kunden in eine einsatzfähige Lösung zu bringen, braucht es neben der Softwarelizenz eine Reihe weiterer Leistungen, etwa Hardware und Betriebssoftware sowie Dienstleistungen zur Anpassung der Standardsoftware an die Bedürfnisse des Kunden. Der Hersteller der Standardsoftware, das Unternehmen SAP AG mit Hauptsitz in Deutschland, hat ein SAP-Partnerprogramm entwickelt, in das Hardware- und Betriebssoftwarehersteller sowie Dienstleister eingebunden sind, die zusammen mit SAP dem Kunden eine einsatzfähige Lösung bieten können. SAP betreibt das Partnerprogramm mit einem eigenen Management-Team („alliance manager“), das die Partner rechtzeitig mit Informationen versorgt und in Planung sowie Kontrolle begleitet. Zu den Partnerunternehmen gehören neben lokalen Dienstleistungsunternehmen auch international tätige Grossunternehmen, z.B. IBM, die mit SAP in einem Unternehmensnetzwerk zusammenarbeiten.[138]

Unternehmensnetzwerke bilden sich auch unter Beteiligung kleiner und mittlerer Unternehmen. Die Dr. Materna GmbH mit Hauptsitz in Dortmund / Deutschland bietet als herstellerneutrales Beratungs- und Softwarehaus kundenspezifische Analysen, individuelle Konzeptionen und hardwareunabhängige Lösungen an. 1994 erzielte das Unternehmen mit

[137] Dittewig (1998).
[138] Dittewig (1998).

330 Mitarbeitern einen Umsatz von 72 Mio. DM. 1996 war die Dr. Materna GmbH an dem Auftrag eines international tätigen Automobilherstellers beteiligt. Generalunternehmer für diesen Auftrag war ein grosser Hardwarehersteller; neben der Dr. Materna GmbH wirkte noch ein britisches Unternehmensberatungsunternehmen an diesem Auftrag mit. In den Auftrag einbezogen waren Mitarbeiter aus vier Standorten des grossen Hardwareherstellers in Deutschland sowie aus zwei Standorten in Grossbritannien. Bei Projektbeginn einigten sich die am Auftrag beteiligten Unternehmen zusammen mit dem Kunden darauf, Internet als primäres Kommunikationsinstrument zu verwenden. Da alle Beteiligten einen Zugang zum Internet und entsprechende Erfahrung mit der Verwendung hatten, gelang für dieses Projekt der Zusammenschluss zu einem temporären Unternehmensnetzwerk aus Entwicklung, Komponentenlieferanten, Beratern und Kunden an den neun Standorten in kurzer Zeit. Um die gemeinsame Arbeit zu unterstützen, wurde eine gemeinsame Datenbasis angelegt, auf die alle Beteiligten zugreifen konnten. Ein Archiv mit Studien, Plänen und Ergebnissen bzw. Zwischenergebnissen ermöglichte den Rückgriff auf frühere Projekte, um Erfahrungen zu nutzen. Gesprächsergebnisse, Präsentationsunterlagen u.ä. wurden zusätzlich über Mailinglisten angekündigt. Die fachliche und organisatorische Abstimmung erfolgte in dafür eingerichteten Newsgroups. Der Vorteil der Internetkommunikation bestand in der Möglichkeit der asynchronen Kommunikation, in der Nachvollziehbarkeit der Kommunikation durch ihre Dokumentation im Electronic-Mail-System, vor allem aber im Einsparungspotential bei den Reisekosten. Während sich das gesamte Team konventionell hätte wöchentlich treffen müssen, konnte man jetzt die Meetings auf einmal pro Monat reduzieren.[139]

Abbildung 4-4 stellt die Bildung von Unternehmensnetzwerken dar: Sowohl grosse Unternehmen mit komplexen Informations- und Wissensanforderungen als auch kleine Unternehmen in dynamischer Umwelt bringen ihre Geschäftsprozesse in Unternehmensnetzwerke ein.

[139] Sieber (1996).

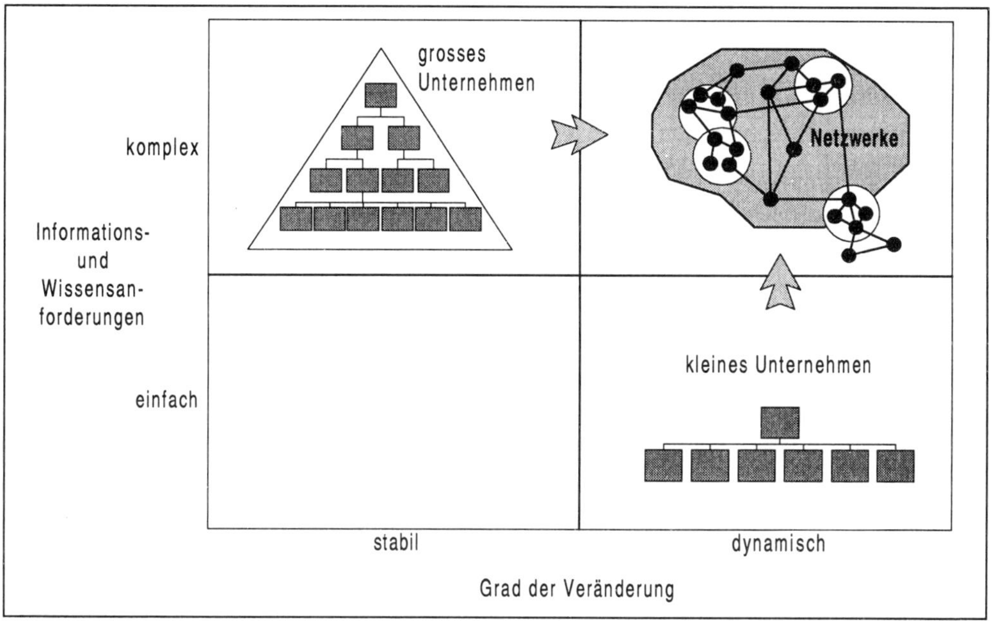

Abbildung 4-4: Bildung von Unternehmensnetzwerken.[140]

4.3 Ein Entwicklungsmodell für innovative Zuordnungen

Die Verbreitung innovativer Zuordnungen hängt stark mit der Verfügbarkeit unternehmensübergreifender Informations- und Kommunikationssysteme zusammen, insbesondere der rasanten Verbreitung des Internet. Dies wird auch im folgenden Entwicklungsmodell deutlich; es stellt dar, wie sich vom Ausgangspunkt einer klassischen Zuordnung von Geschäftsprozessen in mehreren Stufen innovative Zuordnungen entwickeln können.[141]

Das Modell besteht aus drei Dimensionen mit jeweils drei Stufen, in denen sich die wettbewerbswirksame Eigenschaft Virtualität („the ability of the organization to consistently obtain and coordinate critical competencies through its design of value-adding business processes and governan-

[140] Schulmeyer (1997).
[141] Venkatraman/Henderson (1998).

ce mechanisms involving external and internal constituency to deliver differential, superior value in the marketplace“[142]) verstärken lässt (vgl. Tabelle 4-3).

Vectors and Characterisitcs	**Stage 1**	**Stage 2**	**Stage 3**
Customer Interaction (Virtual Encounter)	Remote Experience of Products and Services	Dynamic Customization	Customer Communities
Asset Configuration (Virtual Sourcing)	Sourcing Modules	Process Interdependence	Resource Coalitions
Knowledge Leverage (Virtual Expertise)	Work-unit Expertise	Corporate Asset	Professional Community Expertise

Tabelle 4-3: Entwicklungsmodell für innovative Zuordnungen.

Die Dimension „**Customer Interaction** (Virtual Encounter)“ lotet die Möglichkeiten, Kunden in Geschäftsprozesse einzubinden, aus. Wir sind es inzwischen schon fast gewohnt, Produkte und Dienstleistungen über eine Website „anzuschauen“ („Remote Experience of Products and Services“) und selbst einen Teil von Geschäftsprozessen durchzuführen, z.B. die Buchauswahl bei Amazon.com oder die Bestimmung des Standorts einer Paketsendung bei Federal Express. Eine zweite Stufe („Dynamic Customization of Products and Services“) trägt den Interessen des Kunden noch stärker Rechnung: Die „massgeschneiderte“ Jeans, der den Benutzerwünschen entsprechend konfigurierte PC. In der dritten Stufe („Customer Communities“) macht man sich ein durch das Internet ausgelöstes Phänomen zunutze. Unter den inzwischen mehr als 100 Mio. Internetnutzern bilden sich Gemeinschaften („communities“) zu unterschiedlichen Themen; eine Reihe dieser Themen hat auch einen kommerziellen Bezug, z.B. die Gemeinschaft der Weinliebhaber ist für interessante Weinangebote empfänglich und diskutiert sie, die Gemeinschaft der Snowboarder schätzt Informationen über neue Produktangebote und tauscht darüber Erfahrungen aus. Aus der Interessenslage eines Unter-

[142] Venkatraman/Henderson (1996).

nehmers kann es nun höchst interessant sein, in Gemeinschaften mit einem für den Unternehmer wichtigen Themenbezug präsent zu sein und ggf. selbst eine Gemeinschaft zu organisieren.[143] In dieser Gemeinschaft werden themenbezogen neue Bedürfnisse sichtbar, die zu neuen Produkten und Dienstleistungen führen können.

Die Dimension „**Asset Configuration** (Virtual Sourcing)" betrachtet den für die Durchführung von Geschäftsprozessen erforderlichen Ressourceneinsatz. In einer ersten Stufe („Sourcing Modules") werden Geschäftsprozesse oder Geschäftsprozessteile an Partner ausgelagert, so wie es heute in Gestalt der „Systemlieferanten" in der Automobilindustrie üblich ist. In der Stufe „Process Interdependence" findet eine noch stärkere Verknüpfung der Geschäftsprozesse zwischen Partnern statt, wie sie etwa bei der virtual integration von Dell Computer sichtbar wird. Die Stufe „Resource Coalition" schliesslich kennzeichnet ein Netzwerk von Partnern, z.B. die „Associates" von Amazon.com, die zusammenarbeiten, um einem gemeinsamen Ziel – aber gleichzeitig dem Businessmodell von Amazon.com – zu folgen.

Die Dimension „**Knowledge Leverage** (Virtual Expertise)" stellt auf die in Unternehmensnetzwerken mögliche arbeitsteilige Wissenserarbeitung ab. Eine erste Stufe „Work-Unit Expertise" macht sich das aus Teamarbeit entstandene Wissen, das auch Partnern zur Verfügung gestellt werden kann, zunutze. In der Stufe „Corporate Asset" wird es zum Wissen eines Netzwerkes, das ggf. weltweit, wie z.B. bei den Unternehmen Anderson Worldwide oder PricewaterhouseCoopers, genützt und weiterentwickelt werden kann. Die Stufe „Professional Community Expertise" knüpft wieder an die durch das Internet entstandenen Gemeinschaften an: Das z.B. in der Gemeinschaft der Wirtschaftsprüfer entstandene Wissen – und damit ggf. der Wissensträger – kann in die Geschäftsprozesse eines Unternehmensnetzwerkes eingebunden werden.

Die Darstellung von Tabelle 4-3 kann auch als Grafik gestaltet werden (vgl. Abbildung 4-5); in dieser Form wird das Entwicklungsmodell in den Fallbeispielen verwendet.

---

[143] Hagel III/Armstrong (1997).

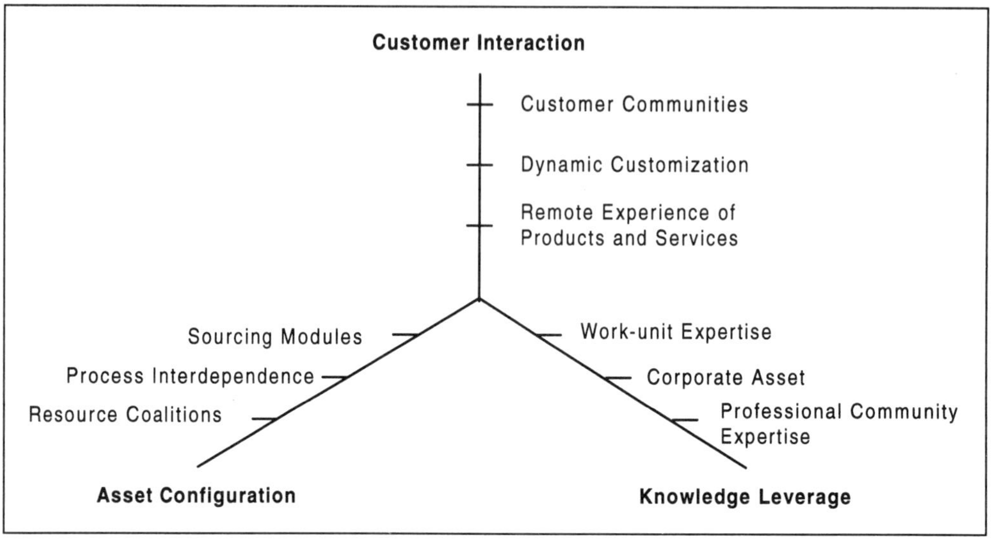

Abbildung 4-5: Drei Vektoren der Virtualität.

4.4 Fallbeispiele

4.4.1 Coopers & Lybrand International

Die Branche der global tätigen Wirtschaftsprüfer wird auf der Anbieterseite nahezu ausschliesslich durch die big six gebildet;[144] Nachfrager sind international tätige Unternehmen. Im Wettbewerb der big six lassen sich Virtualisierungstendenzen erkennen. Dies wird am Beispiel eines Anbieters, der Firma Coopers & Lybrand,[145] illustriert. Es ist zu erkennen, dass auch die anderen Anbieter dieser Virtualisierungstendenz folgen, so dass sich Wettbewerbsvorteile möglichweise wieder ausgleichen. Neben dem globalen Markt sind alle big six auch in nationalen Märkten tätig; hier

[144] Diese Fallstudie folgt weitgehend den Ausführungen in Griese/Sieber (1998).

[145] In der Zwischenzeit haben Coopers & Lybrand mit Price Waterhouse zu PricewaterhouseCoopers fusioniert. Es sind deshalb nicht mehr sechs, sondern nur noch fünf weltweit tätige Unternehmen dieser Art vorzufinden. Da die Fusion das hier beschriebene Prinzip der Vernetzung von Unternehmen zu Unternehmensnetzwerken aber nicht wesentlich verändert, wird das Beispiel aus der Sicht von Coopers & Lybrand International vor der Fusion beschrieben (http://www.pwcglobal.com/).

sind nationale Firmen als Wettbewerber präsent, die zum Beispiel durch Kostenvorteile im nationalen Markt den big six als Wettbewerber gegenüberstehen. Es ist zu fragen, in welchem Ausmass die big six Formen der Virtualität auch im nationalen Markt als Wettbewerbsvorteil einsetzen können.

Branchenstruktur

Der Markt für „accounting and auditing" (Treuhand und Wirschaftsprüfung) wird von einer sehr grossen Zahl kleiner Unternehmen bedient, die sich auf die lokalen Gegebenheiten spezialisiert haben. In den meisten Ländern der Welt darf ein grosser Teil der „auditing services" nur von inländischen Unternehmen angeboten werden, die darüber hinaus vom Staat dafür zertifiziert wurden. Es ist den Unternehmen der Branche deshalb kaum möglich, sehr gross zu werden und internationale Tätigkeit zu entwickeln. Dennoch bieten einige der bekannten Firmen der Branche ihre Dienste weltweit an und haben eine beträchtliche Grösse erreicht.

Als am Anfang dieses Jahrhunderts die Zahl der international tätigen Unternehmen stark anstieg, wuchs die Nachfrage nach accounting and auditing services „aus einer Hand" (one stop shopping) für mehrere Standorte in unterschiedlichen Ländern stark an. Die damals kleinen Dienstleister der Branche mit lediglich nationaler Tätigkeit begannen über die Landesgrenzen hinweg miteinander zu kooperieren. In den letzten Jahrzehnten haben sich aus diesen Kooperationen weltweit bekannte Netzwerke von rechtlich selbständigen Unternehmen gebildet. Die Kooperationspartner in den Netzwerken tragen meistens denselben Namen, der landespezifisch erweitert wird (die Coopers & Lybrand in Deutschland z.B. heisst Coopers & Lybrand Deutsche Revision AG).

Heute sind sechs dieser Netzwerke zu beobachten („the big six"), die zusammen für nahezu 100% der international tätigen Unternehmen die audits machen (in alphabetischer Reihenfolge):

- Arthur Andersen (AA)
- Coopers & Lybrand International (C&LI)
- Deloitte Touche Tohmatsu International (DTTI)
- Ernst & Young (E&Y)

- KPMG
- Price Waterhouse (PW)

Sie haben ihre Tätigkeitsfelder längst erweitert und bieten neben den accounting und auditing services auch tax services, management consulting, financial advisory services, human resource consulting, entrepreneurial services und vieles mehr an.[146] Es haben sich viele Spezialisierungsrichtungen herausgebildet, über die sich die Unternehmen zu differenzieren versuchen: z.B. in den Bereichen electronic commerce, messaging technologies, enterprise networks, technology management.[147]

Durch die kleine Zahl an Wettbewerbern wird das Segment „weltweit tätige Kunden" des Marktes sehr übersichtlich. Weil alle sechs auch zu den weltbekanntesten Unternehmensberatern gehören, finden sie eine beachtliche Präsenz in der Fachpresse, die regelmässig Vergleiche über die Konkurrenzfähigkeit der Wettbewerber durchführt und wichtige Aufträge von der Vergabe bis zum Abschluss dokumentiert (vgl. Tabelle 4-4).

1995	fee income (bn US$)	personnel	market share (fortune 1000)	number of countries
Price Waterhouse	3.98	50'120	11.75	114
Coopers & Lybrand International	5.54	68'000	15.65	130
KPMG	6.1	72'700	16.65	123
Ernst & Young	6.02	66'520	19.35	121
Deloitte Touche Tohmatsu International	5.2	56'600	11.9	119
Arthur Andersen	6.74	72'720	15	74
others			9.7	
Summe	33.58	386'660	100	
Korrelation: fee income		0.931263843	0.660518242	-0.431854186
Korrelation: fee income / person			0.193847324	-0.513441919

Tabelle 4-4: Accounting and auditing: Die big six in Zahlen.

Die wichtigsten Dienstleistungen des accounting and auditing können wie folgt zusammengefasst werden:

146 Vgl. z.B. Ernst & Young: http://www.ey.com/us/usexpert.htm
147 Vgl. z.B. KPMG: http://www.us.kpmg.com/ssc/et/

- Audits of financial statements, due-diligence studies, and other attest services
- Internal audit services, including operational audits and international support
- Advice related to: Accounting and internal control systems, including implementing accounting and financial reporting
- Reports for the Securities and Exchange Commission and other regulatory agencies

Allerdings ist der Markt für auditing mit lediglich 3% Wachstum pro Jahr in der Reifephase. Die big six versuchen deshalb ihre Tätigkeit noch stärker auf die Unternehmensberatung auszuweiten. Dort ist ein Wachstum von ca. 20% pro Jahr zu beobachten. Damit begeben sich die Wirtschaftsprüfer in eine Konkurrenzsituation mit den grossen Unternehmensberatern. Diese Erweiterung des Geschäftszwecks ist im wachsenden Markt zwar eine denkbare Strategie, sie ist jedoch mit beträchtlichem Risiko behaftet.[148]

Zum Unternehmen Coopers & Lybrand

Die internationale Coopers & Lybrand (C&L) Organisation setzt sich aus rechtlich selbständigen Gesellschaften zusammen und ist in rund 130 Ländern vertreten[149]. Die einzelnen Unternehmen wurden früher und werden teilweise auch heute noch unter anderen Namen geführt, tragen aber entweder das Label C&L oder den ausgeschriebenen Namen Coopers & Lybrand in ihrer Firma. Die Initiative zur Bildung von Kooperationen ging von der US-amerikanischen (Lybrand) und der englischen Ursprungsgesellschaft (Coopers) aus, die nach ihrem Zusammenschluss weitere geeignete Partner suchten, um die zunehmend international tätigen Mandanten auf den Gebieten Wirtschaftsprüfung und -beratung zu

[148] Vgl. Caldwell (1996).

[149] Diese Fallstudie ist 1996 vom Institut für Wirtschaftsinformatik der Universität Bern (Pascal Sieber) erarbeitet worden. Alle Rechte liegen bei C&L Deutsche Revision AG und dem Institut für Wirtschaftsinformatik. Sämtliche Angaben stammen aus Interviews mit Dr. Karl-Heinz Maul. Herr Maul ist Mitglied der Geschäftsleitung von C&L Deutsche Revision und damit Mitglied der Coopers & Lybrand International.

betreuen. Da die Jahresabschlüsse in den meisten Nationalstaaten aus gesetzlichen Gründen von heimischen Unternehmen geprüft werden müssen und die gebotene Rechtsform für die Ausübung eines freien Berufes die Beteiligung fremder Unternehmen nicht ermöglichte, kam die Akquisition oder die Gründung von Tochterunternehmen in den meisten Fällen nicht in Frage. Bindeglied zwischen den rechtlich selbständigen Gesellschaften waren über lange Zeit hinweg Kooperationsverträge; inzwischen sind alle Unternehmen der C&L-Organisation Mitglied eines Vereins schweizerischen Rechts (C&L International), der jedoch keine operativen Funktionen ausübt. Die Mitgliedsunternehmen sind beteiligungsrechtlich nicht miteinander verbunden. Die wichtigsten Funktionen des Vereins bestehen in der Festlegung der internationalen Geschäftspolitik und der Herausgabe der verbindlichen Policy Statements. Die Festlegung der internationalen Geschäftspolitik umfasst u.a. auch die Entwicklung geographisch neuer Tätigkeitsgebiete und die damit verbundene Rekrutierung von Mitarbeitern.

Die internationale Zusammenarbeit von C&L ist nur dann gewährleistet, wenn alle Mitgliedsunternehmen auf gleichen Prüfungs- und Beratungsgebieten tätig sind. Die Zugehörigkeit zu C&L International setzt deshalb voraus, dass jedes Mitgliedsunternehmen im sogenannten Core Business Leistungen anbietet. Dazu gehören vor allem Jahresabschluss- und ähnliche Prüfungen, Steuerberatung und Unternehmensberatung.

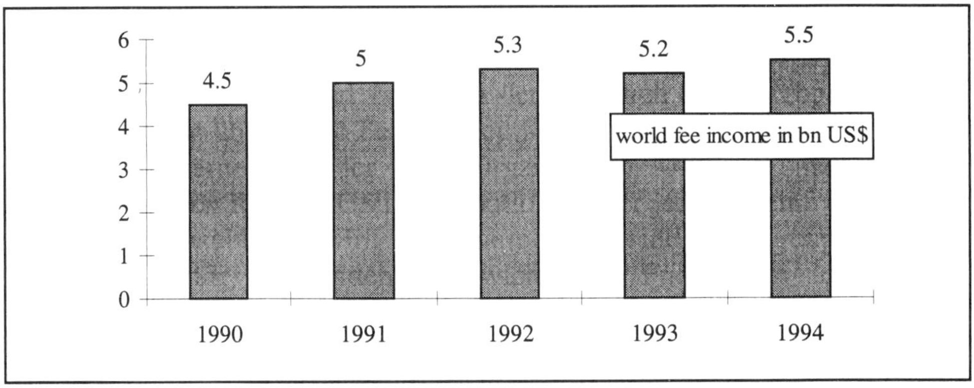

Abbildung 4-6: Umsatz von Coopers & Lybrand International.

Vom gesamten Umsatz (vgl. Abbildung 4-6) der Coopers & Lybrand International entfallen 51% auf auditing Aktivitäten, 17% auf Unternehmensberatung, 16% auf Steuerberatung und 16% auf andere Tätigkeiten. In Deutschland ist der Anteil an auditing revenue mit 66% noch höher, verschiebt sich aber ebenfalls nach unten, das heisst zu Gunsten der Unternehmensberatung.

Ein grosser Teil der Geschäftstätigkeit von Coopers & Lybrand entfällt auf Europa (vgl. Tabelle 4-5).

1994	**Worldwide**	**Europe**	**Europe in %**
fee income (in bn US$)	5.54	2.65	47.8%
No. of countries with Partners	130	40	30.8%
Total C&L companies	758	353	46.6%
Employees	68'360	30'260	44.3%

Tabelle 4-5: Anteil der Geschäftstätigkeit in Europa (1994).

Das Netzwerk von Coopers & Lybrand deckt aber weite Teile der industrialisierten Welt ab. Neben den Abbildung 4-7 namentlich genannten Ländern gibt es weitere 349 Gesellschaften in Ländern wie Malaysia, Indien, Brasilien, Zaire, Angola.

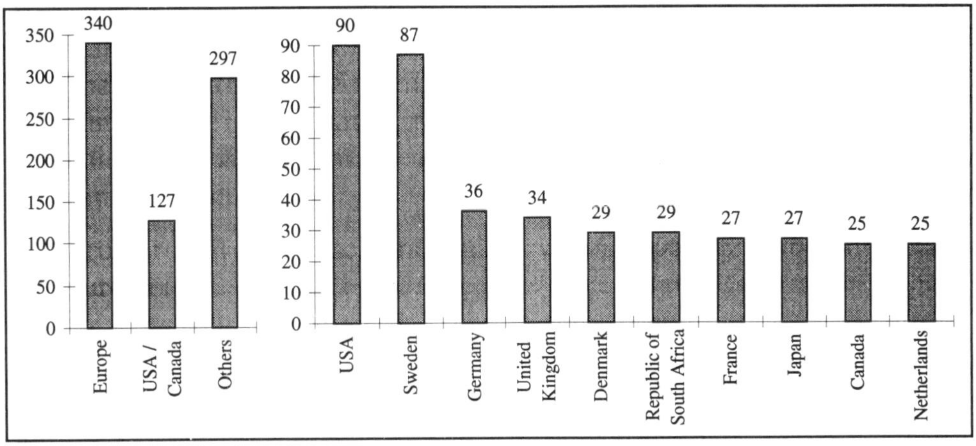

Abbildung 4-7: Anzahl der C&L Partner in einigen Ländern.

Das Lead Adviser Prinzip

Damit ein C&L Partnerunternehmen einen Mandanten weltweit betreuen kann, kooperieren die C&L Gesellschaften untereinander. Die Zusammenarbeit hat das Ziel, dem Mandanten länderspezifisches Know-how „aus einer Hand" bieten zu können. Nicht nur die Rechnungsprüfung wird von den Vertretern aus den Heimländern des Mandanten durchgeführt (wie dies gesetzlich vorgeschrieben ist), sondern auch die Beratungsleistung. Ein Beratungsteam wird projektspezifisch zusammengestellt und kann bei Bedarf aus Mitarbeitern verschiedener internationaler Mitgliedsfirmen bestehen. Die Abbildung 4-8 stellt das Prinzip schematisch dar. Oft deckt das Rechnungsprüfungsverfahren Bedürfnisse des Mandanten auf, die die C&L Unternehmensberater decken können. Der Mandant wendet sich an den C&L Partner in seinem Stammland (Lead Adviser oder Lead Partner).

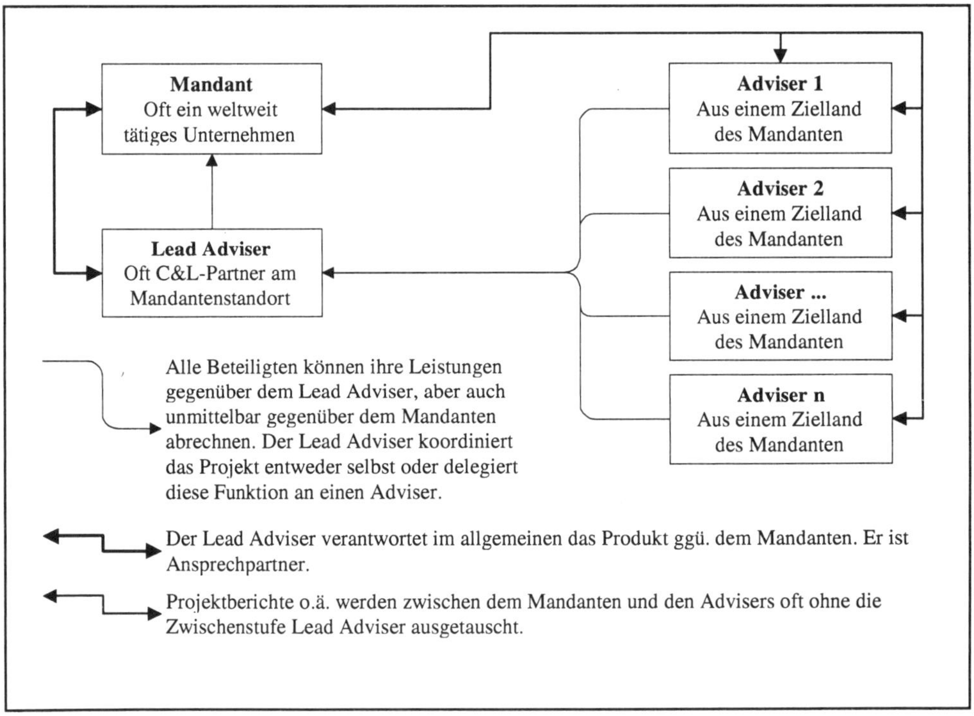

Abbildung 4-8: Das Lead Adviser Prinzip bei C&L International.

Zeigt sich, dass das auditing nicht ohne die Situationsanalyse von Tochterunternehmen des Mandanten auskommen kann, so werden C&L Partner (Advisers) aus den Standorten der Mandantentöchter beigezogen. Somit kann dem Mandanten die Nähe des lokalen Beraters geboten werden, ohne auf das für die Töchter relevante Know-how und die Marktnähe verzichten zu müssen. Jedes international tätige Unternehmen muss sich mit den lokalen Gegebenheiten seiner Zielmärkte auseinandersetzen. Die Rechnungsprüfung und die Beratung z.B. bei Fusionsprojekten bedingt jedoch besonders tiefe Kenntnisse der lokalen rechtlichen Gegebenheiten. Das Lead Adviser Prinzip bietet sich deshalb für C&L an. Die Eigenschaften des Lead Adviser (Lead Partner) Prinzips sind folgendermassen charakterisiert:

Der Lead Adviser verfügt über die „Nähe zum Auftraggeber" und stellt oft den ersten Kontakt her. Er ist aus Kundensicht eine Vertrauensperson. Sehr oft arbeitet der Lead Adviser selbst nicht im Projekt mit. Er ist jedoch gegenüber dem Mandanten dafür verantwortlich, dass für die Erstellung des Produkts aus dem Netzwerk von C&L geeignete Ressourcen herangezogen werden. Um für den Konfliktfall Haftungsfragen vorwegzunehmen, werden mit dem Mandanten Verträge abgeschlossen. Diese können je nach Situation des Mandanten einzelne oder alle Advisers und den Lead Adviser einschliessen. Dadurch, dass keine rechtliche Bindung zwischen den C&L Partnern aufgebaut wird, können Haftungsfragen, wenn dies vertraglich nicht anders geregelt ist, nicht auf die Ländergesellschaften übertragen werden. Gegenüber dem Kunden übernimmt der Lead Adviser in jedem Fall Projektleiterfunktion.

Im folgenden wird die Organisation von Coopers & Lybrand mit Hilfe des Entwicklungsmodells von Venkatraman und Henderson beschrieben. Die Abbildung 4-9 bietet eine Übersicht.

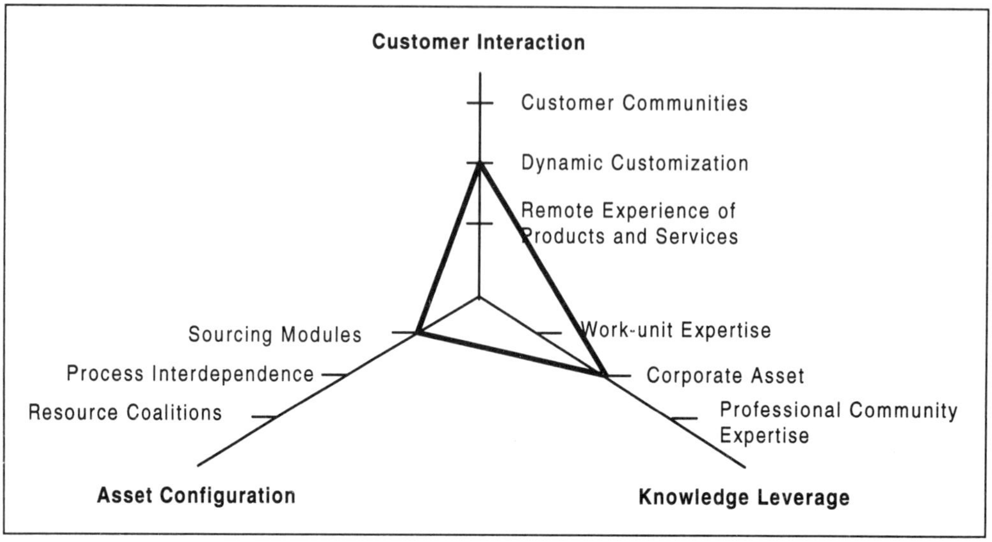

Abbildung 4-9: Die Virtualität von C&L International.

Aspekte von Asset Configuration

Die C&L International als wirtschaftliche Einheit ist ein weitgehend informelles Netzwerk rechtlich selbständiger, aber wirtschaftlich interdependenter, spezialisierter Akteure. Die Interorganisationsbeziehungen auf Basis eines gemeinsamen Geschäftsverständnisses verfolgen das kollektive Ziel der synergetischen Realisierung von Wettbewerbsvorteilen. Halten die Partner die Vereinbarungen, die im Rahmen der Mitgliederversammlung von C&L International getroffen werden, jedoch nicht ein, so haben sie mit Sanktionen bis hin zum Ausschluss zu rechnen. Über solche Sanktionen entscheidet das Kollektiv und nicht Partnerschaftsverträge. Die Fristigkeit der Zusammenarbeit richtet sich nach der Marktaufgabe. Der temporäre Charakter der Zusammenarbeit in virtuellen Teams[150] wird dadurch besonders deutlich: Die für ein Projekt assoziierten C&L

[150] Darunter versteht man die Zusammenarbeit mehrerer Personen in einem Team, wobei sich die Team-Mitglieder zur Zusammenarbeit nicht an einem Ort versammeln, sondern über Telekommunikationsnetze kommunizieren (vgl. Lipnack/Stamps (1997)).

Partner trennen sich nach Erfüllung der Marktaufgabe und kommen oft in anderen Projekten wieder zusammen. Die Zusammensetzung der Projektteams ist auftragsspezifisch, und die Zusammenarbeit ist regelmässig projektbezogen.

Die grundlegende Idee einer gemeinschaftlich-polyzentrischen Netzwerkkoordination bekräftigt den Versuch, auf die Institutionalisierung zentraler Funktionen weitgehend zu verzichten und somit eine gemeinschaftliche, zeit- und ortsunabhängige Netzwerkdisposition auf Basis eines virtuellen Teams von Führungskräften beteiligter Partnerunternehmen zu ermöglichen.

Die Ländergesellschaften sind damit in der Gestaltung ihrer wirtschaftlichen Aktivitäten weitgehend frei. In jüngster Zeit zeichnen sich auch Tendenzen ab, dieses Prinzip flacher Hierarchien auf die Organisation der Ländergesellschaften auszuweiten. So hat zum Beispiel die STG Coopers & Lybrand Schweiz im Jahr 1997 ihre in Profit Center organisierten Geschäftseinheiten zu selbständigen Unternehmen gemacht, die über eine Holdinggesellschaft ihre Aktivitäten koordinieren.

Aspekte von Customer Interaction

Der Einbezug von Partnerunternehmen, Lieferanten und Kunden in den Leistungserstellungsprozess stellt für Unternehmensnetzwerke ein wesentliches Kriterium dar: Nach vollzogener Funktionsintegration, einem gezielten Outsourcing und der Integration von Kunden und Lieferanten führt ein Information Broker zur gezielten Erfüllung einer Marktaufgabe spezialisierte Partnerunternehmen mit den notwendigen Kernkompetenzen zusammen. Der potentielle Leistungsbeitrag der einzelnen Akteure sieht wie folgt aus:

In Abhängigkeit des Leistungsbeitrages bezüglich der Wertkette von Unternehmensnetzwerken unterscheidet man zwischen einer horizontalen und einer vertikalen Partnerintegration. Da sich diese zwei Integrationsformen nicht ausschliessen, kann ein Unternehmensnetzwerk folglich aus horizontal *und* vertikal integrierten Partnern bestehen. Im Rahmen einer vertikalen Integration beteiligen sich die entsprechenden Partner auf unterschiedlichen Wertkettenstufen, indem sie jeweils ihre spezifische

Funktionalität in die zu optimierende Wertkette einbringen.[151] Dazu besteht der Anreiz primär in der Kosten- und Risikoteilung, sowie einer partiellen Zusicherung von Zulieferung und Absatz. Bezüglich einer horizontalen Integration beteiligen sich die entsprechenden Partner auf derselben Stufe der Wertkette, um beispielsweise genügend Kapazitäten für die Leistungserstellung bereitstellen zu können.[152]

Lieferanten werden zur gemeinsamen Produktentwicklung/-spezifikation, zur kontinuierlichen Evaluation und Verbesserung ihrer Leistungen sowie zur Optimierung des Versorgungsprozesses in den Leistungserstellungsprozess eines Unternehmensnetzwerks einbezogen. Kunden werden zum Zweck der bestmöglichen Befriedigung ihrer Bedürfnisse in den Leistungserstellungsprozess von Unternehmensnetzwerken einbezogen. Im Idealfall kann sich der Kunde seine gewünschte Leistung durch individuelle Konfiguration von Standardkomponenten selbst zusammenstellen.

Die Beratungs- und Revisionstätigkeiten bei C&L werden kundenspezifisch erbracht. Diese Dienstleistungen werden von C&L International selbst entwickelt und ohne Vorleistungen erstellt. Folglich werden keine Lieferanten in den Netzwerkverbund integriert. Eine vertikale Partnerintegration findet lediglich innerhalb von C&L International statt. Hingegen erfolgt eine horizontale Partnerintegration in jenen Projekten, wo spezifisches Know-how aus unterschiedlichen Ländern benötigt wird: Um den Tochtergesellschaften des Mandanten lokales Know-how anbieten zu können, werden nach Bedarf Adviser aus den entsprechenden Standorten beigezogen. Auf Kundenwunsch kann es sich allenfalls auch um konkurrierende Partnerunternehmen handeln. Ausgehend von modularen Standardkomponenten kann sich der Kunde im Idealfall die gewünschte Leistung nach dem Baukastenprinzip selbst zusammenstellen.[153] Die Produkte der C&L International sind keine Massengüter, sondern in jedem Fall Individuallösungen. Die Vorgaben der Qualitätssiche-

[151] Vgl. auch Porter (1986), S. 315ff: y Koalition.
[152] Vgl. auch Porter (1986), S. 315ff.: x Koalition.
[153] Vgl. Pine (1993), S. 257ff.

rung und die internen Standards z.B. zur Unternehmensbewertung können annähernd als „Module“ angesehen werden.

Aspekte von Knowledge Leverage

Grösstenteils werden die Projekte ausschliesslich von C&L Netzwerkpartnern abgewickelt. Diese heben sich durch ihre Kenntnisse der lokalen Verhältnisse voneinander ab und können daher ihre spezifischen Leistungen effizienter und besser einbringen als andere Anbieter. Durch die synergetische Nutzung partnerbezogener Kernkompetenzen[154] resultiert für jedes Projekt eine innerhalb von C&L International optimierte Wertkette. Auf dieser Grundlage lassen sich entscheidende Wettbewerbsvorteile realisieren. Es resultiert ein Erzeugnis, für welches im relevanten Zielmarkt nur gleichwertige Imitate und Substitute existieren, die ebenfalls aus einem Netzwerkverbund stammen. Lokale Anbieter von Auditing-Dienstleistungen können deshalb das Segment „international tätige Mandanten“ nicht betreuen. C&L kann aus diesem Grund für ihre Dienstleistungen höhere Preise verlangen. Beträgt bei C&L International der Stundenansatz der Wirtschaftsprüfung auf Partnerebene zwischen 400 DM und 500 DM, so dürfte der Preis bei ausschliesslich lokal tätigen Gesellschaften bis zu 250 DM tiefer liegen. Das Netzwerk verfügt also über beträchtliche Ressourcen und Know-how. C&L International versucht die Wissenbildung und den -transfer durch den gezielten Einsatz von leistungsfähigen Informations- und Kommunikationstechnologien zu unterstützen. Durch (weltweit) vernetzte Systeme eröffnen sich unterschiedliche Möglichkeiten, wie z.B. eine gemeinschaftliche Netzwerkkoordination, die Verringerung von Funktionsredundanzen oder die gemeinsame Nutzung von Funktionen.[155] Durch die Verwendung von einheitlicher Standardsoftware sind die C&L Partner in der Lage, relevante Daten und Informationen zur Projektkoordination auszutauschen. Die Verwendung von Lotus Notes erlaubt zudem den Zugriff auf gemeinsame Datenbestände durch Replikation. Bisher sind aber noch nicht alle relevanten Daten in Lotus Notes Datenbanken abgebildet. Eine gemein-

---

[154] Vgl. Prahalad/Hamel (1990).
[155] Vgl. Rockart/Short (1991), S. 209ff.

sam verwendete Applikation, z.B. zur Simulation von Unternehmenssituationen in der Beratung oder zur gemeinsamen Projektplanung, steht nicht zur Verfügung.

Zusammenfassung

Anhand des Modells von Venkatraman und Henderson können die drei Bereiche der Virtualisierung zusammengefasst werden. Die Analyse der Konkurrenz zeigt, dass auch die übrigen fünf grossen, weltweit tätigen Rechnungsprüfungsgesellschaften ähnliche Strukturen aufweisen.

Die Fallstudie zeigt, dass die Dienstleistung weitgehend in Zusammenarbeit mit den Kunden, sehr spezifisch erbracht wird (Dynamic Customization). Die Partnerunternehmen arbeiten bei der Leistungserstellung in virtuellen Teams zusammen. Die Organisationsstruktur von C&L International sichert den Zugang zum Kundensegment (Remote Product or Service Experience). Seit kurzer Zeit bieten alle sechs Unternehmen ihre Dienstleistungen zudem auch über das Internet an, was als weiterer, weltweit verfügbarer Absatzkanal betrachtet werden kann, der die Interaktion zwischen dem Mandanten und dem Unternehmen fördert. Bei Coopers & Lybrand ist ein Programm zum Auffinden von Experten noch im Aufbau begriffen.[156] KPMG bietet unter dem Namen „Virtual Office" die Möglichkeit, über Internet das Leistungsspektrum zu erfahren und mit den Experten direkt in Kontakt zu treten.[157] Bei Arthur Andersen besteht gar die Möglichkeit, zum Beispiel ein assessment der eigenen Firma online durchführen zu lassen. Der Mandant füllt ein Formular aus und nach wenigen Sekunden wird sein Unternehmen im Vergleich zu anderen Branchenteilnehmern bewertet.[158] Ähnliches führt auch der online Business Consultant von Ernst & Young aus.[159]

In Bezug auf das Prinzip „Knowledge Leverage" folgt C&L weitestgehend den Prinzipien flacher Hierarchien, innerhalb der Ländergesellschaften und in weit höherem Mass länderübergreifend. Dies führt zu

---

[156] Vgl. ExperFind: http://www.colybrand.com/clwww01.html
[157] Vgl. http://www.us.kpmg.com/ssc/virtual_office.html
[158] Vgl. http://www.arthurandersen.com/firmwide/itooS.htm
[159] Vgl. „Ernie": http://www.ey.com/

grosser rechtlicher und wirtschaftlicher Selbständigkeit der Partnerunternehmen. Die Prozesse des auditing sind von C&L International standardisiert worden. Beschreibungen der best practices sind allen Partnern zugänglich (Corporate Asset). Bisher ist es bei C&L erst in wenigen Fällen vorgekommen, dass Mitarbeiter auf eigenes Risiko, zum Beispiel im Auftragsverhältnis, für C&L gearbeitet haben. Dies würde allerdings eine weitere Möglichkeit zur Virtualisierung bieten, die zu tieferen Personal- und Anlagekosten (Gebäude) führen könnte (Professional Community Expertise).

Die Virtualisierung entlang der Dimension „Asset Configuration" ist bei C&L noch wenig ausgeprägt. Zwar führt die Zusammenarbeit in virtuellen Teams zu „Sourcing Modules", das mit Kostenvorteilen verbunden ist. Die Konzepte zur Rationalisierung der Dienstleistung bestehen aber erst teilweise. Dies wird auch von den anderen big five erst in jüngster Zeit vorangetrieben. Theoretische Überlegungen sind zwar seit längerer zeit verfügbar, gewinnen aber momentan durch den technologischen Fortschritt neue Beachtung.[160]

Globaler Vorteil

Die Netzwerkstruktur von C&L International, innerhalb derer kooperative Formen der Zusammenarbeit häufiger sind als kompetitive, kann als Koordinationsform betrachtet werden, die teilweise Eigenschaften von Märkten und teilweise von Hierarchien aufweist. Sie ist im vorliegenden Fall stark durch rechtliche Rahmenbedingungen und damit nicht beeinflussbare Faktoren entstanden. Trotzdem unterliegt sie der Gestaltungsfreiheit der beteiligten Partnerunternehmen und verändert sich damit im Zeitablauf. Um von den Vorteilen dieser Koordinationsform profitieren zu können, ist situativ zu entscheiden, inwiefern marktliche oder hierarchische Elemente gefördert werden sollen. Die rein marktliche Koordination zeichnet sich durch Funktionsspezialisierung, Effizienzdruck, Opportunismus und Informationsinseln aus, die hierarchische dagegen durch Funktionsintegration, den Schutz vor Marktdruck, Vertrauen und Infor-

[160] Vgl. z.B. Quinn et al. (1996).

mationsintegration. Um die negativen Effekte opportunistischen Verhaltens zu reduzieren und Nachteile von Informationsinseln aufzuheben, wird innerhalb des Netzwerks eine Vertrauenskultur aufgebaut, und Aktivitäten, die der Informationsverbreitung dienen, werden zentral diskutiert und durchgeführt. Gleichzeitig spezialisieren sich die Partnerunternehmen auf ihre lokale (nationale) Tätigkeit und setzen sich innerhalb ihrer Regionen dem Konkurrenzdruck aus. Damit profitiert C&L von den ökonomischen Vorteilen beider Koordinationsformen (vgl. Abbildung 4-10). Wenn also im folgenden die Wettbewerbswirkung der Virtualität diskutiert wird, so sind alle Argumente an den beiden Extremen Markt und Hierarchie zu messen.

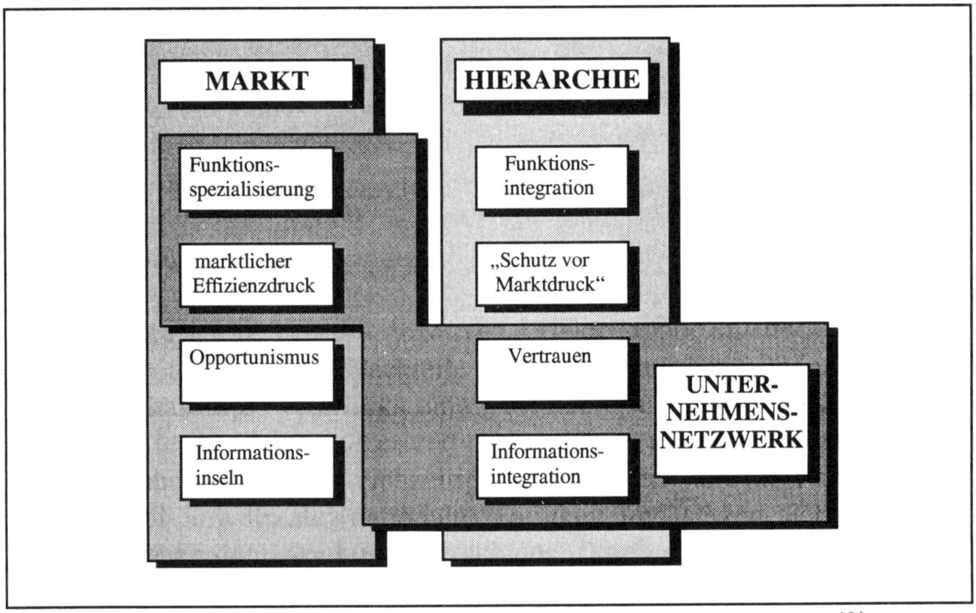

Abbildung 4-10: Charakteristiken von Unternehmensnetzwerken.[161]

Die in den vorangehenden Kapiteln dargestellten Aspekte der Virtualität bauen auf der Netzwerkstruktur auf, indem die Struktur als kurzfristige Rahmenbedingung für die virtuellen Projekte angesehen werden muss,

[161] Siebert (1991), S. 295.

konstituieren aber das Netzwerk gleichzeitig, indem wesentliche Elemente wie die Vertrauenskultur erst durch die Abwicklung von Projekten entstehen.[162] Geht es um die gezielte Veränderung der Netzwerkstruktur zur Verbesserung der Wettbewerbsfähigkeit, so gilt es zu bedenken, dass nicht allein die demokratische Entscheidung von C&L International, sondern (und möglicherweise viel mehr) die Ausgestaltung der Projekte strukturierend wirken. Es zeigt sich also, dass die Gestaltung des Netzwerks - anders als in einem hierarchisch geführten Unternehmen - unter Umständen durch stark unterschiedliche Interessen geleitet ist. Damit wird deutlich, dass der Zusammenhang zwischen den Aspekten der Virtualität und dem Erfolg der beteiligten Unternehmen nicht aufgrund einer Kennzahl wie zum Beispiel dem Return on Investment hergestellt werden kann. Im folgenden werden deshalb die Wettbewerbswirkungen der Virtualisierung anhand des Fallbeispiels C&L International argumentativ angeführt:

Unsicherheit: Durch Normen, die innerhalb des Netzwerks C&L International durchgesetzt werden können, wie z.B. das Anbieten des Core Business, sinkt das Risiko von Fehlleistungen bei firmenübergreifenden Kooperationen. Die rechtliche Selbständigkeit schützt gleichzeitig vor dem Übertragen von Gewährleistungsverpflichtungen, falls es dennoch zu Fehlleistungen gegenüber den Kunden kommt. Dies bedeutet nicht, dass innerhalb des Netzwerks keine gegenseitige Verantwortlichkeit wahrgenommen werden kann, sondern lediglich, dass bezüglich des Austausches von Leistungen ein höherer Freiheitsgrad besteht. Damit kann die Unsicherheit reduziert werden. Weil aber über die Grenzen der Partnerunternehmen keine Weisungsbefugnisse bestehen, bleibt ein (gemindertes) Risiko für schlechte Erfüllung von Aufträgen bestehen.

Flexibilität: Die Flexibilität ist einerseits durch das Netzwerk erhöht, denn die einzelnen Partnerunternehmen können dank ihrer überschaubaren Grösse schnell auf neue Marktbedürfnisse reagieren. Aus dem Netzwerk können sie auch kurzfristig auf Kompetenzen zugreifen, die sie sich in kurzer Zeit nicht aneignen könnten. Andererseits beschränken sich die

[162] Vgl. dazu Sieber (1998).

Partnerunternehmen auf die Zusammenarbeit innerhalb des Netzwerks, um das Vertrauen der Partner nicht zu verlieren. Sie können den Kooperationspartner also nicht frei wählen, was die Flexibilität einschränkt.

Kosten: Dagegen sind die Möglichkeiten der gegenseitigen Finanzierung im Netzwerk eingeschränkt. In einer Finanzholding könnten zum Beispiel kurzfristige Liquiditätsengpässe kostengünstiger überbrückt werden, als dies im C&L Netzwerk der Fall ist. Dies wirkt sich negativ auf die Flexibilität und die Kosten aus.

Der temporäre Charakter der Kooperationen innerhalb des Netzwerks schützt vor hohen fixen Personalkosten und führt zu tieferen Gesamtkosten. Die Koordinationskosten, die für die Aufrechterhaltung des Vereins anfallen, müssen dadurch mindestens gedeckt werden.

Die Tatsache, dass innerhalb des stabilen Netzwerks C&L International vor einer Zusammenarbeit keine Verträge abgeschlossen werden, senkt die Kosten (es entfallen Vertragsverhandlungen und die Ausführung) und verkürzt die Vorlaufzeiten der Kooperation. Damit können die Unternehmen sehr viel schneller und damit flexibler auf Kundenwünsche reagieren.

Durch die Dezentralisation der Entscheidkompetenzen zu den C&L Partnern werden lange Dienstwege vermieden. Dies führt zu kürzeren Durchlaufzeiten und zu tieferen Kosten.

Die elektronische Vernetzung über Lotus Notes führt dazu, dass die Kommunikationskosten gegenüber der Verwendung von Telefon oder Reisen tiefer ausfallen. Zudem besteht die Möglichkeit asynchroner und synchroner Kommunikation, was zu Zeiteinsparungen führt. Über Datenbanken, die momentan vorwiegend Meta-Wissen (z.B. eine Beschreibung der Fähigkeiten und Kenntnisse einzelner Abteilungen oder Personen) enthalten, kann schneller auf temporär nachgefragtes Know-how zurückgegriffen werden. Dadurch können die C&L Partner wiederum ihre Reaktionsgeschwindigkeit gegenüber den Anforderungen ihrer Kunden verbessern. Die Investitionen in diese Kommunikations- und Informationsinfrastruktur sind selbstverständlich nicht vernachlässigbar, so dass sich gesamthaft höhere Kosten ergeben.

Innovation: Im vorliegenden Fall sind die Lieferanten (C&L Partner) sehr gut in die Wertkette integriert. Damit können neue Produktideen schneller verbreitet werden, und der Zugriff auf den Absatzmarkt ist für alle Partner weltweit gesichert. Ein Partner allein könnte international tätige Kunden nicht betreuen.

Zeit: Dadurch, dass nicht für jedes Projekt ein lokal verfügbares Team eingesetzt werden muss, sondern Personen an unterschiedlichen Standorten unabhängig voneinander arbeiten können, werden die Durchlaufzeiten potentiell verkürzt.

Lokaler Nachteil?

Die Stundensätze der big six für die Rechnungsprüfung liegen wesentlich über jenen von kleinen, lokalen Anbietern. Dies liegt vor allem an den höheren Overhead Kosten für die Imagepflege, die Pflege der Partnerschaften und die IT Infrastruktur. Lokale Anbieter, die sich ebenfall in Netzwerken organisieren, rechnen dagegen mit vernachlässigbaren Fixkosten und Gemeinkosten. Ein wesentliches Argument für die Wahl der „teuren" Treuhänder zur Rechnungsprüfung ist die Kreditwürdigkeit: Banken stufen Unternehmen, die sich von einem der big six prüfen lassen, als kreditwürdiger ein. Die Segmentierungsstrategie der big six hat ihnen im globalen Markt (im Segment „international tätige Mandanten") derart grosse Wettbewerbsvorteile geschaffen, dass das Segment heute zu 100% von den big six beliefert wird. Im auditing herrscht unter den big six praktisch kein Wettbewerb mehr. Die Oligopolsituation ist konsolidiert, und Verschiebungen in den Marktanteilen sind selten.

Die Kosten der big six sind allerdings vergleichsweise hoch, was zu einem Wettbewerbsnachteil gegenüber lokalen Anbietern in den Segmenten „mittlere und grosse Unternehmen mit lokaler und begrenzt internationaler Tätigkeit" führt. In diesen Segmenten ist der Preis ein zunehmend wichtigstes Verkaufsargument, denn die Prozesse sind standardisiert und der Preisdruck auf den Märkten der Mandanten wirkt sich auf das auditing aus. Dieser Wettbewerbsnachteil führt dazu, dass auch die big six ihre Tarife für das auditing senken. Sie gewinnen damit Kunden, die sie meistens in der Folge des auditing auch beraten.

Die Wirtschaftsprüfer profitieren also bei der Kundenakquistion von ihrem Ruf und von ihren Kenntnissen der Kunden. Das Anforderungsprofil für die Unternehmensberatung weicht aber stark von jenem für auditing ab, so dass diese beiden Dienstleistungen nicht von denselben Personen erbracht werden können. Die big six haben deshalb eigene Abteilungen geschaffen, die sich nur der Beratung widmen. Zunehmend entstehen aus diesen Abteilungen rechtlich selbständige Unternehmen. Das Wachstum von 20% bei den Beratungsleistungen kommt vor allem aus steigender Nachfrage nach IT Beratung. In dieses Geschäft drängen aber auch IT Unternehmen (Systemhäuser). Das Marktvolumen wird also von den Unternehmensberatern, von den big six und von den Systemhäusern gleichzeitig beansprucht.[163]

Gegenüber ihren Konkurrenten haben die big six den Vorteil, dass sie bereits Erfahrungen in der Zusammenarbeit in verteilten Teams vorweisen können. Weil sie das Modell des Unternehmensnetzwerks, das bisher im Bereich des auditing aus rechtlichen Gründen Anwendung fand, auf die Unternehmensberatung übertragen, können sie mit denselben Wettbewerbsvorteilen rechnen, die oben genannt wurden.

Der lokale Nachteil im auditing Geschäft wird also von den big six durch die Virtualisierung in der Dimension Customer Internaction im consulting wettgemacht. Die Virtualisierung wird zudem aus den folgenden fünf Gründen vorangetrieben:

1. Um in der Unternehmensberatung Marktanteile zu sichern, müssen die big six ihr Know-how im Bereich der IT-Beratung verbessern. Um glaubwürdig zu sein und selbst vom Rationalisierungspotential profitieren zu können, setzen sie die Technologien selbst ein.
2. Um in der Unternehmensberatung konkurrenzfähig zu sein, übertragen sie das Lead Adviser Prinzip auf diesen Geschäftsbereich.
3. Das Consulting leidet noch immer unter einem Mangel an qualifizierten Arbeitskräften. Die big six verschaffen sich am Arbeitsmarkt durch die Pressemeldungen über ihre Technologienutzung ein gutes Image.

---

163 Vgl. Caldwell (1996).

4. Knowledge Leverage kann im Dienstleistungsbereich nur durch den Einsatz von modernsten Technologien erreicht werden, die auch heute noch unausgereift sind. Der frühzeitige Einstieg wird offenbar als Vorteil erachtet.
5. Der Marketingeffekt darf ebenfalls nicht unterschätzt werden. Den Wirtschaftsprüfern ist es nicht erlaubt, Werbung zu machen. Durch die Pressemeldungen über ihren Technologieeinsatz gewinnen sie trotzdem Medienpräsenz.

4.4.2 Seitz GmbH

Die Seitz-Gruppe[164] versteht sich als IT-Servicespezialist für die Fertigung und den Handel - von Hard- und Software bis hin zum kompletten Outsourcing. Das im gesamten deutschsprachigen Raum mit ca. 250 Mitarbeitern tätige Unternehmen zählt zu den traditionsreichsten und grössten deutschen Systemhäusern. Über 650 Kunden, in jeder Grösse und aus jeder Branche, werden mit den Seitz-eigenen Softwarelösungen betreut. Der Umsatz in der Seitz-Gruppe betrug im Geschäftsjahr 1996 rund 53 Mio. DM. Im Jahr 1997 waren es bereits über 60 Mio. DM. Die Umsatzrendite liegt je nach Unternehmensbereich zwischen 7 und 14%. Es wird damit gerechnet, dass sich die Mitarbeiterzahl alle 5-6 Jahre verdoppelt. Geführt wird das Unternehmen von zwei der ursprünglich vier Gründer[165].

---

164 http://www.seitz.de/. Am 17.10.1997 wurde bekannt, dass die Seitz GmbH an die österreichische AI Informatics GmbH verkauft wurde. Die vorliegenden Angaben lassen vermuten, dass dadurch für die Darstellung des Unternehmensnetzwerks keine Änderungen notwendig werden. Der Verkauf war von der Geschäftsleitung geplant, um dem Unternehmen Kontinuität zu verschaffen. Die beiden Teilhaber und Geschäftsführer setzen sich nach 1999 zur Ruhe. Sie bleiben bis dahin als Aufsichtsräte in beratender Funktion. AI bearbeitet dieselben Geschäftsfelder wie die Seitz-Gruppe, die 1997 das erfolgreichste Geschäftsjahr seit der Gründung 1972 abgeschlossen hat.

165 Wo nicht anders vermerkt stammen die Angaben aus einem Interview von Pascal Sieber mit Joachim Geffken. Herr Geffken ist Gründungsmitglied, zur Hälfte Teilhaber und Geschäftsleitungsmitglied der Seitz GmbH (vgl. auch Sieber (1998)).

Seit 1994 offeriert Seitz als erstes R/3-Systemhaus mittelständischen Anwendern Produkte und Dienstleistungen im SAP-Umfeld. 24 R/3-Projekte werden derzeit von Seitz abgewickelt. Zu dem breitgefächerten Angebot gehören R/3-Software, Zusatz- und Mehrwertlösungen, Outsourcing (Facilities-Management), Hardware, Schulung/Projektführung sowie Generalunternehmerschaft in R/3-Projekten[166].

Das Umsatzwachstum beträgt schätzungsweise 15% pro Jahr und liegt damit über dem Durchschnitt der Systemhäuser in Deutschland. Ungefähr 20% des Umsatzes wird mit eigenen Produkten, 30% mit Hardwareverkäufen, 15% mit fremden Softwareprodukten und 35% mit Dienstleitungen gemacht. Zu den Dienstleistungen der Seitz GmbH zählen Beratung, Outsourcing von Rechenzentrumsdienstleistung und Schulung. Das Volumen der Hardwareverkäufe ist rückläufig, Outsourcing und der Verkauf fremder Softwareprodukte sind stark, alle anderen Bereiche gering wachsend.

Zu den wichtigsten Konkurrenten im Dienstleistungsbereich gehören EDS und DEBIS sowie einige kleinere Unternehmen aus dem deutschprachigen Raum. Die Beratung wird als Hilfsdienstleistung angesehen. Die Konkurrenz durch andere IT- und Unternehmensberater ist deshalb weniger wichtig. Zu den Lieferanten zählen Hewlett-Packard, IBM, SAP, Microsoft, Datenbankhersteller wie ORACLE und 30 - 40 kleinere Softwarehäuser, die komplementäre Produkte wie EDI-Lösungen, Archivierungssysteme, PC-basierte Hilfslösungen zur Vertriebsunterstützung und Bildbearbeitungsprogramme anbieten.

Im Bereich der Gesamtlösungen für Produktion, Planung und Steuerung sowie Betriebsabrechnung hat in Deutschland lediglich die SAP einen signifikanten Marktanteil. Die übrigen ca. 200 Anbieter teilen sich das restliche Marktvolumen mit jeweils sehr kleinen Marktanteilen auf. Seitz gilt als ungefähr sechst grösster Anbieter, konkurrenziert damit aber SAP nur bedingt. Unter den Systemhäusern, die SAP-Einführungen anbieten, gilt die Seitz-Gruppe als Marktleader in Deutschland, der Schweiz und Österreich. Vergleicht man die Umsätze aller DV-Unternehmen Deutsch-

[166] Selbstdarstellung des Unternehmens im Internet: vgl. http://www.seitz.de.

lands, so liegt das Unternehmen an ca. 27. Stelle. Marktanteile, Marktpotentiale sowie Wachstumszahlen sind in der Branche nur mit grosser Ungenauigkeit in Erfahrung zu bringen, denn die Leistungen der Branchenmitglieder sind nicht klar gegeneinander abgegrenzt. So zählen zu den DV-Unternehmen genauso Freelance-Programmierer und PC-Händler wie auch stark diversifizierte Unternehmen wie die Siemens oder IBM.

Beschreibung des Unternehmensnetzwerks

Die Standorte von Seitz liegen vorwiegend im deutschprachigen Raum. Die Auslagerung von einzelnen Aktivitäten in Schwellenländer, wo vor allem von tieferen Kosten bei der Softwareentwicklung profitiert werden könnte, zieht das Unternehmen nicht in Betracht. Gründe dafür sind einerseits die persönliche Verbundenheit mit dem Standort Mitteleuropa der Unternehmensleitung und andererseits der Schutz vor dem Verlust von Know-how. Da die Softwareentwicklung als Kernkompetenz des Unternehmens betrachtet wird, ist das Risiko der Auslagerung zu gross. Seitz sucht sich jene Märkte aus, in denen sie mit ihrer Kostenstruktur konkurrenzfähig ist. Durch den Rückgang der Kommunikationskosten in den letzten Jahren konnten dagegen bereits einige Aktivitäten konzentriert werden. So sind z.B. nur noch drei Rechenzentren, aber noch 15 eigene Vertriebsstandorte zu zählen; die Reduktion auf zwei Rechenzentren ist bereits geplant. 1993 wurden Niederlassungen in Rumänien und Bulgarien gegründet, die bereits 5 resp. 15 Mitarbeiter zählen. Sie sind im wesentlichen als Vertriebsgesellschaften für SAP-Lösungen eingeführt worden.

Im Prinzip weist Seitz eine einfache Organisationsstruktur mit funktionaler Gliederung (Produktion, Rechnungswesen und interne Dienstleistungen, Marketing, Vertrieb, Beteiligungen) auf. Die Arbeit wird aber in fast allen Bereichen ausschliesslich in Projekten geleistet. Zusammengesetzt werden Projektteams meistens aus Mitarbeitern, die denselben organisatorischen Einheiten angehören sowie Mitarbeitern der Partner, Kunden und Lieferanten. Die etablierte Organisationsstruktur wird nur für die Entwicklung neuer Produkte und die Erschliessung neuer Märkte durch temporäre Formen überlagert. So wurde zum Beispiel für die Einführung der Internet-Dienstleistungen eine Task-Force gebildet, die mit keiner anderen Aufgabe betraut ist. Sobald sich das Produkt durchsetzt, wird die Task-Force in die etablierte Struktur zurückgeführt. Teilweise werden dadurch neue Abteilungen gebildet und neue Mitarbeiter beschäftig, teilweise verbleiben die Personen aus der Task-Force in den neuen Abteilungen. Oft ist es aber auch nötig, zum Beispiel Führungskräfte, die über einige Zeit eine Task-Force geleitet haben, wieder in die Organisation zurückzuführen, wo sie nicht mehr über dasselbe Mass an Unabhängigkeit verfügen und nicht mehr mit ähnlich grossen Entscheidungsbefugnissen ausgestattet sind (ein Projektleiter wird temporär zum Geschäftsführer). Dies führt manchmal zu Problemen, hat aber den Vorteil, dass sich die Mitarbeiter neue Fähigkeiten aneignen können. Die Hauptziele dieser Vorgehensweise sind (1) die Fokussierung (no excuses) und (2) die Risikominderung in der Pionierphase von Marktlebenszyklen. Ein Organigramm existiert bei Seitz nicht. Wie später noch ersichtlich wird, ist ein grosser Teil der Ablauforganisation formalisiert. Der informelle Aufbau funktioniert deshalb sehr gut.

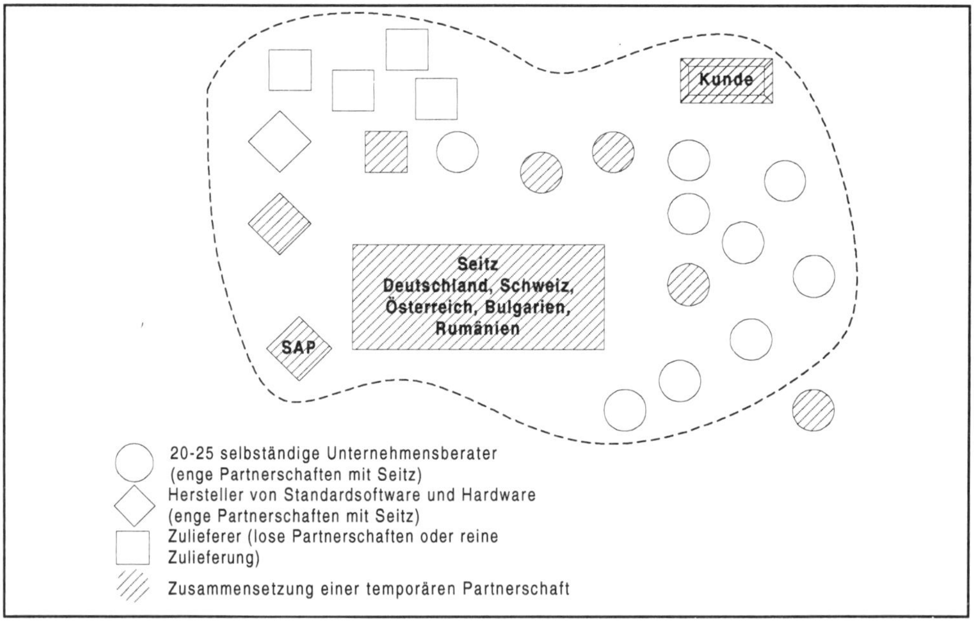

Abbildung 4-11: Das Unternehmensnetzwerk der Seitz-Gruppe.

Zur Zeit macht das Unternehmen ca. 20% des Umsatzes über seine Partner. Mittelfristig will man die Zahl auf 40% erhöhen. Im Bereich der R/3-Realisation ist das „temporäre Outsourcing" bereits am stärksten in Anwendung: durchschnittlich werden 40% der Aufgaben fremdvergeben. Das Partnernetzwerk ist grundsätzlich offen und langfristig ausgerichtet. Jeder Projektleiter pflegt zudem sein eigenes personales Netzwerk, was die Bildung von Projektteams oft erleichtert. Die sich überlappenden Netzwerke werden ohne Verträge zusammengehalten. Rechtliche Absicherungen sind nur für einzelne Projekte vorgesehen (vgl. Abbildung 4-11).

Allerdings machen einige der Partner nahezu 90% ihres Umsatzes in Projekten mit Seitz. Die rechtliche Selbständigkeit verbunden mit der hohen wirtschaftlichen Abhängigkeit führt zu einer de facto Integration, die nicht im Sinne der Geschäftsleitung von Seitz ist. Dadurch verliert das Anreizsystem der Selbständigkeit seine Wirkung. Zudem werden wirtschaftlich Abhängige durch das Arbeitsrecht in Deutschland ähnlich geschützt wie Festangestellte (Schutz vor Scheinselbständigkeit). Momentan versucht Seitz die Partner möglichst an die Qualitätsstandards des Unternehmens zu binden, will aber gleichzeitig ihre Unabhängigkeit fördern. Es scheint, als können sich die Partner dadurch zu wenig differenzieren, um für sich einen Wettbewerbsvorteil zu erlangen. Herr Geffken ist der Meinung, dass dieses Problem nicht zu den vordringlichsten gehört, denn momentan fordert der Markt ohnehin die Zertifizierung nach den ISO Normen oder als autorisierter Partner der Hersteller. Seitz leistet durch die Qualitätsvorgaben genau diesen Prozessen Vorschub. Somit ist die Integration ein Vorteil für das ganze Netzwerk. Probleme der Differenzierung entstehen lediglich, wenn zwei oder mehrere Anbieter dasselbe Produkt am selben Ort verkaufen möchten.

Die Bindung der Partner an Seitz setzt sich zusammenfassend aus wirtschaftlicher Abhängigkeit, wirtschaftlichen Vorteilen, Qualitätskontrollen resp. Verträgen und schliesslich aus gegenseitigem Vertrauen zusammen. Dem letzten Punkt wird bei Seitz durch die offene Informationspolitik Beachtung geschenkt. Die Partner haben im Netz dieselben Zugriffsberechtigungen wie die Mitarbeiter. Lieferanten verfügen teilweise über einen eigenen Arbeitsplatz bei Seitz. In die elektronischen

Terminkalender gewähren sich alle gegenseitigen Einblick. Schulungs- und Marketingunterlagen sind frei verfügbar. Selbstverständlich werden wichtige Kennzahlen und Personendaten sowie der Auftragsstand vor dem Einblick geschützt; nicht nur für Partner, Kunden und Lieferanten, sondern auch für Mitarbeiter. Vor dem Missbrauch der offengelegten Daten wird durch Standardverträge geschützt. Das Unterzeichnen von Geheimhaltungsvereinbarungen und die Kenntnisnahme der Rechtslage bezüglich Urheberrecht u.ä. gehören deshalb zur Vereinbarungsphase jedes Projekts. Vertrauensfördernd wirkt zudem der offene Austausch von Interessenslagen. Da die Zielkongruenz als Erfolgsfaktor gemeinsamer Projekte erachtet wird, steht dem auch ein wirtschaftliches Interesse gegenüber.

Diese Form der Organisation wird im folgenden in das Entwicklungsmodell von Venkatraman und Henderson eingeordnet. Als Zusammenfassung dient die Abbildung 4-12.

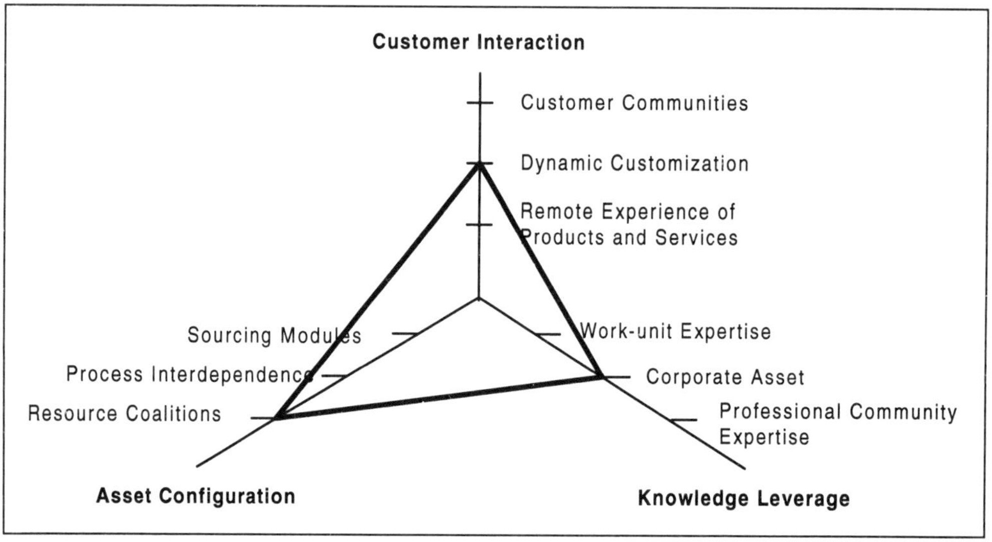

Abbildung 4-12: Die Virtualität der Seitz GmbH.

Aspekte von Customer Interaction

Durch die Kombination eigener Produkte mit Standarlösungen wie SAP R/3, kann Seitz hohe Kundenzufriedenheit erlangen. In den meisten Projekten werden zusätzlich zu den angesprochenen Produkten weitere, am Markt verfügbare, verwendet. Obwohl die Teilprodukte teilweise sehr stark standardisiert sind, führt jedes Projekt zu einer individuellen Lösung. Dies gilt auch für das Outsourcing-Angebot. Unter dem Schlagwort „Selektives Outsourcing" bietet Seitz ca. 15 Teilleistungen an, die beliebig kombiniert werden können. Auch in diesem Bereich gehört die Zusammenarbeit mit der Informatik-Abteilung des Kunden sowie weiteren Anbietern von Teillösungen (vor allem SAP, Hewlett Packard, Microsoft) zum Normalfall. Die Zusammenarbeit mit den Kunden ist in bereits bekannter Umgebung notwenig, um die unternehmensindividuellen Anpassungen vornehmen zu können. Meistens bietet der Kunde darüber hinaus aber auch Branchenwissen, das die Berater nur bedingt mitbringen.

Den Zugriff zum Absatzmarkt verschafft sich Seitz also zum grössten Teil über Partner. Durch die Kombination der eigenen Produkte mit jenen kompetenter Partner wie SAP und anonymen Lieferanten, kann die Leistung verbesser werden. Die enge Zusammenarbeit mit den Kunden führt schliesslich zu individuellen Lösungen (Dynamic Customization).

Aspekte von Asset Configuration

Im Rahmen seines Partnerkonzeptes mit R/3-Betratungsunternehmen bildet Seitz mit 25 bis 30 Partnern ein Netzwerk, das auf Informatik-Projekte bei mittelständischen Unternehmen spezialisiert ist. In der Regel wird in den Projekten das Leistungsangebot des R/3-Beratungsunternehmens durch die Produkte von Seitz komplettiert und bei Bedarf die Generalunternehmerschaft übernommen. Nach der Einführung übernimmt Seitz auch die Wartungsdienstleistungen. Gründe für die Zusammenarbeit mit Partnern sind:

- der kostengünstigere und einfachere Zugang zu Projekten,
- die Möglichkeit, eigene Kapazitäten abzubauen und

- dadurch flexibler auf die nun fremden Ressourcen zugreifen zu können sowie
- der Zugriff auf lokale Markt- und Kundenkenntnisse.

Durch die Zusammenarbeit mit unabhängigen Vertriebspartnern werden mittlerweile fünf Länder bedient. Diesen Kosteneinsparungen und dem Gewinn an Flexibilität im Personaleinsatz stehen Kosten der Partnersuche und -pflege gegenüber. Probleme sieht Herr Geffken vor allem

- in den teilweise unterschiedlichen Zielen der Partner,
- ihrer Loyalität und
- der Qualitätssicherung.

Da alle Partnern als rechtlich selbständige Unternehmen einer in ihrer Region jeweils eigenen wettbewerblichen und politischen Situation gegenüberstehen, sind Zielinkongruenzen nicht zu vermeiden. Herr Geffken betrachtet gemeinsame Ziele allerdings als Erfolgsfaktor für gemeinsame Projekte. Bei stark unterschiedlichen Zielen, die mit einem Projekt verbunden werden, kann nur ein geringer Teil der Konflikte durch Planung und Verträge vorweggenommen werden. Trotzdem gehören Vertragswerke zu jedem Projekt, und die Standardisierung ist auch in diesem Bereich angestrebt.

Da die Partner meistens auch in der Lage sind, kleinere bis mittelgrosse Projekte zu leiten, kommt es vor, dass sie sich selbst um Folgeaufträge bemühen. Die Zusammenarbeit ist also immer vom Spannungsverhältnis zwischen Kooperation und Konkurrenz geprägt. Die Meinung von Herrn Geffken war es ursprünglich, der teilweise wenig loyalen Haltung der Partner mit Sanktionen zu begegnen, indem er sie zum Beispiel bei nachfolgenden Projekten nicht mehr berücksichtigt hätte. Mittlerweile wird das Problem aber gelassener angegangen, denn es hat sich gezeigt, dass die Kompetition auch positive Auswirkungen haben kann. Die eigenen Mitarbeiter sind dadurch stärker gefordert, marktgerechte Leistungen zu bieten. Es ist vorgekommen, dass ein Partner nach den ersten Besprechungen mit dem Kunden ein Konkurrenzangebot machte. In allen Fällen hat sich der Kunde - trotz höherem Preis - aber für Seitz entschieden. Ist der Partner nicht loyal, so war es also bisher der Kunde.

Als Generalunternehmer muss Seitz die Qualität gegenüber dem Kunden garantieren, hat aber in den Partnerschaften nicht immer die Möglichkeit, die eigenen Standards durchzusetzen. Die Standardisierung der Einführungsverfahren durch die SAP kommt dem Netzwerk zugute, dadurch fallen Einigungsverhandlungen bei Projektbeginn teilweise weg oder werden stark vereinfacht.

Ein Grund für die Zusammenarbeit mit mehrheitlich kleinen, unabhängigen Beratern ist nicht selten die Qualität. Während bei der Zusammenarbeit mit grossen Beratungsunternehmen nicht immer dieselben Personen für gemeinsame Projekte eingesetzt werden, kann Seitz bei der Auswahl von kleinen zwar nicht vom Image profitieren, dafür hat sie aber die bessere Kontrolle über die Qualität der Mitarbeiter und - was ebenso wichtig ist - über die Qualität der Zusammenarbeit. Langfristige Partnerschaften mit grossen Unternehmen sind nach der Ansicht von Herrn Geffken nur bedingt möglich, denn die Verbindungspersonen wechseln zu oft. Die Partnerschaften sind deshalb stärker vom Austausch von Produkten geprägt (z.B. SAP R/3) und seltener von gemeinsamer Problemlösung. Deshalb will man die Zusammenarbeit mit kleinen noch verstärken. Zur Zeit klagen gegen 90% der Kunden über die Beraterqualität. Seitz setzt deshalb Instrumente ein, die es dem Kunden erlauben, täglich die Zufriedenheit mit dem Projektverlauf zu melden. Man hat jedoch festgestellt, dass die Kunden oft zu lange warten, bis sie ihre Unzufriedenheit kundtun.

Die Zusammenarbeit mit Lieferanten aus mehreren Spezialgebieten führt zu höherer Qualität der Leistungen und tieferen Kosten. Im Falle von SAP, HP, Microsoft und ähnlichen Lieferanten kann Seitz eine Leistung anbieten, die ein Know-how erfordern, das Seitz nicht selbst aufbauen könnte. In den gemeinsamen Projekten wird selbstverständlich auch Know-how generiert, das jeder Partner in nachfolgenden Projekten wieder verwendet. Lediglich die Partnerschaften mit den Vertriebspartnern sind allerdings auch explizit auf die gemeinsame Erarbeitung neuer Kenntnisse z.B. über einzelne Branchen ausgelegt (Resource Coalitions).

Aspekte der Knowledge Leverage

Bereits haben ca. 10% der Mitarbeiter keinen festen Arbeitsplatz mehr. Sie bedienen sich der Infrastruktur des Unternehmens dennoch frei, nutzen aber je nach Aufgabe unterschiedliche Standorte, Räume und Instrumente. Ihr persönliches Material wird auf einem Rollcontainer gelagert. In hohem Mass wird auch der Flexibilisierung von Arbeitsmodellen Rechnung getragen. Im Prinzip ist jeder Mitarbeiter frei, zu Hause einen Telearbeitsplatz einzurichten, und braucht nicht am Standort des Unternehmens zu erscheinen. Bisher wurden ca. 12 solcher Telearbeitsplätze realisiert. Zudem arbeiten alle First-Level-Support-Mitarbeiter zu Hause. Dies sind oftmals Frauen, die neben der Betreuung ihrer Kinder durchschnittlich 50% bei Seitz beschäftigt sind. Durch die Offenheit der Arbeitszeit- und -platzgestaltung erhält sich Seitz unter anderem die gewünschte Zahl an weiblichen Führungskräften. Die Gründe für Telearbeit sind die Effizienz (Berater sparen an Fahrtkosten und -zeit, Büroräume sind besser ausgelastet) und die Zufriedenheit der Partner und Mitarbeiter. (Berater sind oft mehrere Tage abwesend und arbeiten an den wenigen Tagen, die sie nicht unterwegs sind, gerne in der Nähe ihrer Familien.) Die technische Ausstattung von Telearbeitsplätzen beschränkt sich auf einen PC mit Netzanschluss und ggf. die Support-Software von DIAPRO oder SAP, einen Anrufbeantworter und die Möglichkeit zur Umleitung von Telefonanrufen.

Die Beteiligung oder gar Ausgliederung der Mitarbeiter aus dem Unternehmen gehört nicht zu den strategischen Absichten der Seitz-Gruppe. Die Geschäftsführer der Ländergesellschaften und einzelne Führungskräfte sind allerdings am Unternehmen beteiligt.

Daneben besteht auch ein Trend zu immer kleineren Teilunternehmen, um möglichst viele Regionen bedienen zu können. Dies geht mit der Konzentration der Funktionen Rechnungswesen, Administration, Marketing, Vertriebssteuerung und Support/Hotline einher. In den Regionen werden die operativen Aufgaben des Vertriebs und teilweise des Supports durchgeführt. Der Hauptzweck der eigenen Teilunternehmen an möglichst vielen Standorten ist der persönliche Kontakt zu den Kunden. Alle Mitarbeiter in den Regionen haben auf sämtliche Daten und Applikationen der Rechenzentren zugriff. Grund für diese Zentralisation sind einerseits die fallenden Telekommunikationskosten und andererseits die Einführung von internetbasierten Client-Server-Applikationen. So findet über die Netze ein Ressourcenausgleich zwischen den Standorten statt. Als Beispiel für diese Feststellung dient der Aufbau des Standortes Rumänien, der mit SAP-Einführungen ca. 15 und bald bis zu 50 Mitarbeiter beschäftigt. In Rumänien kann die gesamte Produkt-Palette der Seitz-Gruppe angeboten werden, obwohl die Mitarbeiter auf SAP-Customizing spezialisiert sind. In Anlagen musste ebenfalls nur sehr begrenzt investiert werden. Lokal wird die Programmierung auf PC's vorgenommen, die Kompilierung und teilweise die Tests führen die Mitarbeiter aus Rumänien auf den Rechnern in Pforzheim durch (Corporate Asset).

4.4.3 transtec AG

Die transtec[167], ein Computerdirektvertrieb für Hardware, ist in sechs europäischen Ländern tätig. Nachdem in den vergangenen Jahren einige Aktivitäten zentralisiert wurden, sind von den 190 Mitarbeitern bis auf 21 alle in der Zentrale in Tübingen beschäftigt. In den Regionen werden nur noch Verkaufsfunktionen unterhalten. Selbständige Gesellschaften, die zusammen mit der transtec in eine Konzernstruktur eingebunden sind, machen bei einem Wachstum von ca. 8% pro Jahr rund 150 Mio. DM Umsatz. Der Auslandsanteil (ausserhalb von Deutschland) betrug 1995 bei einem überproportionalen Wachstum von 28.4% knapp 37%.

In obiger Betrachtung wurde die Niederlassung in der Schweiz (transtec Computer AG, Bülach) ausgenommen, denn sie nimmt eine Sonderstellung ein. Auch nach der Zentralisation blieben dort wesentliche Aktivitä-

---

167 Wo nicht anders vermerkt, stammen die Angaben aus einem Interview des Instituts für Wirtschaftsinformatik der Universität Bern mit Frau Claudia Bosch, PR-Referentin, Herrn Peter Eichenberger, Executive Vice President und Product Manager sowie Herrn Franz Bochtler, Vertriebsleiter der Transtec Computer AG in Tübingen (D). Für das Institut für Wirtschaftsinformatik haben Pascal Sieber, Nicole Nägele und Alexander Jeeves das Interview geführt. Die Interviewpartner wünschen, dass der Name „transtec" in den Veröffentlichungen entsprechend ihrer eigenen Praxis klein geschrieben wird (http://www.transtec.de).

ten bestehen, die aus anderen Regionen abgezogen wurden. Das Unternehmen macht mit 27 Mitarbeitern rund 37 Mio. DM Umsatz und profitiert von der Einbindung in den Konzern vor allem im Einkauf und im Marketing. Die übrigen Vorteile der Zusammenarbeit wie das zentrale Lager, die Logistik, zentrale Auslieferung und Buchhaltung bleiben der Schweizer Gesellschaft aus Gründen der politischen Stellung in Europa verwehrt.

Das bisher wichtigste Instrument des Marketing, der Produktkatalog, umfasst mehrere tausend Einzelteile und wurde 1995 ca. 200'000 Mal an potentielle Kunden ausgehändigt. Im schnellebigen Markt, wo allein 1995 ca. 1'000 Produkte neu ins Sortiment aufgenommen wurden, muss der Katalog zweimal im Jahr vollständig überarbeitet und neu verlegt werden. Jede Ausgabe erscheint zudem in drei Sprachen und vier „Länderversionen“.

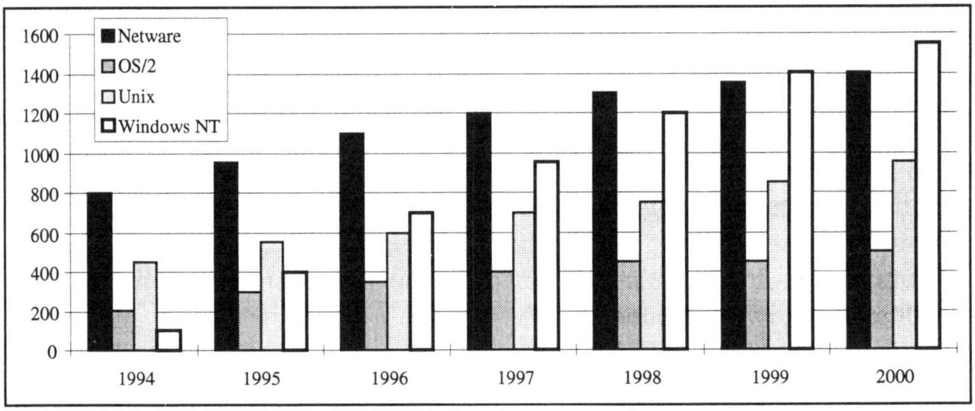

Abbildung 4-13: Installationen in tausend Einheiten (Computerwoche 23 (1996) 16, S. 1).

transtec gliedert seine Aktivitäten in 4 Geschäftsbereiche: Networks (Umsatzanteil 23%), Storage (36%), Systeme & Peripherien (37%) und Sonstige (4%). Sie beliefert damit Verwender der Plattformen Sun/SPARC, Silicon Graphics, IBM RS/6000, Digital, HP 9000, Personal Computer und Windows NT. 70% der Kunden setzen mehr als eine Plattform ein und bereits 15% verwenden Windows NT. Deshalb hat transtec 1995 umfassendes Know-how zur Unterstützung dieser Plattform aufgebaut und hat die Produktgruppe auf den Herbst 1996 im Sortiment beträchtlich erweitert. Das Marktwachstum ist für die vier Bereiche nur schwer abzuschätzen. Lediglich für den Bereich Networks liegen Zahlen vor, die auf einer Marktanalyse von IDC basieren: Demnach wird sich die Zahl der Installationen der genannten Plattformen gemäss der Abbildung 4-13 entwickeln. Für alle Bereiche schätzen die Verantwortlichen, dass sie den Marktanteil mindestens halten können. Das durchschnittliche Marktwachstum beträgt über die Jahre 1994 bis 2000 ca. 17% pro Jahr, während für Windows NT ein durchschnittliches Wachstum der Anzahl Installationen von über 30% prognostiziert wird.

Das interne Netzwerk von transtec unterstützt seit dem Sommer 1995 alle Plattformen und ist den Kunden und Lieferanten in den für sie wichtigen Teilen zugänglich. Obwohl bereits ein grosser Teil der unternehmensübergreifenden Prozesse neu gestaltet wurde (Datenverarbeitung ohne Medienbruch zwischen transtec und Lieferanten, Übergabe der Lieferdaten an UPS zur Lieferung an den Kunden), ist das interne Netzwerk einem starken Wandel unterworfen. Die interne IT-Abteilung hat seit Mitte 1995 basierend auf relationalen Datenbanken ein Informationssystem für Mitarbeiter des Einkaufs, des Verkaufs und des Supports sowie für die Kunden und Lieferanten auf der Basis der Internet-Standards gebaut. Heute sind sämtliche Daten über Web-Browser abrufbar, immer sekundenaktuell und intuitiv zu erreichen. Innerhalb weniger Monate ist das Papier von den Bürotischen verschwunden und durch mehrere parallel geöffnete Browserfenster ersetzt worden. Selbst leitende Angestellte, die das bisher eingesetzte Management Information System (MIS) mit seinen Access-Codes und zeichenbasierten Benutzerschnittstellen nicht eingesetzt hatten, profitieren heute von aktuellen Preislisten, Kundenrechnungen, dem Auftragsstand etc. Sämtliche Listen werden jeweils beim Aufruf aus dem Datenbestand aktuell erstellt. Am Web-Browser kann ein Verkäufer die Bestellungen eines Kunden einzeln nach dem Stand der Auftragsabwicklung, pro Monat, Quartal oder Jahr abrufen. Über Web-Links kann er sich über die bestellten Produkte informieren und dem Kunden in Sekunden Komponenten, Preise, technische Spezifikation und Verfügbarkeit mitteilen.

Nach Einführung der relationalen Datenbanken hatte zwar jeder Mitarbeiter die Möglichkeit, seine Listen selbst zusammenzustellen (End-User-Computing), benützt wurden die Applikationen aber nur von einem sehr geringen Teil technisch versierter Mitarbeiter. Heute sieht man davon wieder ab. Ein IT-Mitarbeiter ist im Gegenzug ständig damit beschäftigt, die Web-Abfragen an die Anforderungen der übrigen Mitarbeiter anzupassen.

Ungefähr ein Drittel des Umsatzes der transtec entsteht aus Geschäften mit grossen Kunden. Dazu zählen Unternehmen wie die Migros, Ciba Geigy, Siemens oder Mercedes. Für diese Grosskunden ist jeweils ein Betreuer von transtec zuständig. Er nimmt sich unter anderem auch der überbetrieblichen Prozesse an. Die restlichen zwei Drittel des Umsatzes macht die transtec mit kleineren Unternehmen und der Verwaltung. Universitäten, Systemhäuser, Softwareentwickler, KMU aller Art zählen dazu. Alle Kunden sind aber professionelle Anwender, die meist intern EDV-Kenntnisse vorweisen können, so dass die transtec wenig Beratung, dafür vor allem Informationsaufbereitung macht. Ziel ist es, die Kunden zur Installation und zum Einsatz der Hardware zu befähigen.

Beschreibung der Virtualität

Das Unternehmen ist mit Partnergesellschaften in Deutschland, Österreich, der Schweiz, Frankreich, Grossbritannien und den Niederlanden präsent. Wie bereits erwähnt, sind alle Gesellschaften in eine Finanz- und Dienstleistungsholding eingebunden. In den letzten Jahren wurden Schritt für Schritt alle Aktivitäten ausser dem Verkauf und dem Second-Level-Support zentralisiert. Wobei letzterer nur in sehr seltenen Fällen getätigt wird. Meistens wird er von Partnern der transtec übernommen. Ausgelagert wurden hingegen keine Aktivitäten, die früher im Unternehmen angesiedelt waren. Dennoch kann nicht nur intern, sondern auch im überbetrieblichen Bereich von zunehmender Virtualisierung gesprochen werden: In Beziehung zu den Lieferanten spielen elektronische Verbindungen eine immer wichtigere Rolle, und im Absatz werden einige Aktivitäten wie z.B. der Versand nicht nur von fremden Unternehmen geleistet, sondern elektronisch integrierte Produktkombinationen gebildet (vgl. Abbildung 4-14).

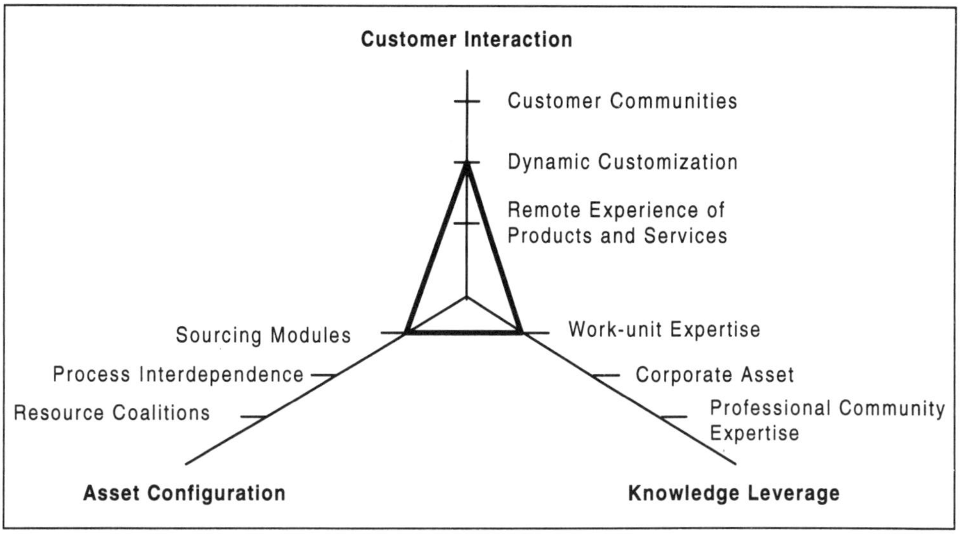

Abbildung 4-14: Die Virtualität der transtec AG.

Aspekte von Customer Interaction

Der Wirkungsbereich ist für das vergleichsweise kleine Unternehmen gross. Um derart weit gestreute Präsenz aufrechtzuerhalten, setzt die transtec folgendes Vertriebskonzept ein:

In den Regionen werden wenige Mitarbeiter beschäftigt, die mit dem Verkauf über Telefon beschäftigt sind. Bisher verwenden noch wenig Kunden die Möglichkeit, direkt über Internet zu bestellen. Vor allem bei den grossen Kunden wird dies wohl so bleiben, denn für sie übernimmt transtec nicht nur die Rolle des Lieferanten von Hardware-Produkten, sondern auch des Beraters bei Beschaffungsproblemen. Die Betreuer der Grosskunden kennen deshalb nicht nur die Branchen ihrer Kunden, sondern auch die Beschaffungsprozesse und passen sich mit ihren Prozessen an diese individuell an. Bei einzelnen entsteht daraus eine EDI-Verbindung,[168] bei anderen übernimmt die transtec die Formulare des Kunden. Da sich die Produkte durchschnittlich acht Monate im Sortiment

[168] Electronic Data Interchange (EDI) heisst, dass Kunde und Lieferant Daten (z.B. Lieferscheine, Rechnungen) nicht auf Papier, sondern elektronisch austauschen.

halten lassen, ist ein wesentlicher Teil der Aufgabe der Verkäufer auch die Beschreibung von Ersatz- oder neuen Produkten im Angebot. Das Know-how dafür wird inhouse aufgebaut und nicht über selbständige Berater an den Kunden weitergegeben. Eine solche Form des Vertriebs (also über Vermittler) kommt für die Verantwortlichen nicht in Frage, denn als Value Added Reseller lebt die transtec von ihren Kenntnissen über die Produkte. Im Vergleich zu den übrigen Distributoren rechnet die transtec dafür mit Margen, die zwei bis drei mal so hoch sind. Der Verkauf ist also in dem Sinn virtuell organisiert, als vor Ort wenige Mitarbeiter über Telefon möglichst viele Produkte verkaufen. Mit dem Vertrieb und der Abrechnung haben diese Mitarbeiter dagegen nichts mehr zu tun. Länderspezifische Formulare für Lieferscheine und Rechnungen werden in Tübingen erstellt und aus Gründen der Besteuerung meistens an den lokalen Standorten gedruckt und versendet.

Im Vertrieb arbeitet transtec seit langem mit UPS zusammen. Das Unternehmen übernimmt vom weltweiten Kurierdienst die Codes für die Paketsteuerung, so dass eine lückenlose Informationsverarbeitung vom Bestellungseingang bis zur Rechnungsstellung möglich ist. UPS offeriert der transtec im Gegenzug günstigere Konditionen. Der Kunde kann durch das derzeit installierte System seine Bestellung durchgängig verfolgen und kennt auf Wunsch immer dessen Status:

- Nach Bestellungseingang gibt die kundenbezogene Website Auskunft über den Zustand der Bestellung innerhalb der transtec (nicht am Lager, wird verpackt, ist ausgeliefert, Rechnung beglichen).
- In der Verpackung werden die Daten zur Qualitätssicherung verwendet, indem ein Paket den Raum nur verlassen kann, wenn alle Bestandteile des Lieferscheins enthalten sind.
- Nach der Übergabe der Lieferung an UPS kann der Kunde durch einen Mausklick auf der Homepage von transtec, der auf UPS verweist, seine Bestellung weiterverfolgen.
- Nach der Auslieferung ist wieder der kundenbezogenen Website von transtec zu entnehmen, ob die Rechnung beglichen wurde.
- Als Spielerei - möglicherweise aber dennoch förderlich für das Vertrauen des Kunden - ist folgender Zusatzdienst: Ab dem Tag der Verpackung kann der Kunde sein Paket - aufgenommen von einer Web-

Cam - auf der Verpackungsstrasse der transtec verfolgen. Dies ist zu den Kosten der Kamera realisierbar, da durch die Codierung sowieso bekannt ist, wessen Paket gerade über die Verpackungsstrasse läuft.

Ernst zu nehmen ist im Gegensatz zum Web-Cam-Zusatz der Dienst über die Homepage von transtec. Der Kunde kann dadurch - vorläufig ab 1995 - den Zustand, den Umfang und die entstandenen Probleme jeder einzelnen Lieferung abrufen. Zwar wird der Dienst nur von sehr wenigen regelmässig verwendet. In Einzelfällen berichten aber Kunden von enormen Vorteilen. Dank der Integration der Informationssysteme aller Beteiligten über Barcodes gelingt es der transtec, eine Fehlerquote von 3-6‰ zu halten. Die Lieferzeit beträgt zur Zeit inkl. dem Versand bei 65% der Bestellungen weniger als zwei Tage.

Vor der Eröffnung der Filiale in den Niederlanden hatte man versucht, nach dem Modell eines internationalen Call-Centers die aftersales und aftermarket Aktivitäten effizient zu gestalten. Dieses Prinzip, das z.B. von Sun Microsystems erfolgreich angewendet wird, basiert auf zentralisierten Verkaufsfunktionen und dem Einsatz von Kunden- sowie Produktdatenbanken. Sun gründete dafür eine selbständige Gesellschaft, die SunExpress, Inc., und konnte ihren Umsatz im Bereich der Zusatzprodukte 1995 um 74% steigern[169]. transtec hat deshalb holländische Arbeitskräfte in Tübingen beschäftigt, die mit Telefonverkäufen, Direct Mailing und ähnlichen Instrumenten den niederländischen Markt bearbeiten sollten. Es hat sich aber bald gezeigt, dass den Mitarbeitern die „Nähe zum Kunden“ fehlte. Sie konnten aus Tübingen den Markt nur schlecht beobachten, weshalb man sich zur Gründung einer Niederlassung entschieden hat.

Aspekte von Asset Configuration

Der Einkauf ist bei transtec herkömmlich organisiert. Einige Verantwortliche im Unternehmen wählen möglichst wenige Lieferanten entsprechend der Marktlage, der Preise, des Service, der Verfügbarkeit und der Qualität der Produkte aus. EDI-Verbindungen sind heute noch selten. Die

[169] vgl. http://sunexpress.usec.sun.com/

meisten Lieferanten gewähren der transtec hingegen Einblick in ihre Lager, so dass sie die Verfügbarkeit von Produkten abschätzen kann. Da die transtec wesentlich von der effizienten Lagerbewirtschaftung abhängig ist, wollen die Verantwortlichen genau diesen Prozess auch selbst koordinieren. Man ist sich des Mangels aber bewusst und kann sich vorstellen, dass in Zukunft „... Lieferanten online Lagerbestände bei transtec abfragen und automatisch Angebote machen."[170] Der befragte Product Manager, Herr Eichenberger, sieht allerdings Konzepten wie dem Continuous Replenishment skeptisch entgegen. Momentan bieten sich Schwierigkeiten vor allem, weil die transtec mit ihrem Direktlieferkonzept nicht in die Absatzstrukturen vieler Hersteller passt (vgl. Abbildung 4-15). Deshalb müssen sie bei jenen, die über eigene, oft zertifizierte Distributionskanäle verfügen, oftmals einige Anstrengung unternehmen, damit sie überhaupt beliefert werden. Bei einzelnen Produkten muss die transtec gar auf die Distributoren ausweichen und kann von ihrem Vorteil der verkürzten Lieferkette nicht profitieren. Elektronische Verbindungen über Internet dienen dem Unternehmen also vorwiegend zur Information über ihre eigenen Lager und die Produkte der Lieferanten. Im Einkauf hat der Einsatz von Intranet durch den Wegfall riesiger Dispo-Listen eine Zeitersparnis von 30 bis 40% erzielt[171].

Auch im Support hat sich die Informationsbeschaffung und die Weiterbildung der Mitarbeiter in den vergangenen Monaten verändert. Dadurch, dass sämtliche Hersteller und viele Value Added Reseller ihre Support-Dienste über Internet verfügbar machen, kann heute ein Mitarbeiter sehr viel schneller Auskunft erteilen. Selbstverständlich könnten die Kunden dies mit einem Internet-Anschluss genauso tun, nur kennen die Support-Mitarbeiter die entsprechenden Web-Seiten besser.

---

[170] Becker (1996): Gemäss Aussagen von Herrn Bruscha, Vorstandsvorsitzender und Gründer der Transtec AG, Tübingen.

[171] Vgl. Becker (1996).

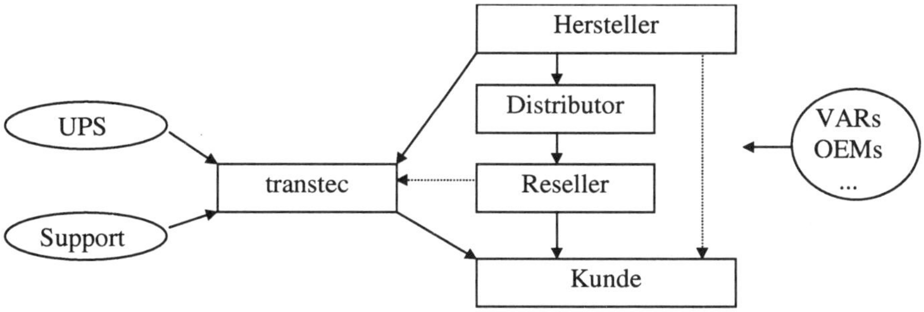

Viele Hersteller pflegen ihre eigenen Absatzkanäle. Sie verkaufen ihre Produkte über zertifizierte Distributoren und Wiederverkäufer. Darunter sind Value Added Reseller (VAR), Original Equiment Manufacturers (OEM) aber auch reine Wiederverkäufer zu finden, die insgesamt einen mehrstufigen Absatzkanal ausmachen. transtec versucht durch Beziehungen zu den Herstellern und dem geeigneten Informationssystem sowie die Zusammenarbeit mit UPS und Kooperationen mit Second-Level-Support-Dienstleistern, einige der Handelsstufen zu umgehen. Zunehmend beginnen auch die Hersteller, den Kunden direkt zu beliefern. Dies tun sie nicht nur, um die Margen zu heben, sondern auch - und vor allem - um Hinweise auf die Bedürfnisse der Kunden zu sammeln. Die transtec versucht deshalb, in Verhandlungen mit den Lieferanten auch über die Verbesserung des Informationsrückflusses vom Kunden über die transtec zum Hersteller zu sprechen.

Abbildung 4-15: Die Handelsstufen.

Aspekte von Knowledge Leverage

Das Unternehmen ist noch genügend klein, so dass die meisten Prozesse von mehr als den Verantwortlichen einer organisatorischen Einheit überblickt werden können. Das Redesign von Geschäftsprozessen ist also nicht notwendig, denn durch die grosse Transparenz werden ständig Verbesserungen vorgenommen. Die transtec vertritt das Prinzip der Offenheit und der Nähe zum Problem. Support-Mitarbeiter sind deshalb im selben Raum untergebracht wie jene Mitarbeiter, die Systeme konfigurieren (die transtec macht 10-14% des Umsatzes mit „Komplexen Systemen“, solche also, die vor der Auslieferung konfiguriert werden müssen). Ausser auf die durch das Datenschutzgesetz geschützten Daten können alle Angestellten zugreifen.

Die Unternehmen in den Ländern sind zwar rechtlich selbständig, werden aber über Beteiligungen an das Stammhaus gebunden. Ungefähr 14% des Kapitals liegt in den Händen der Mitarbeiter. Der Gründer und heutige Vorstandsvorsitzende, Bernhard Bruscha, hält die Kapitalmehrheit. Dies ist möglicherweise auch der Grund, warum vorläufig noch keine in Eigenverantwortung handelnden Gesellschaften lose ans Unternehmen gekoppelt werden.

Allerdings plant die transtec den Gang an die Börse. Mitarbeiter können bereits heute Optionsscheine auf die zukünftigen Aktien kaufen. Die Entlöhnung der Mitarbeiter erfolgt nur in geringem Mass erfolgsorientiert. Bisher ist der Verkauf, die Lagerhaltung und die Auftragsabwicklung mit einem solchen Anreizsystem versehen.

Diskussion

Mit rund 150 Mio. Umsatz, 196 Mitarbeitern und einem Umsatzanteil aus wiederverkauften Produkten von über 60% kann die transtec wohl als KMU bezeichnet werden. Es wäre dem Unternehmen nicht möglich gewesen, die Zentralisierung des Lagers, der Buchhaltung u.v.m. zu vollziehen, würde es nicht von den tiefen Kosten des Internet profitieren. Internet ermöglicht der transtec, ein europaweites, ganzzeitig verfügbares (virtuelles) Corporate Network zu unterhalten. Die Kosten eines eigenen Netzwerks dieser Grössenordnung könnten allenfalls mit viel tieferer Verfügbarkeit und damit nur mit enormen Nachteilen im Support und im Verkauf getragen werden. Prognosen der Verantwortlichen lauten auf 20-30% Einsparungen im Verkauf, die allein auf den Einsatz von Internet und Intranet zurückzuführen sind. Dabei sind die Kosten relativ tief: Die Installation (einmalige Investition, einschliesslich Personalkosten) liegen zwischen 50'000 und 100'000 DM. Für die Aktualisierung des Angebots und den Anschluss ans Internet rechnet die transtec mit 3'000 DM pro Monat. Darin sind die Kosten der Datenerfassung und der Pflege der relationalen Datenbanken nicht eingerechnet, denn die würden auch ohne nationalen Datenbanken nicht eingerechnet, denn die würden auch ohne die Intranet-Nutzung anfallen.

Neben der Kosteneinsparungen durch Internet sehen die Verantwortlichen vor allem folgende Veränderungen:

- Beim Verkauf am Telefon kann wesentlich schneller auf die Kundenwünsche reagiert werden. Zudem sieht der Betreuer sofort, um welchen Kunden es sich handelt und was er in der Vergangenheit bestellt hat.
- Das installierte System registriert jede Lagerbewegung. Alle halbe Stunde kann so der aktuelle Lagerbestand ermittelt werden. Die Verkäufer wissen also immer, ob ein Teil sofort geliefert werden kann.
- Die Mitarbeiter aller Ebenen sind besser informiert. Sie kennen alle betriebsrelevanten Daten. Im extremen Falls können sie sich die Umsatzzahlen der letzten Stunde ansehen. Dadurch können sie Entscheidungen selbst treffen. Es braucht weniger Absprachen und weniger hierarchische Absicherung.
- Die Datenbank enthält Informationen über 8'000 Produkte, den tagesaktuellen Preis, die Lieferzeit, die Einsatzbereiche der Produkte etc. Der halbjährlich erscheinende Produktkatalog repräsentiert dagegen nicht nur eine wenig aktuelle Abschrift, sondern auch nur einen geringen Teil aller verfügbaren Information.
- Bereits 800 bis 1'000 Kunden[172] rufen täglich Produktinformationen über Internet ab. Dies bedeutet für transtec eine Zeitersparnis für Weitervermittlung und Auskunftsdienste am Telefon von 10-20 Stunden pro Tag.
- Die Web-Oberfläche ist intuitiv bedienbar. Solange man die Abläufe hinter dem Informationssystem versteht, kann sie ohne Schulung eingesetzt werden.
- Die interne Kommunikation ist schneller geworden.
- Die Anbindung der Niederlassungen hat sich stark vereinfacht. Es ist auch ein grösseres Gemeinsamkeitsgefühl entstanden.

---

172 Zur Zeit der Befragung waren es 500 bis 700, Ende Oktober 1996 waren es 800 bis 1'000.

Die Standortgebundenheit der einzelnen Mitarbeiter hat somit stark abgenommen. Die transtec behält den Standort Tübingen, weil sie dort von den guten Beziehungen zur Universität profitiert.

Wie bereits angesprochen, kann die transtec dank der internen Virtualisierung mit grösseren Margen rechnen als ihre Konkurrenz. Dieser Wettbewerbsvorteil basiert aber wesentlich auf dem geeigneten Informationssystem, das die Struktur ermöglicht. Die Nachahmung ist deshalb nicht ausgeschlossen. Momentan nimmt der Anteil des Auslandumsatzes stark zu, so dass von einem Rückzug in den lokalen Markt nicht gesprochen werden kann. Die Auswirkungen auf die Wettbewerbsfaktoren Kosten, Qualität und Zeit sind in Tabelle 4-6 zusammengefasst.

Momentan sind Konzepte der Wertschöpfung gegenüber dem Lieferanten - ausserhalb des Handels mit ihren Produkten - noch nicht institutionalisiert. Angestrebt ist aber Verbesserung der Situation, um insbesondere die Hersteller davon abzuhalten, direkt an Endabnehmer zu verkaufen.

	Einkauf	**First-Level-Support**	**Interne Verarbeitung**	**Verkauf**	**Distribution**
Qualität			3-6‰ Fehlerquote	Aktuelle Information über Produkte und Kunden	
Kosten	30-60% der Personalkosten	10-20 Stunden am Tag			20-30% der Personalkosten
Zeit		Reaktionszeit um bis zu Tagen verkürzt			65% innerhalb von 2 Tagen

Tabelle 4-6: Wirtschaftliche Vorteile der Internet-Nutzung.

Referenzen

Anon. (1993)
A survey of the computer industry, The Economist, 27.2. 1993.

Anon. (1997)
Economic Indicators, Output, Demand and Jobs, Economist, 1.9. 1997, S. 122.

Barney, J.B. (1991)
Firm Resources and Sustained Competitive Advantage, Journal of Management 17 (1991) 1, S. 99-120.

Becker, A. (1996)
Deutschlands Online-Musterfirma, Transparenz als Geschäftsprinzip, Impulse für Unternehmer (1996) 6 (Sonderdruck), S. 3.

Bendel, T., Boulter, L., Goodstadt, P. (1998)
Benchmarking for Competitive Advantage, 2nd Edition, London et al. 1998.

BfS (1997) (Hrsg.)
Bundesamt für Statistik: Statistisches Jahrbuch der Schweiz 1998, Zürich 1997.

Caldwell, B. (1996)
Trends In Big Six Consulting: Split Personality, CMP The Technology Source, April 22, 1996.

Chandler, A.D.J. (1962)
Strategy and Structure: Chapters in the History of Industrial Enterprise, Cambridge 1962.

Clark, T.H., Stoddard, D.B. (1994)
Interorganizational Business Process Redesign: The Procter and Gamble Case, Working Paper No. 94-077, Harvard Business School, Boston 1994.

Cummings, T.G., Huse, E.F. (1989)
Organizational development and change, 4. Auflage, West. St. Paul et al. 1989.

Dernbach, W. (1996)
Geschäftsprozessoptimierung: Der neue Weg zur marktorientierten Unternehmensorganisation, in: Nippa, M., Picot, A. (Hrsg.), Prozessmanagement und Reengineering: Die Praxis im deutschsprachigen Raum, Frankfurt, New York 1996, S. 187-205.

Dittewig, K. (1998)
Struturing of business networks at selected global IT players, in: Sprague, R.H.J. (Hrsg.), Proceedings of the Thirty-First Annual Hawaii International Conference on System Sciences, Kona, Hawaii 1998, S. (CD-Rom).

EITO (1998)
European Information Technology Observatory 98, Frankfurt, Main 1998.

Feldenkirchen, W. (1997)
Siemens - Von der Werkstatt zum Weltunternehmen, München, Zürich 1997.

Frese, E. (1993)
Grundlagen der Organisation: Konzept - Prinzipien - Strukturen, 5. Auflage, Wiesbaden 1993.

Fux, T. (1998)
Geschäftsprozessorientierung in kleinen und mittleren Unternehmen (KMU) der Schweiz (Stand der Praxis anhand von Fallbeispielen), Lizentiatsarbeit, Institut für Wirtschaftsinformatik der Universität Bern, Bern 1998.

Gaitanides, M. (1983)
Prozessorganisation, München 1983.

Gaitanides, M., Scholz, R., Vrohlings, A., Raster, M. (1994)
Pozessmanagement: Konzepte, Umsetzungen und Erfahrungen des Reengineering, München, Wien 1994.

Gaitanides, M., Sjurts, I. (1995)
Wettbewerbsvorteile durch Prozessmanagement - Eine ressourcenorientierte Analyse -, in: Corsten, H., Will, T. (Hrsg.), Unternehmensführung im Wandel, Strategien zur Sicherung des Erfolgspotentials, Stuttgart, Berlin, Köln 1995, S. 61-82.

Gomez, P., Zimmermann, T. (1993)
Unternehmensorganisation: Profile, Dynamik, Methodik, 2. Auflage, Frankfurt, New York 1993.

Griese, J. (1993)
Der Beitrag von ISO 9000 zur Software-Qualitätssicherung, Wirtschaftsinformatik 35 (1993) 6, S. 575-585.

Griese, J., Sieber, P. (1998)
Virtualität bei Beratungs- und Softwarehäusern, in: Winand, U., Nathusius, K. (Hrsg.), Unternehmungsnetzwerke und virtuelle Organisationen, Stuttgart 1998, S. 157-254.

Hagel III, J., Armstrong, A.G. (1997)
net gain, expanding markets through virtual communities, Boston 1997.

Hamel, G., Prahalad, C.K. (1995)
Wettlauf um die Zukunft: Wie Sie mit bahnbrechenden Strategien die Kontrolle über Ihre Branche gewinnen und die Märkte von morgen schaffen, Wien 1995.

Hammer, M., Champy, J. (1993)
Reengineering the Corporation: A Manifesto For Business Revolution, London 1993.

Handelszeitung (1998) (Hrsg.)
Branchenreporte Schweiz 1998, Zürich 1998.

Henning, K.W. (1934)
Einführung in die betriebswirtschaftliche Organisationslehre, Berlin 1934.

Hill, W., Fehlbaum, R., Ulrich, P. (1989)
Organisationslehre I, 4. Auflage, Bern, Stuttgart, Wien 1989.

Hill, W., Fehlbaum, R., Ulrich, P. (1994)
Organisationslehre I, 5. Auflage, Bern, Stuttgart, Wien 1994.

Jenny, B. (1997)
Projektmanagement in der Wirtschaftsinformatik, 2., überarbeitete und erweiterte Auflage, Zürich 1997.

Kaplan, R.B., Murdock, L. (1991)
Core Process Redesign, The McKinsey Quarterly 2 (1991) 2, S. 27-34.

Keen, P.G., Knapp, E.M. (1996)
Every Manager's Guide to Businesses Processes: A Glossary of Key Terms & Concepts for Today's Business Leader, Boston 1996.

Kieser, A., Kubicek, H. (1992)
Organisation, 3. Auflage, Berlin, New York 1992.

Kosiol, E. (1962)
Organisation der Unternehmung, Wiesbaden 1962.

Kreuz, W. (1997)
Prozess-Benchmarking - Voraussetzung zur Optimierung von Abläufen im Unternehmen, in: Sabisch, H., Tintelnot, C. (Hrsg.), Ergebnisse der VWI-Fachtagung "Benchmarking: Weg zu unternehmenrischen Spitzenleistungen", 18.-19.10.1996 in Dresden, Stuttgart 1997, S. 23-33.

Kusio, D., Sieber, P., Cuccarède, Y. (1995)
Erfahrungen bei der Einführung eines Geschäfsprozesscontrollings im Zahlungsverkehr bei zwei Schweizer Kantonalbanken, Arbeitsbericht Nr. 61, Institut für Wirtschaftsinformatik der Universität Bern, Bern 1995.

Lipnack, J., Stamps, J. (1997)
Virtual Teams, Reaching Across Space, Time, and Organizations with Technology, New York et al. 1997.

Luginbühl, M. (1998)
Electronic Government - Einsatz des Internets in der öffentlichen Verwaltung, Theoretische Grundlagen, Fallstudie, Lizentiatsarbeit, Institut für Wirtschaftsinformatik, Universität Bern, Bern 1998.

Magretta, J. (1998)
The power of virtual integration: an interview with dell computer's Michael Dell, Harvard Business Review 76 (1998) 2, S. 73-84.

Mertens, P., Knolmayer, G. (1998)
Organisation der Informationsverarbeitung, 3. Auflage, Wiesbaden 1998.

Mintzberg, H. (1975)
The Manager's Job: Folklore and Fact, Harvard Business Review 53 (1975) 4, S. 49-61.

Nippa, N. (1996)
Anforderungen an das Management prozessorientierter Unternehmen, in: Nippa, M., Picot, A. (Hrsg.), Prozessmanagement und Reengineering, Die Praxis im deutschsprachigen Raum, Frankfurt, New York 1996, S. 39-58.

Nordsieck, F. (1934)
Grundlagen der Organisationslehre, Stuttgart 1934.

Nussbaum, U. (1996)
Das Internet-Projekt des Schweizer Buchzentrums, in: Griese, J., Sieber, P. (Hrsg.), Internet-Nutzung für Unternehmungen, Praxishilfen für Unternehmungen Band 3, Bern, Stuttgart, Wien 1996, S. 119-133.

Ortmann, G., Windeler, A., Becker, A., Schulz, H.-J. (1990)
Computer und Macht in Organisationen: Mikropolitische Analysen, Opladen 1990.

Osterloh, M., Frost, J. (1994)
Business Reengineering: Modeerscheinung oder "Business Revolution", Zeitschrift Führung und Organisation 63 (1994) 6, S. 356-363.

Osterloh, M., Frost, J. (1998)
Prozessmanagement als Kernkompetenz: wie Sie Business Reengeneering strategisch nutzen können, 2. Auflage, Wiesbaden 1998.

Picot, A., Dietl, H., Franck, E. (1997)
Organisation: Eine ökonomische Perspektive, Stuttgart 1997.

Picot, A., Reichwald, R., Wigand, R.T. (1996)
Die grenzenlose Unternehmung, Information, Organisation und Management, Wiesbaden 1996.

Pine, B.J.I. (1993)
Mass Customization: The new Frontier in Business Competition, Boston 1993.

Porter, M.E. (1979)
How Competitive Forces Shape Strategy, in: Porter, M.E. (Hrsg.), Michael E. Porter on Competition and Strategy, Harvard Business Review Paperback, Boston 1979, S. 3-11.

Porter, M.E. (1986) (Hrsg.)
Competition in Global Industries, Boston 1986.

Porter, M.E. (1986)
Wettbewerbsvorteile, Frankfurt, New York 1986.

Prahalad, C., Hamel, G. (1990)
The Core Competence of the Corporation, Harvard Business Review 68 (1990) 3, S. 79-91.

Quinn, J.B., Anderson, P., Finkelstein, S. (1996)
Managing Professional Intellect: Making the Most of the Best, Harvard Business Review 74 (1996) 2, S. 71-80.

Rockart, J.F., Short, J.E. (1991)
The Networked Organization and the Management of Interdependence, in: Scott Morton, M.S. (Hrsg.), The Corporation of the 1990's: Information technology and organizational Transformation, New York 1991, S. 189-219.

Rumelt, R.P. (1974)
Strategy, Structure, and Economic Performance in Large American Industral Corporations, Boston 1974.

SAQ (1996)
SAQ-Leitfaden zur Normenreihe EN ISO 9001, 9002, 9003, Olten 1996.

Scheer, A.-W. (1997)
Wirtschaftsinformatik, Referenzmodelle für industrielle Geschäftsprozesse, 7., durchgesehene Auflage, Berlin et al. 1997.

Scholz, R. (1994)
Geschäftsprozessoptimierung, Crossfunktionale Rationalisierung oder strukturelle Reorganisation, Bergisch Gladbach, Köln 1994.

Scholz, R., Vrohlings, A. (1994)
Realisierung von Prozessmanagement, in: Gaitanides, M. et al. (Hrsg.), Prozessmanagement: Konzepte, Umsetzungen und erfahrungen des Reengineering, Wien 1994, S. 21-36.

Schulmeyer, G. (1997)
Der Produktionsfaktor "Wissen" - Neue Anforderungen an Führung und Qualifikation, in: Picot, A. (Hrsg.), Information als Wettbewerbsfaktor, Stuttgart 1997, S. 201 - 215.

Sieber, P. (1996)
Dr. Materna GmbH on its way to be a Virtual Cooperation?, in: Coelho, J.D. et al. (Hrsg.), Proceedings of the 4th European Conference on Information Systems, Lissabon 1996, S. 1259-1273.

Sieber, P. (1998)
Virtuelle Unternehmen in der IT-Branche, Die Wechselwirkung zwischen Internet-Nutzung, Strategie und Organisation, Berner betriebswirtschaftliche Schriften Band 19, Bern, Stuttgart, Wien 1998.

Siebert, H. (1991)
Ökonomische Analyse von Unternehmensnetzwerken, in: Staehle, W.H., Conrad, P. (Hrsg.), Managementforschung, Berlin, New York 1991, S. 291-311.

Smith, A. (1996)
Der Wohlstand der Nationen, 7. Auflage der Übersetzung von 1974, München 1996.

Strausak, N., Hofstetter, P. (1997)
Electronic Commerce in der Schweiz, eine empirische Untersuchung, Arbeitsbericht Nr. 106, Institut für Wirtschaftsinformatik der Universität Bern, Bern 1997.

Sydow, J. (1992)
Strategische Netzwerke. Evolution und Organisation, Wiesbaden 1992.

Sydow, J., Windeler, A. (1994)
Management interorganisationaler Beziehungen: Vertrauen, Kontrolle und Informationstechnik, Wiesbaden 1994.

Sydow, J., Windeler, A. (1997)
Komplexität und Reflexivität - Management interorganisationaler Netzwerke, in: Ahlemeyer, H.W., Königswieser, R. (Hrsg.), Komplexität Managen, Strategien, Konzepte und Fallbeispiele, Wiesbaden 1997, S. 147-162.

Sydow, J., Windeler, A., Krebs, M., Loose, A., van Well, B. (1995)
Organisation von Netzwerken: Strukturationstheoretische Analysen der Vermittlungspraxis in Versicherungsnetzwerken, Opladen 1995.

Venkatraman, N., Henderson, J.C. (1996)
The architecture of virtual organizing: leveraging three interdependent vectors, Discussion Paper October, School of Management, Boston University, Boston 1996.

Venkatraman, N., Henderson, J.C. (1998)
Real Strategies for Virtual Organizing, Sloan Management Review 39 (1998) 4, S. 33-48.

VSG (1993)
Verband Schweizerischer Grastrocknungsbetriebe 1943 bis 1993, Festschrift zum 50-jährigen Bestehen, Bern 1993.

Waldburger, D. (1998)
Online-Banking: Mit Megabytes oder Megageduld, SonntagsZeitung, 4. Oktober 1998, S. 93.

Stichworte

Prof. Dr. Norbert Thom / Dr. Andreas P. Wenger / Dr. Robert J. Zaugg (Hrsg.)

Fälle zu Organisation und Personal

Didaktik – Fallstudien – Lösungen – Theoriebausteine

3., überarbeitete Auflage
XX + 400 Seiten, 38 Abbildungen, 45 Tabellen
kartoniert CHF 38.– / DEM 43.– / ATS 314.–
ISBN 3-258-06248-X

Das Fallbuch enthält zehn in der Praxis erhobene Fälle und Lösungen, die zur Verwendung in der Lehre überarbeitet und im Rahmen von Prüfungen getestet wurden. Die Fallstudien thematisieren u.a. die organisatorische Gestaltung, die Aufbau- und Ablauforganisation, das Personalmanagement, die Unternehmungskultur und das Ideenmanagement. Im Vordergrund stehen die Vertiefung vorhandenen Fachwissens, die Vermittlung der Fähigkeit zur kritischen Analyse komplexer Problemstellungen, zur Beherrschung von Managementtechniken und zur Verdichtung problemrelevanter Informationen. Beim Einsatz in Gruppen können zusätzlich soziale Lerneffekte (Kooperations-, Kommunikations- und Konfliktfähigkeit) erzielt werden. Das Fallbuch richtet sich primär an drei Zielgruppen: Studierenden dienen die Fallstudien zur Repetition und Wissensvertiefung sowie zur Prüfungssimulation. Dozierende können die Fallstudien im Rahmen von Übungen und als konkrete Beispiele in Vorlesungen oder Seminaren verwenden. Das Fallstudienbuch bietet auch Praktikern wertvolle Informationen. Durch die Lektüre der Falltexte und Musterlösungen aus der unternehmerischen Praxis lassen sich nützliche Gestaltungshinweise für Problemstellungen in der eigenen Unternehmung ableiten.

Prof. Dr. Peter Gomez / Prof. Dr. Gilbert Probst

Die Praxis des ganzheitlichen Problemlösens

Vernetzt denken – Unternehmerisch handeln – Persönlich überzeugen

3., unveränderte Auflage
299 Seiten, 117 Abbildungen
gebunden CHF 52.– / DEM 58.– / ATS 424.–
ISBN 3-258-05575-0

Ganzheitliches oder vernetztes Denken ist heute zum Schlagwort geworden. Kaum ein Vortrag über Unternehmensführung, kaum ein Interview in der Wirtschaftspresse, in denen es nicht heraufbeschworen wird.

Auch in den Unternehmen gehört es heute zum guten Ton, einen ganzheitlichen Ansatz bei der Strategiefindung oder der Reorganisation zu fordern. So löblich diese Absichtserklärungen auch sind, die entsprechende Praxis sieht noch wenig verheissungsvoll aus. Sonst würden unsere unternehmerischen und gesellschaftlichen Problemlösungen eine höhere Qualität aufweisen. Es besteht also Handlungsbedarf.

Verantwortliche Unternehmensführung in turbulenter Zeit erfordert nicht nur vernetztes Denken, sondern auch unternehmerisches Handeln und persönliches Überzeugen. Es reicht nicht aus, neue Denkweisen und innovative Zugänge zu komplexen Problemsituationen zu entwickeln **(Vernetztes Denken)**. Vielmehr muss darauf aufbauend zielgerichtet Wandel herbeigeführt **(Unternehmerisches Handeln)** und durch eine motivierende und mitreissende Führung im Unternehmen umgesetzt werden **(Persönliches Überzeugen)**. Dies hat viel früher der grosse Schweizer Pädagoge Pestalozzi erkannt, als er das Zusammenspiel von Kopf, Hand und Herz forderte.

In diesem Buch werden alle drei Aspekte des ganzheitlichen Problemlösens fundiert behandelt und zu einer praktisch unmittelbar anwendbaren Methodik für komplexe Unternehmensprobleme integriert. Diese wurde von den Autoren in einer Vielzahl von Praxisprojekten erprobt und laufend weiterentwickelt. Illustriert wird die Methodik durch eine grosse Zahl von Unternehmensbeispielen die darauf abzielen, das Gedankengut einer breiteren Öffentlichkeit zugänglich zu machen und nicht bloss Spezialisten anzusprechen.